第 1 章
工业互联网概论

01

学习目标

（1）了解工业互联网概念形成的脉络；

（2）了解工业互联网的定义；

（3）了解工业互联网发展的工业技术背景与互联网技术背景；

（4）了解工业互联网的关键技术；

（5）了解工业互联网与智能制造的关系。

重大技术应用发展的背后，都必然有其深厚的社会发展和技术发展背景。工业互联网是互联网和新一代信息技术与工业系统全方位深度融合所形成的产业和应用生态，是工业智能化发展的基础。工业互联网概念的形成和发展也有其深刻的社会背景和内在的技术推动。本章在分析工业互联网发展的社会背景与技术背景的基础上，对工业互联网的基本定义和关键技术进行了系统讨论，帮助读者建立对工业互联网的初步认识，激发读者进一步学习工业互联网理论与技术的兴趣。

1.1 工业互联网发展的社会背景

1.1.1 工业互联网概念的提出

1. 互联网的形成与全球信息化的趋势

信息是人类认知世界万物的主要途径。从某种程度来说，人类文明的表征之一就是信息的获取与传承，信息的获取与传输技术也是人类文明提升的推动力和象征。30万年前，语言的出现使人类获取了极为重要的交流手段，从而有了保留和传播人类创造的文明成果的可能；大约5400年前，楔形文字的出现标志着人类进入文明时代，文字使人类从生产中获取的经验知识得以继承、积累和传递；大约1900年前，造纸术的改进是书写材料的一次革命，为人类的文化发展作出了巨大的贡献；19世纪，无线电报的发明使人类获得了实时可靠的远距离通信方式，信息的获取和交换逐步突破时间和空间的限制。随着通信技术和电子计算机技术的发展，互联网应运而生，并在信息获取与传播的效率、靶向性、实时性、便捷性、互动联系、展现方式等方面产生了革命性的创新与发展，标志着人类正式进入了信息化时代。

互联网的本质是计算机网络。计算机网络通过传输介质，把位于不同地理位置的

新一代信息技术丛书

工业互联网导论

INTRODUCTION TO INDUSTRIAL INTERNET

曾衍瀚 顾钊铨 曹 忠 王 宇◎编著

人民邮电出版社

北 京

图书在版编目（ＣＩＰ）数据

工业互联网导论 / 曾衍瀚等编著. -- 北京 ： 人民
邮电出版社，2023.10
（新一代信息技术丛书）
ISBN 978-7-115-62373-7

Ⅰ．①工… Ⅱ．①曾… Ⅲ．①互联网络－应用－工业
发展 Ⅳ．①F403-39

中国国家版本馆CIP数据核字(2023)第137946号

内 容 提 要

  本书系统讲述了工业互联网的基础理论与基础知识，从架构、网络、平台、安全和数据应用 5 个方面层层推进，为读者展现了工业互联网的全景图，并在知识的难度和深度等方面精心设计，有较强的可读性。全书共 6 章，第 1 章介绍工业互联网概论，分析了工业互联网兴起的背景，明确了工业互联网的定义。第 2 章介绍工业互联网架构，包括参考架构、技术架构和体系架构。第 3 章介绍工业互联网网络，包括网络互联体系和标识解析体系，分别对工厂内/外网络，有线/无线网络，主流现场总线技术、工业以太网技术、主流标识解析体系做了详细分析。第 4 章介绍工业互联网平台，讲述其架构和核心技术，分析和总结国内外主流工业互联网平台的理论与技术。第 5 章介绍工业互联网安全，从网络、控制、数据、设备和应用 5 个维度分析工业互联网面临的安全问题和可采用的防护措施。第 6 章讲述工业互联网数据应用的理论与技术，包括概念、特征、架构、分析和应用等方面。

  本书不仅适合作为工业互联网、物联网工程等相关专业的教材，也适合工业互联网相关行业的工程技术人员、政府及企事业管理人员、应用研究人员阅读。

 ♦ 编 著 曾衍瀚 顾钊铨 曹 忠 王 宇
    责任编辑 苏 萌
    责任印制 马振武

 ♦ 人民邮电出版社出版发行 北京市丰台区成寿寺路 11 号
    邮编 100164 电子邮件 315@ptpress.com.cn
    网址 https://www.ptpress.com.cn
    固安县铭成印刷有限公司印刷

 ♦ 开本：775×1092 1/16
    印张：16   2023 年 10 月第 1 版
    字数：322 千字   2023 年 10 月河北第 1 次印刷

         定价：79.80 元

读者服务热线：(010)81055493 印装质量热线：(010)81055316
反盗版热线：(010)81055315
广告经营许可证：京东市监广登字 20170147 号

前言

以互联网为代表的新一代信息通信技术的快速发展极大地改变了人们的生活方式，并通过技术创新和模式创新不断影响实体经济领域，为传统制造业的变革带来巨大机遇。工业互联网的产生是以互联网为代表的新一代信息技术与制造系统深度融合的必然结果。基于物联网技术全面、深度地感知制造的物理过程，基于互联网实现信息资源跨领域协同与开放共享，基于大数据技术获得对海量数据的强大分析能力，工业互联网全面集成应用了云计算、大数据、移动互联网、物联网、人工智能、区块链等新兴技术，是连接工业全系统、全产业链、全价值链，支撑工业智能化发展的关键基础设施，也是新一代信息技术与制造业深度融合的产物。

新中国成立70多年来，在"一穷二白"的基础上，从无到有，建成了全球规模最大、门类最齐全的现代工业体系，已成为全球产业链和供应链的关键节点，但在发展质量、创新能力、品牌塑造方面，与发达国家相比，我国仍有较大差距，大而不强的问题一直是亟须破解的瓶颈。放眼全球，德国提出"工业4.0"战略，美国提出"再工业化"和先进制造业国家战略计划，欧美先进国家的工业发展战略对我国的工业形成了较大的冲击，客观上要求提高我国制造业水平。积极发挥中国互联网已经形成的优势，加快推进工业互联网发展，对强化工业基础和技术创新能力、促进先进制造业和现代服务业融合发展、建设制造强国，实现中国经济提质增效升级具有重要意义。

本书的作者团队由从事物联网芯片与系统应用技术、计算机网络技术和网络空间安全研究的高校教师组成，他们在原有教学、研究和社会实践的基础上，通过对中国信息通信研究院、阿里巴巴（工业互联网总部）、树根互联、航天云科技、白云电器等相关领域企事业单位的广泛调研，针对当前工业互联网产业的发展状况和不同学科背景的读者的现实需求，从理论基础入手，在确保专业性的前提下，努力处理好理论知识和专业技术之间的关系，同时尽可能提高本书的可读性，希望能"抛砖引玉"，为读者深入学习工业互联网技术起到奠定基础的作用。

前言

本书的结构

本书以当前工业互联网产业发展和技术演进的需要为出发点，系统讲述了工业互联网的基础理论与基础知识。全书共6章，从概论出发，沿着工业互联网的架构、网络、平台、安全和数据应用五个方面层层推进，为读者展现了工业互联网理论的全景图。

曾衍瀚撰写本书的前3章，第1章从社会发展和技术发展两个视角分析工业互联网兴起的背景，进而明确工业互联网的定义，并针对工业互联网对智能制造的影响做深入剖析。第2章根据对工业互联网的定义、系统描述、系统特征的介绍，分析工业互联网架构，包括参考架构、技术架构和体系架构。第3章从网络互联体系和标识解析体系两方面剖析工业互联网，分别对工厂内/外网络、有线/无线网络、主流现场总线技术、工业以太网技术、主流标识解析体系进行了详细介绍和分析。第4章由曹忠老师撰写，主要对工业互联网平台的架构、核心技术进行了解读，深入分析和总结了国内外主流的工业互联网平台的理论与技术。第5章由顾钊铨老师撰写，从网络、控制、数据、设备和应用5个维度分析工业互联网面临的安全问题和可采用的防护措施。第6章由王宇老师撰写，从工业大数据的概念、特征、架构、分析和应用等层面展现了工业互联网数据应用的发展情况。

读者对象

本书可以作为工业互联网、物联网工程等相关专业的教材或参考书，也可供企事业单位中工业互联网技术研究与产品开发人员、技术和产品管理人员及政府中负责制定工业互联网产业发展规划、管理工业互联网科研与产业的工作人员阅读。

致谢

从本书的主题讨论、大纲确定到多轮次的写作修改，都得到了广州大学孙延明教授的悉心指导，在此，谨向孙延明教授致以最诚挚的谢意。本书的完稿是整个撰写团队努力的成果，同时也要感谢我的研究生林奕涵、李儒国、杨敬慈等,他们设计、编辑了精彩、翔实的图片,在他们的帮助下,本书才能以图文并茂的方式呈现出来。由于理论的新颖性、交叉性和广泛性等特点,撰写团队成员自身的知识积累是远远不够的,本书的作者在准备和写作的过程中认真阅读了很多书籍及文献,书中内容凝聚了很多学者、从业者的心血与智慧,尤其参考文献作者的知识贡献是支撑本书的脊梁。在此,对上述涉及人员一并表示感谢!

信息反馈

由于本书涉及的学科领域较多,编者的水平和学识有限,书中难免存在缺漏和不足之处,希望得到读者的谅解,也恳切希望各位读者发送邮件至 yanhanzeng@gzhu.edu.cn 批评与指正,编写团队将不胜感激。

曾衍瀚
2023 年 5 月

目　录

计算机和其他网络设备（如交换机、网桥、路由器等）连接起来，实现资源共享、信息交互。更进一步，互联网是网络与网络之间连接起来的巨大网络，这些网络通过一组普遍适用的协议连接起来，在逻辑上形成单一且庞大的全球化网络。互联网最初起源于 1969 年美国国防部高级研究计划局网络（ARPANET），又称阿帕网，阿帕网主要应用于军事指挥系统，它由多个分散的指挥站点构成，并确保当个别指挥站点被破坏后，其他所有指挥站点间的通信仍是正常的。20 世纪 80 年代中期，为了促进各高校的科学技术研究及确保政府机构顺利开展工作，美国国家科学基金会（NSF）在美国建立了 6 个超级计算机中心。1986 年 7 月，NSF 资助建立了一个主干网络 NSFNET，它可以直接连接 6 个超级计算机中心，并且允许研究工作者对互联网进行访问，从而能够检索资料并且共享研究成果。与此同时，其他国家的一些高校和科研机构也在建设能兼容 NSFNET 的广域网络，这些网络的建设共同奠定了互联网世界的基石。20 世纪 90 年代以来，随着这些网络逐渐连接到互联网，当今世界各国的互联互通的网络也在逐步构建。1993 年，美国的信息高速公路计划，在世界范围内掀起了信息高速公路的建设热潮，这标志着互联网的发展进一步成熟与完善。

进入 20 世纪 90 年代，互联网的使用人数呈指数增长。1999 年 3 月，全球互联网用户数仅有 1.71 亿，而到 2021 年年底，全球互联网用户数达到 49 亿，全球有超过一半的人口"触网"。1994 年，中国有了第一条互联网国际专线，中国真正意义上接入了互联网，截至 2022 年 12 月，我国网民规模达 10.67 亿，超过全球网民数量的 1/5，互联网普及率达 75.6%，高于全球平均水平。中国网民数量超过了美国和印度的网民数量总和，毋庸置疑，中国已经成为互联网用户数量最多的国家。互联网就像一张永远在扩张的蜘蛛网，将世界各地的人们连接起来，信息的获取和流动跨越了时间、空间的界限。

互联网作为一种仍处于快速发展时期且潜力无穷的信息获取和信息交换的中心，造就了人类历史上最庞大的信息世界。根据国际数据公司（IDC）发布的《数据时代 2025》报告，如图 1-1 所示，全球每年产生的数据将从 2018 年的 33ZB 增长到 2025 年的 175ZB，相当于每天产生 491EB 的数据。1ZB 相当于 1.1 万亿 GB，如果把 175ZB 全部存储在 DVD 中，DVD 叠加起来的高度将是地球与月球的距离的 23 倍（月地最近的距离约为 39.3 万千米），或者绕地球 222 圈（1 圈约为 4 万千米）。以目前美国的平均网速 25Mbit/s 进行计算，下载完 175ZB 的数据大约需要 18 亿年。

随着互联网的飞速发展和广泛应用，全球信息化已成为当今时代的发展趋势。继农业时代和工业时代后，人类社会正大踏步走向信息时代。信息作为当今世界的第一生产要素，构成了信息时代的重要技术基础和物质基础。信息化给社会的产业结构、生产活动方式、全球经济格局、组织结构、管理决策等诸方面带来了深刻而久远的划时代影响。

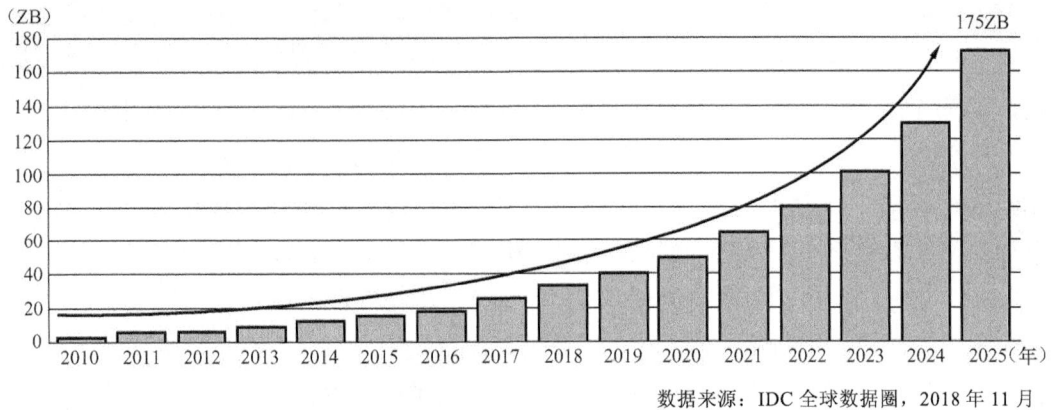

数据来源：IDC 全球数据圈，2018 年 11 月

图 1-1　全球数据圈的规模（2010—2025 年）[2]

2. 物联网实现信息世界与物理世界的融合

在现实社会中，物理世界与网络虚拟世界是分离的，物理世界的基础设施与信息基础设施也是分开建设的。如图 1-2 所示，在 2005 年信息社会世界峰会上，国际电信联盟（ITU）正式提出"物联网（IoT）"的概念。随着物联网的产生和发展，越来越多来自设备和物理世界的数据变得可用。物联网通过感知信息、连接万物和智能应用，将信息世界和物理世界之间的界限打破，并进一步融合。

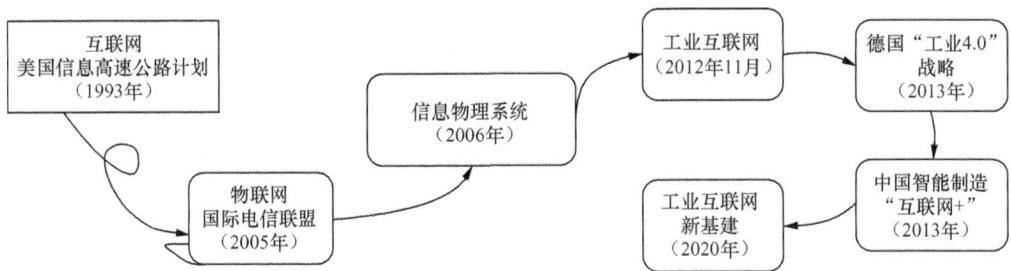

图 1-2　工业互联网等相关概念的演化

物联网是指在物理世界中部署各种信息传感设备，这些设备具有一定的感知能力和计算能力，通过网络设施满足获取、传输与处理信息的需求，从而实现广域的人与各种物品之间、人与人之间甚至对象与对象之间的信息交换与互联。本质上，物联网是在互联网基础之上的延伸和扩展的与物相连的网络。

互联网的电子邮件、文件传输、搜索引擎、即时通信、网络音乐、网络视频、电子商务等，为人类构建了一个人与人之间进行信息交互与共享的信息世界。互联网中的信息是由人自己产生的，而物联网中的大量信息是通过射频识别（RFID）标签和传感器等自动产生的，通过网络通信系统的传输，由计算机使用特定的智能信息处理软件进行处理之后，生成智慧处理策略，再通过控制终端设备对物理世界中的对象进行控制。例如，在智能家居应用中，通过射频识别、红外感应器、全球定位系统（GPS）、地理信息系统（GIS）、音视频等信息传感设备，按照通用的传输协议把各个物品与网络相连接进行通信与信息交互，以实现智能化识别、定位、跟踪、监控和联动报警管理。2006 年，NSF 首次提出物联网应用的重要技术形态——信息物理系统（CPS）。CPS 通过将物理设备与互联网相连接，让物理设备具有通信、计算、控制、远程协调和自动调节等智能功能，并将信息资源、系统、物体及人紧密联系在一起，从而创建万物互联的物联网及其相关服务。CPS 是综合计算、网络和物理环境的多维复杂系统，突出对物的实时、动态的信息控制与提供的信息服务。

推而广之，物联网借助到处存在的环境感知设备、网络通信设备和智能控制设备等，通过计算进程和物理进程彼此作用的反馈机制，实现深度融合和实时信息交换、传输来增加或扩展新的功能。各个物理实体受到不同系统工程的安全、可靠、高效和实时的检测或控制，从而使物理系统具有计算、通信、精确控制、远程协作和自治的功能。互联网的出现改变了人与人之间的交互方式，而物联网的出现将改变人与物理世界的交互方式。物联网将整个世界互联，通过构建"泛在感知、可靠传输、智能处理"的智能服务系统，最终实现信息世界与物理世界的融合。

3. 工业互联网实现信息传感设备与互联网的结合

工业互联网的概念由美国通用电气公司（GE）在 2012 年 11 月发布的《工业互联网：突破智慧和机器的界限》白皮书中首次提出。该白皮书指出，工业互联网将整合两大革命性转变优势，其一是工业革命，伴随着工业革命的发展，出现了无数台机器、设备、机组和工作站；其二则是更为强大的网络革命，在其影响之下，机器、信息与通信系统应运而生、不断发展。

该白皮书认为，体现工业互联网精髓的三大元素分别是智能机器、高级分析和工作人员。智能机器是指以先进的科学技术将现实世界中的机器、设备、团队和网络，通过先进的传感器、控制器和软件应用程序连接起来。高级分析是使用基于物理的分析法、自动化和材料科学、预测算法、电气工程及其他相关学科的专业理论知识来理解机器与大型系统的运作方式。工作人员可以建立员工之间的连接，实现与不同场所的人员进行交流，以实现更加高效智能的设计、操控、维护及高质量的后台服务与安全保障。有效融合工业互联网的三大要素，将为企业与经济体提供新的发展机遇。例如，传统的统计方法采用历史数据采集技术，这种技术会将数据采集、分析结果和决策行为分离。随着系统监控技术的发展和信息技术成本的下降，处理实时数据的能力大大提高，其工作规模也得以飞速壮大，高效的实时数据处理为整体系统的操作提供了更开阔的视野。

当今的工业互联网是通过物联网将各种信息传感设备与互联网结合起来而形成的

巨大网络。工业互联网的概念不难理解，但其内涵十分丰富。工业互联网是工业智能化发展的重要综合信息基础设施，从产业视角来看，工业互联网是互联网和新一代先进信息技术与工业系统全面深度交融所形成的产业和应用生态。其本质是以原材料、机器、信息系统、控制系统、产品及人之间的互联互通为基础，通过对工业互联网数据的全面深度感知、实时动态输送与具体建模分析，形成智能决策方案与控制，促进智能制造业的发展，创建制造业智能化发展的核心。工业互联网的本质特性是以开放互联网络为基础实现互联互通，以数据为核心创造商业价值，以云平台为载体实现要素资源的整合，实现智能化变革，具体描述如下。

（1）以网络互联为基础

工业互联网依托的网络包括传统互联网、移动互联网、物联网、通信网络等各类泛在网络，平台互联、生态构建、数据互通均基于网络。工业互联网是由许多应用、平台、生态等基于各类网络构建而成的，具有较强的水平区域、垂直行业的属性，因此它的平台效应、马太效应、网络外部性能没有消费互联网那么强烈。同时，工业互联网是企业互联的一种形式，从信息层面实现对全产业链企业间的整合，形成信息对称和规模红利，具备互联网经济的利他特征，进而降低整个产业链的整体运营成本。

（2）以数据为核心商业价值

信息经济、数字经济时代，数据取代物质资料成为核心资产，通过数据挖掘、应用，能够创造核心商业价值。数字化是网络化、智能化、虚拟化、个性化、去中心化和柔性化的基础，在产品整个生命周期、企业生产全流程中，现代设计、研发、仿真、制造、流程管理、营销服务、支付等均基于数字技术完成，这会沉淀海量的数据资产。数据是生产、交换、分配和消费各个环节中不可或缺的纽带，技术流、物质流、资金流、人才流、服务流和信息流等通过大数据整合、催生和赋能。工业互联网本质上也是数字化的生产力，它沉淀了以产业为版图的全息大数据池，是以大数据为基础的生产力的创新与升级。

（3）以云平台为载体

工业互联网通过平台载体整合汇聚、协同共享、优化配置生产要素资源，实现商业模式的创新，并提供各类协同创新服务。无论是工业领域的工业云、云制造等工业互联网，还是物流互联网、金融互联网、知识产权服务平台等生产服务业领域的服务业互联网，都基于云平台实现资源汇聚、企业汇聚，通过平台实现研发模式、商业模式、应用模式、服务模式的创新，实现工业互联网的赋能作用。工业互联网的线上平台形式多样，既可以是生态类平台，又可以是基于专业分工的是技术类平台、专业类平台，也可以是提供综合服务的综合平台，还可以是细分垂直服务业的专业平台。

工业互联网应用于企业生产，带来以下四个方面的变革。第一个方面是智能化生产。基于海量数据的建模分析，形成智能决策和动态优化，显著提升生产效率，降低生产成本。第二个方面是网络化协同。借助网络整合分布于全球的设计、生产、供应链和销售资源，形成众包众创、协同制造等新模式，大幅度降低开发成本，缩短产品上市周期。第三个方面是个性化定制。基于互联网用户个性化需求，通过灵活地组织设计、制造资源和生产流程，实现低成本、大规模定制。第四个方面是服务化延伸。通过对产品运行的实时监测，提供远程维护、故障预测、性能改进等一系列服务，实现工业企业服务化转型。

1.1.2 工业互联网的定义

将工业互联网归类于泛互联网。作为最早提出工业互联网概念的公司，GE 认为工业互联网使用开放性网络将人、数据与机器三者相连接，从而提高工业化生产力。工业互联网的应用和当前全球互通的互联网一致，也在一定程度上表明工业互联网是在当前的互联网技术基础上实现互联互通。

工业互联网是全新的技术领域和产业形态，目前没有明确的定义。信息技术（IT）领域的在线词典 Techopedia 对工业互联网的解释是：工业互联网将智能机器或特定类型的设备与嵌入式技术和物联网相互联系。维基百科将"工业互联网"词条定向到"工业物联网（IIoT）"，IIoT 指与计算机的工业应用程序互联的传感器、仪器和其他设备。这种连通性允许进行数据收集、交换和分析，从而有可能促进生产力和效率的提高，以及使其他经济利益最大化。IIoT 基于分布式控制系统的发展，通过使用云计算来完善和优化过程控制，从而实现了更高程度的自动化。

2016 年我国成立工业互联网产业联盟，其对工业互联网的概念进行了权威阐述，重点强调工业互联网中的角色，包括机器、物品、计算机与人，工业互联网将通过先进算法将信息网络、大数据、机器学习等各领域的应用技术与机器装备深度整合，从而令机器更加智能，保证相关机器在网络中的复杂物理结构的接卸与传感装置和功能软件的集成的可实现与高效性。

本书采用中国工业互联网产业联盟发布的《工业互联网体系架构》中的工业互联网定义：工业互联网是互联网和新一代信息技术与工业系统全方位深度融合所形成的产业和应用生态，是工业智能化发展的关键综合信息基础设施。工业互联网的本质是以机器、原材料、控制系统、信息系统、产品及人的网络互联为基础，通过对工业数据的深度感知，实时传输、交换，快速计算处理及高级建模分析，实现智能控制、运营优化和生产组织方式的变革。

1.1.3 各国工业互联网产业发展规划

当前，工业互联网正成为世界各国关注的热点、发展的重点、竞争的焦点。工业互联网产业体系与工业体系的深度叠加，涵盖了工业数字化转型的各个方面，加速了工业数字化、网络化、智能化转型升级的历史进程，展现出难以估量的潜力空间。工业互联网日益成为第四次工业革命的基石。发展工业互联网是抢占这一轮工业革命制高点和主导权的必由之路。中国、德国、美国的工业与互联网产业发展规划如图1-3所示。

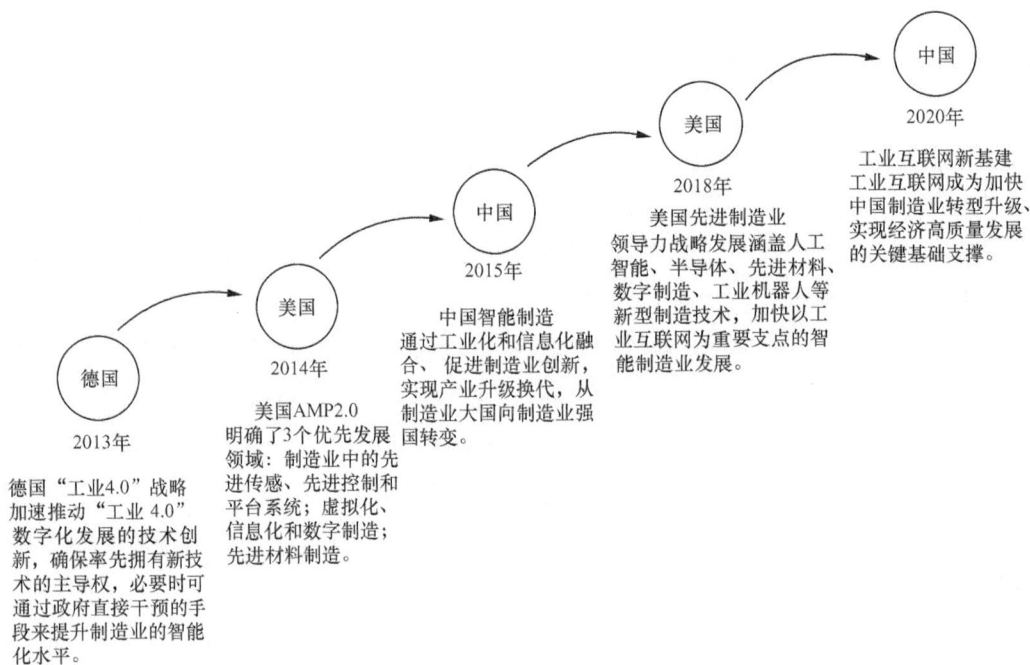

德国
2013年
德国"工业4.0"战略加速推动"工业4.0"数字化发展的技术创新，确保率先拥有新技术的主导权，必要时可通过政府直接干预的手段来提升制造业的智能化水平。

美国
2014年
美国AMP2.0明确了3个优先发展领域：制造业中的先进传感、先进控制和平台系统；虚拟化、信息化和数字制造；先进材料制造。

中国
2015年
中国智能制造通过工业化和信息化融合、促进制造业创新，实现产业升级换代，从制造业大国向制造业强国转变。

美国
2018年
美国先进制造业领导力战略发展涵盖人工智能、半导体、先进材料、数字制造、工业机器人等新型制造技术，加快以工业互联网为重要支点的智能制造业发展。

中国
2020年
工业互联网新基建工业互联网成为加快中国制造业转型升级、实现经济高质量发展的关键基础支撑。

图1-3　中国、德国、美国的工业互联网产业发展规划

1. 美国先进制造业

美国是互联网领域的大国，具备先进的互联网技术及在消费行业方面广泛的应用基础，其正在将大数据采集、分析、反馈及智能化生活的全系列运用经验引入工业领域。2011年7月，以GE为代表的企业将工业互联网作为制造业升级的核心，提出了工业互联网的概念。在国家层面上，美国政府认为，推动国家未来经济发展的引擎要背靠以工业互联网为基础的智能化制造业，持续推出先进制造业战略行动，并充分发挥信息时代先进科学技术的优势，积极挖掘互联网与制造业等信息科学技术交融创新的发展路径，以工业互联网为抓手，强化创新驱动的前沿引领优势，确保全球领先地位。

全球金融危机之后，美国政府重新关注制造业问题，于2012年提出先进制造伙

伴（AMP）计划。在 2014 年发布的 AMP 2.0 报告《加速美国先进制造业》中，美国明确了 3 个优先发展领域：制造业中的先进传感、先进控制和平台系统；虚拟化、信息化和数字制造；先进材料制造。在基础科学和应用科学研究领域，工业互联网的核心使能技术——CPS 的研发连续 14 年得到 NSF 的资助。2018 年，美国国家科学技术委员会（NSTC）下属的先进制造技术委员会发布《美国先进制造业领导力战略》报告，提出发展和推广新的制造技术，教育、培训和匹配制造业劳动力，提升国内制造业供应链能力三大任务，确保美国国家安全和经济繁荣。

在 GE、亚马逊、IBM、谷歌、思科和微软等诸多领头企业的带领作用下，美国充分发挥人工智能、云计算、大数据等技术的强大支撑作用及企业强烈的工业互联网应用需求的牵引作用，快速形成了多层次、多方位的产业群体，从而在工业互联网发展领域逐步占据了主导地位。

2. 德国"工业4.0"战略

相对于美国在互联网领域的领先优势，德国的竞争优势体现在制造业。在此背景下，结合传统的制造业优势，德国在 2013 年的汉诺威工业博览会上正式提出"工业 4.0"战略的概念。此外，德国陆续发布《新高科技战略（3.0）》《数字化战略 2025》《德国工业战略 2030》等，在标准规范、技术研发、数字化转型和"工业 4.0"发展等方面进行了全面战略部署。《德国工业战略 2030》指出，互联网与机器的相互连接技术在"工业 4.0"时代中占据举足轻重的地位，互联网在工业领域中的应用慢慢成为标配。德国明确提出，要加速推动"工业 4.0"数字化发展的技术创新，确保率先拥有新技术的主导权，必要时可通过政府直接干预的手段来提升制造业的智能化水平，建立具有适应性、资源利用效率及基因工程学的智慧工厂，在商业流程及价值流程中整合客户及商业伙伴资源，保证在竞争中处于领先地位。其要点是建设 CPS 网络，并在智能生产、智能工厂、智能物流、智能服务等方面实现横向集成、纵向集成和端对端集成，在标准化和参考架构、管理复杂系统、工业宽带基础、安全和保障、工作的组织和设计、培训与再教育、监管框架、资源利用效率等 8 个领域推动工业 4.0 的融合发展。

工业 4.0 要实现产品和机器的互联，以及工厂、消费者、信息数据、产品的互联，最终实现万物互联互通，重新构造整个社会的生产方式。德国许多制造业工厂已经具备建设条件，但是在智慧连接方面还稍显欠缺。而这种虚拟和现实的互联可通过 CPS 实现，CPS 为"工业 4.0"的核心。从某种意义上说，"工业 4.0"是德国针对自身特点推出的超越计划。德国不盲目跟随美国互联网的发展方向，而是根据自身在制造研发领域的特点，制定个性化方案，力图实现弯道超车。

虽然美国和德国针对智能制造业分别提出工业互联网和"工业 4.0"两个不同的概念，但二者都是为了适应自身的不同需求和工厂批量化生产之间的矛盾提出的应对方案。美国侧重利用基础科学、信息技术、工业、互联网等领域的综合优势，构建全球性的生态体系组织，从大数据应用等软科技切入，带动制造业全流程、全环节竞争力的整体提升；德国是基于制造装备、工业软件、工业自动化等方面的行业领军地位，通过整个工业体系的协同运转，强化硬科技优势，同时提升软科技的能力。

3. 我国工业互联网产业发展规划

（1）智能制造

新中国成立以来，尤其是改革开放以来，我国制造业持续快速发展，建成了门类齐全、独立完整的产业体系，有力地推动了工业化和现代化进程，显著增强了综合国力，保持世界制造业大国的地位。然而，与世界先进水平相比，我国制造业仍然大而不强，在自主创新能力、资源利用效率、产业结构水平、信息化程度、质量效益等方面差距明显，转型升级和跨越发展的任务紧迫而艰巨。放眼世界各国，美国提出了先进制造业、"再工业化"和国家战略计划，德国提出了"工业4.0"战略，欧美发达国家的工业和制造业发展战略对我国工业造成了较大的影响，客观上要求我国提高整体制造业水平。我国也高度重视智能制造。

与工业4.0侧重于技术上的引领相比，智能制造更多是政策上的引导，是由上而下的顶层设计。智能制造在中国经济转型的过程中起着非常重要的推动作用，有利于促进制造业创新，实现产业升级换代，保持我国制造业的国际竞争力。

（2）"互联网+"

"互联网+"是把互联网的创新成果与经济社会各领域深度融合，推动技术进步、效率提升和组织变革，提升实体经济的创新力和生产力，形成更广泛的以互联网为基础设施和创新要素的经济社会发展新形态。在全球新一轮科技革命和产业变革中，互联网与各领域的融合发展具有广阔前景和无限潜力。国务院在2015年7月正式发布的《国务院关于积极推进"互联网+"行动的指导意见》中明确提出，围绕"互联网+"，把互联网的创新成果与经济社会各领域深度融合，进一步促进社会发展。

积极发挥中国互联网已经形成的比较优势，对实现中国经济提质增效升级具有重要意义。2020年，中国提出要加快5G、数据中心和工业互联网等新型基础设施建设的进度。作为实现人、机、物全面互联的重要载体，工业互联网成为加快制造业转型升级、实现经济高质量发展的关键基础支撑。2021年1月13日，工业和信息化部印发《工业互联网创新发展行动计划（2021—2023年）》，提出在网络体系、标识解析、平台体系、数据汇聚、新型模式、融通应用、关键标准、技术能力、产业协同、安全保障和开放合作等重点方面采取措施，到2023年，工业互联网新型基础设施建设量质并进，工业互联网新模式、新业态大范围推广，产业综合实力显著提升。

1.2 工业互联网发展的技术背景

随着科技的发展，传统产业与新一代信息技术诸如人工智能等加速融合，新的生产方式、组织方式和商业模式方兴未艾，工业互联网汇聚新一代信息技术创新成果，并与智能制造有关的软硬件技术相结合，将信息连接对象由人扩大到具备自我感知能力和执行能力的智能物体，体现了互联网、通信技术等的集成优势，推动全球工业体系的智能化变革。

1.2.1 工业互联网兴起的技术背景

传统制造系统工业数据的获取、计算分析和决策优化是分离的，时间维度的不统一导致围绕历史数据的分析结果难以实时、精确地控制设备运行。传统仪表自动化系统仅能感知当前过程变量，信息维度低，不能反映制造过程中的深层次动态特性，感知深度不足；传统互联模式与工厂外难以互联互通，导致互联广度不足；传统工业运行数据的挖掘深度有限，导致分析综合预见性不足。工业互联网的出现解决了传统工业制造数字化和智能化面临的上述问题。

互联网、计算机等信息技术的发展为人们的生活、生产方式带来了巨大的变化，一方面加速了传统产业结构的改革创新，另一方面构建了新的产业体系，并通过技术创新和模式创新逐渐融入和渗透实体经济领域，为传统产业变革带来巨大机遇。伴随着制造业转型与数字经济浪潮的交叉相融，物联网、云计算、大数据等信息技术与制造技术的不断发展与创新，基于物联网技术全面、深度地感知制造的物理过程，基于互联网实现信息资源跨学科、跨领域的协同运作与开放共享，基于大数据技术准确地分析海量数据，工业互联网平台应运而生。

从技术角度来说，以互联网为代表的新一代信息技术与制造系统的深度交汇融合必然会催生工业互联网。工业互联网集成、应用了物联网、人工智能、云计算、大数据、移动通信、区块链等新一代信息技术，催生了新技术、新模式、新应用，显示了工业互联网蓬勃的生命力。Machina Research 公司预计，2025 年全球物联网设备（包括蜂窝及非蜂窝）联网数量将进一步增加到 251 亿。在可预见的将来，所有智能设备与智能物体都将会被接入互联网，形成一个物体与物体之间、物体与人之间、人与人之间全面互联的社会。

工业互联网技术的核心是通过物联网、云计算、大数据和区块链技术的发展，实现全面感知海量工业数据、端到端的深度数据分析与建模分析，以及智能化的指令控制和决策结果，同时解决数据信任和安全问题，从而进一步促进了个性化定制、智能化生产、网络化协同、服务化延伸等新型制造模式的形成。

1. 物联网技术实现全面感知海量工业数据

物联网是在互联网的基础上再向外扩展和延伸的信息网络，根据响应的传输协议和规定，不同的信息传感设备对互联网和对应的智能物体进行连接、通信，进而实现不同信息在各个维度的交互。物联网最根本的特点就是对信息的全面感知、可靠性传输，然后进行智能处理。物联网采集工业制造过程中发生的物理事件和数据，包括各类物理量、音视频数据、标识等，物联网技术直接通过现有互联网、移动通信网、卫星通信网等基础网络设施，对来自感知层的信息进行接入和传输。

2. 云计算技术实现端到端的深度数据分析与建模分析

根据美国国家标准与技术研究院（NIST）的定义，云计算是一种利用互联网实现随时随地、按需、便捷地访问共享资源池（如计算设施、存储设备、应用程序等）的计算模式。云计算中较为重要的表现形式是计算机资源服务化，它为用户屏蔽了数据中心管理、大规模数据处理、应用程序部署等问题。通过云计算，用户可以根据其业务负载快速申请或释放资源，并以按需支付的方式对所使用的资源付费，在提高服务质量的同时降低运维成本。云计算具有如下特点。

（1）弹性服务

为了自适应业务承载量的动态变化，服务的规模可快速伸缩。将用户使用资源和其业务需求统一化，可避免服务器性能过载或冗余导致的服务质量下降或资源浪费。

（2）资源池化

用共享资源池的方式对资源进行统一管理。不同的用户通过虚拟化技术获取不同的资源，同时将资源的放置、管理与分配策略对用户透明。

（3）按需服务

以服务的形式为用户提供基础设施、应用程序、数据存储等资源，并可以根据用户的需求差异化地对资源进行自动分配，而不需要系统管理员干预。

（4）服务可计费

实时监控用户的资源使用量，并根据资源的使用情况对服务进行计费。

（5）泛在接入

用户可以利用各种终端设备（如智能手机、笔记本计算机、台式计算机等）实时通过互联网访问云计算服务。

从云网端的角度来看，工业互联网平台以云计算为核心，通过网络的泛在连接，实现对海量终端、资源、数据和主体的汇聚集成与优化配置。

3．大数据技术实现智能化的指令控制与决策结果

由于互联网的迅速发展、数据库技术的日趋成熟和普及、各种优质的存储介质被应用，以及大内存、高性能的存储设备的出现，人们在日常生活、学习、工作中产生的数据量呈指数级爆炸式增长，在这样的大背景下，"大数据问题"逐渐出现，如何收集、处理和分析数据成为网络信息研究的重点和难点。大数据既是挑战又是机遇，"大数据"之"大"，并不仅仅指"容量大"，更大的意义在于通过对海量数据的交换、整合和分析，发现新的知识，创造新的价值。美国互联网数据中心（IDC）将大数据技术定义为：为更经济地从高频率的、大容量的、不同结构和类型的数据中获取价值而设计的新一代架构和技术。

大数据处理的核心是分析处理数据，云计算是大数据处理的基础，也是大数据分析的支撑技术。分布式文件系统为整个大数据提供了底层的数据存储支撑架构，为了方便进行数据管理，人们在分布式文件系统的基础上建立了分布式数据库，提高数据的访问速度。人们在分布式数据库上利用各种大数据分析技术对不同种类、不同需求的数据进行分析、整理，得出有益的信息，最终利用各种可视化技术形象地呈现给数据用户，满足用户的各种需求。

工业互联网需要处理海量和异构的结构化数据、半结构化数据和非结构化数据，包括来自各种设备、产品、信息系统，以及在其生产过程中产生的工业大数据。利用大数据技术来存储、分析、展现这些数据，通过数据驱动，实现对产品、制造工艺和设备的监控、控制和优化等功能。

4．区块链技术解决数据信任和安全问题

区块链是将分布式数据存储、点对点传输、共识机制和加密算法等计算机技术结合起来，形成的一种去中心化的数据存储系统。直观上理解，区块链是一种"去中心化"的数据库，它由一系列被称为"区块"的数据结构组成，每个区块都含有一个"时间戳"、一个与前一个区块的"链接"以及交易数据。区块链具有去中心化、时序数据、集体维护、可编程和安全可信等特点。工业互联网和 5G 时代的物联网将更倾向于区块链、边缘计算、云计算和人工智能物联网（AIoT）的混合架构。在智能装备、智能制造等领域，区块链技术还可以解决工业设备注册管理、访问控制、监控状态、数据传输可信度，以及工业互联网平台的可控管理、生产质量追溯、供应链管理等问题，确保工业互联网下智能制造的安全和效率，推动制造业转型升级。

1.2.2　工业互联网发展的必然性

工业互联网是互联网和新一代信息技术与工业制造系统的全方位深度交汇相融所

形成的产业和应用生态，是工业智能化发展的基础。其本质是以机器、原材料、信息系统、控制系统产品及人之间的网络互联为基础，通过全面感知海量数据和分析大数据进行合理决策，实现智能控制、优化生产组织方式与运营的变革，从而能更有效地发挥出不同机器协作运转的潜能，提高生产力。工业互联网最显著的特点是在大大提高生产效率的同时节省成本，推动设备技术的升级，提高效益。本节从工业技术和互联网技术两个维度对工业互联网进行分析，进一步阐述工业和互联网各自的特点和两者之间的关系。

1. 工业技术角度

（1）工业 1.0——机械化

工业 1.0，即第一次工业革命。蒸汽革命是人类技术发展历史的第一次巨大革命，于 18 世纪首先开启于英国，蒸汽革命开创了以机器代替手工劳动的时代。工厂制代替了手工制，蒸汽机标志着第一次工业革命的诞生。英国由于率先完成了工业革命，很快成为世界霸主。工业 1.0 解决了大规模工业生产过程中的动力问题，工业从此进入了机械化时代。

（2）工业 2.0——电气化

工业 2.0，即第二次工业革命，于 19 世纪 70 年代到 20 世纪初，开启于德国和美国，是世界近代史上的第二次技术革命。内燃机的发明和电能的应用标志着第二次工业革命的诞生，电动机器开始用于替代蒸汽机器，内燃机的应用解决了交通工具的发动机问题，推动了汽车、轮船、飞机等交通工具的发展，石油开采、石油化工及电子通信行业成为影响经济、民生发展的重要新兴产业。德国和美国率先完成了电气革命，后来居上，超越英国，成为新一代资本主义强国。工业 2.0 解决了大规模工业生产的电气自动控制问题，工业从此进入了电气化自动化时代。

（3）工业 3.0——信息化

工业 3.0，即第三次工业革命，从 20 世纪四五十年代起，开启于美国，是世界近代史上的世界第三次技术革命。以空间技术、生物工程、电子计算机、核能（原子能）的发明和应用为主要标志，涉及生物技术、空间技术、海洋技术、新能源技术、新材料技术、信息技术等诸多技术领域的一场信息控制技术革命。尤其是从 1980 年开始，微型计算机的迅速发展加速推动了信息控制技术革命。电子计算机的广泛应用，促进了生产自动化、管理现代化、科技手段现代化和国防技术现代化，也推动了情报信息的自动化。以全球互联网为标志的信息高速公路大幅度缩短了人类交往的距离。工业 3.0 解决了大规模工业生产的信息处理问题，工业从此进入了信息化时代。

（4）工业 4.0——智能化

德国在 2013 年汉诺威工业博览会上正式提出了"工业 4.0"战略，旨在提高德国工业的国际竞争力，在新一轮工业革命中抢占先机。工业 4.0 是以智能制造为主导，通过通信技术和网络空间虚拟系统的结合，以人工智能、物联网、机器人及云计算等技术为驱动，将传统制造业逐步转型为智能制造。

工业 4.0 的概念在全球工业领域引起了极高的关注和认同。继蒸汽机的发明应用（机械化）、电力的发明应用（电气化）和电子信息技术（信息化）等三次工业革命后，人类将迎来以生产高度网络化、数字化、机器智能自动化为标志的第四次工业革命。工业将从此进入智能化时代。

从工业视角来看，工业互联网是工业智能化发展趋势的内在表现。主要表现为从生产过程到商业应用等一系列流程的智能化。生产系统通过采用互联网和通信技术，实现机器与机器之间、机器与系统之间、企业不同部门之间的实时连接与智能交互，从而实现工业体系各个层级的优化，如实时监测、泛在感知等业务的实现，进而带动商业活动的优化。

从出发点来看，工业互联网与工业 4.0 都是为了适应需求的个性化与工业生产的批量化，前者通过软件带动硬件的方式实现制造升级，后者通过设备的智能化与工业软件的结合，实现智能工厂，最终实现智能制造，提高生产力。与工业 4.0 相比，工业互联网的范畴相对要小，弱化了对设备智能化及智能设备数字化的描述。

2. 互联网技术角度

互联网指以一些标准通用的网络协议互联互通，连接全世界几十亿个智能设备，形成逻辑上单一的巨大国际网络。由从各个国家、各个地方到全球范围内数以百万私人的、学术界的、企业的和政府的网络所构成，并且通过电子设备、无线网络和光纤网络技术等一系列信息技术联系在一起。互联网的兴起与发展极大地改变了人类的生活，促进了人与人之间、人与信息之间的互相交流，同时以互联网为代表的信息产业是各国经济发展的重点，它显著提高了国民经济的效益，成为经济增长的原动力。互联网经历了以下 4 个发展阶段。

（1）Web 1.0

1983 年，传输控制协议 / 互联网协议（TCP/IP）成为阿帕网的标准协议。此后，所有使用 TCP/IP 的计算机都能利用互联网进行通信，1983 年被公认为互联网元年。随着世界上许多公司纷纷接入互联网，网络上的通信量急剧增大。互联网服务提供者（ISP）开始出现，多层次、多维度 ISP 结构的互联网逐渐形成。ISP 可以从互联网管理机构申请一个或者多个 IP 地址，同时拥有通信线路及路由器等联网设备。用户只需要向 ISP 缴纳相应费用就能获取需要的 IP 地址，并通过该 ISP 接口接入互联网。1993 年 3 月，中国与国际互联网络连通。20 世纪 90 年代初，国外以美国在线、雅虎等为代表，国内以新浪、搜狐、网易、百度为代表的门户网站，改变了人与信息交互的形式。这种信息传递是单向传播的，网站生产内容并向用户提供，受制于有限的网络带宽，内容以在线文本为主。

（2）Web 2.0

Web 2.0 是 Web 1.0 之后的一种新的互联网方式，通过网络应用促进人与人之间在网络上的信息交换和合作交流，Web 2.0 模式更加以用户为中心。但是与 Web 1.0 不同的是，Web 2.0 的开放和共享的特征更加显著，彰显了 Web 2.0 "去中心化"的特点。在开放平台下，用户可以不受时间限制、不受地域限制地分享和发布各种信息动态，同时信息在网络聚集、存储、积累。典型的 Web 2.0 站点有网络应用程序、社交网站、网络社区、博客等。同时，随着光纤等技术的发展，数据存储量日益攀升，音频、视频等多媒体信息开始占据主流。

（3）移动互联网

移动互联网是有线互联网后的下一代互联网——Web 3.0，是无线通信网络和互联网融合的产物，具有无线通信网络可以不受时间限制、不受地域限制进行通信的特点，也继承了互联网开放、分享和互动的优势。移动互联网业务和应用包括移动环境下的文件下载、网页浏览、视频浏览和下载、位置服务等业务。宽带业务的发展是互联网发展的推动力之一，而紧随其后出现的移动互联网技术进一步推动了互联网的发展，为互联网的发展提供一个新平台，使得互联网更加普及。相对于传统 PC 互联网，移动互联网的便携性结合智能手机终端的精确性、感触性等特点催生了完全不同的用户体验生态，如更精确的个性化服务，基于位置的服务（LBS），更私密的终端服务如手机支付等新业态。移动互联网对人们生活、工作、娱乐等方面渗入更强，成为过去 10 年推动产业发展乃至社会经济发展最强有力的技术力量。

（4）物联网

物联网是以互联网、传统电信网等为信息承载体，让所有能行使独立功能的普通物体实现互联互通的网络，被称为继计算机、互联网之后，世界信息产业发展的第三次浪潮。其核心和基础仍是互联网，物联网通过传感器、射频识别、全球定位系统等信息传感设备，利用互联网连接与无线通信传输，进行信息交换和通信，实现对物品的智能化信息处理和控制管理，其本质上是互联网的延伸和扩展。5G 标准在制定时就针对物联网应用的需求，涵盖了低时延、广覆盖和泛在网（广泛存在的网络）等技术特点，5G 的到来将推动物联网的大规模应用和发展，物联网与人类社会之间的联系将更加紧密，世界也将进入一个全新的万物互联的时代。

互联网从最开始的研究机构的局域网，发展到国家级别的互联网，再到全球互联网，从受限于计算机的体积和有线通信的固定网络，到可随时随地上网的移动互联网，人类可以不受空间约束进行高效率的信息传递。互联网已成为人与人之间沟通交流、相互传递信息的纽带；物联网的发展将人与人之间的互联进一步延伸到人和物、物和物之间的互联。随着云计算、大数据统计、人工智能等技术的不断发展，物联网将进一步从"万物互联"走向"万物智联"。

从互联网视角来看，工业互联网是万物互联发展趋势在工业领域中的体现。工业物联网是一个物品与互联网服务交叉相融的网络体系，是互联网演进和发展的新阶段，适应了新时代的信息交互需求，即从人与人之间的交流延拓到人与物理空间之间的交流，从而形成信息技术支持信息社会发展的新手段。同时，它也是信息化和自动化深度交叉融合的突破口。在全面互联的基础上，通过数据流动和分析，形成智能化变革，同时形成全新的业务生态和新的业务模式。工业互联网的基础是互联，将工业系统的各种元素互联起来，包括人、机器和系统。与互联网不同的是，工业互联网更加注重各类元素的连接、数据的流动和集成，以及数据的分析和建模。值得一提的是，工业互联网并不等同于工业物联网，工业物联网指的是物联网在工业领域中的应用，工业互联网包含了工业物联网，但进一步延伸到其所涉及企业的人员、业务流程和信息系统。

综合来看，工业互联网是连接工业全系统、全价值链、全产业链，支撑工业向智能化发展的重要基础设施，是新一代信息技术与制造业深度交叉融合所形成的新业态与新模式。与传统意义上的互联网不同，工业互联网作为制造业网络化、数字化和智能化的重要承载体，使得工业系统的各种元素如机器、人或者系统交互连接，是工业系统与高级分析和计算、传感技术及互联网的高度融合。

1.3　工业互联网的关键技术

2012 年，GE 从产业的角度首先提出工业互联网九大技术，分别为超级计算终端、软件定义机器、知识工作自动化、跨企业的标准制定、工业互联网的系统安全、机器人改变工业流程、分布式的生产和 3D 打印、人类意识与机器的融合、虚拟世界。从技术角度概括，工业互联网归根到底是数据的智能化，体现为对动态复杂情境下的数据进行智能感知与理解，自主决策与优化能力及基于经验数据的适应能力。因此，根据工业互联网数据流动的方向，在工业互联网的发展过程中，主要涉及的关键性技术有智能数据采集技术、设备兼容技术、网络技术、数据处理技术及安全技术等。

1. 智能数据采集技术

工业互联网的发展需要低成本、精确、高效且智能的数据采集技术，优良的数据采集技术能够为智能制造应用打下坚实的基础。未来包括传感器技术等在内的智能数据采集技术将成为工业互联网技术的重点研究及发展方向。企业用户将可以通过较为智能的方式、以较低成本的代价采集到精确的数据，并将其传送至后端进行大数据分析，进而帮助其决策。

2. 设备兼容技术

企业往往会在现有设备配置与生产模式的基础上进行工业互联网系统的构建，但是怎样使所应用的传感器与原有设备兼容成了技术难题。近年来，在工业无线传感器网络应用日渐发展成熟、相关通信协议逐渐标准化的趋势下，工业互联网建设已逐渐解决兼容性问题。利用协议解析、中间件等技术能够将 ModBus、CAN、Profibus 等各类工业通信协议和软件通信接口兼容，最终实现数据格式的转换和统一。同时利用 HTTP、消息队列遥测传输（MQTT）等方式将采集到的数据从边缘侧传输到云端，从而实现数据的远程接入。

3. 网络技术

网络技术为工业互联网的核心技术之一，在系统不同层面及区域间的各类数据都是通过网络进行传输的。通过工业以太网、工业光纤网络、工业总线、3G/4G、窄带物联网（NB-IoT）等各类有线和无线通信技术，将工业现场的设备接入平台边缘层。网络技术可分为有线网络技术和无线网络技术。有线网络技术常应用于数据处理中心的集群服务器、工厂内部区域网络及现场汇流排系统等，为其提供高速度、高带宽及高可靠度的网络传输通道。而无线网络技术如工业无线传感器网络，则利用无线技术对数据进行传输，以及连接相应的传感器。无线网络技术较大程度地降低了传感器网络布线成本，有利于传感器在各类工业领域中的普及。

4. 数据处理技术

通过采集智能化工厂生产线所得到的庞大数据，并且有效地对这些数据进行清洗、脱敏、分析、存储，将产生对企业及生产线具有建设性意义的回馈和应用，因此，数据处理技术也是工业互联网领域的核心技术之一，主要包括以下 6 点技术。

① 边缘数据处理：在高性能计算芯片、实时操作系统、边缘分析算法等关键技术的支撑下，在靠近设备或数据源头的网络边缘侧对相关数据进行预处理、存储及智能分析应用，从而提升操作响应的灵敏度，消除网络堵塞，并与云端分析形成协同。

② 数据处理框架：充分运用 Hadoop、Spark、Storm 等分布式处理架构，以满足海量数据的批处理和流处理计算需求。

③ 数据预处理：针对原始数据，运用数据冗余剔除、异常检测、归一化等方法对

数据进行清洗，为后续存储、管理与分析等操作提供高质量的数据来源。

④　数据存储与管理：充分运用分布式文件系统、NoSQL 数据库、关系数据库、时序数据库等不同的数据管理引擎对海量工业数据进行分区选择、存储、编目与索引等。

⑤　数据分析算法：运用数学统计、机器学习及最新的人工智能算法实现面向历史数据、实时数据、时序数据的聚类、关联和预测分析。

⑥　机理建模：利用机械、电子、物理、化学等领域的专业知识，结合工业生产的实践经验，基于已知的工业机理构建各类模型，实现分析应用。

5. 安全技术

为了确保工业互联网平台安全、稳定地运行，需要综合运用各种安全技术。利用工业互联网技术，用户可以对作业人员所处的作业环境是否存在危险因素进行实时监控，以保障作业人员的工作安全；信息安全技术则能够保障数据安全，避免数据被未经授权地使用、破坏、修改、查看及记录。此外，还可以利用工业防火墙技术、工业网闸技术、加密隧道传输技术等防止数据泄露、被侦听或被篡改，提高数据的安全性和准确性。为了进一步提高工业互联网平台的安全性，还可以利用人工智能技术对平台进行实时监控和预测分析，及时发现潜在的安全隐患，并提供有效的安全防护措施。

1.4　工业互联网是实现智能制造的核心

智能制造是信息化和工业化深度融合的主攻方向，是适应新一轮科技革命和产业变革的必然要求。《智能制造》(*Manufacturing Intelligence*) 将智能制造定义为"通过集成知识工程、制造软件系统、机器人视觉和机器人控制来对制造技工们的技能与专家知识进行建模，以使智能机器能够在没有人工干预的情况下进行小批量生产"。21世纪以来，在物联网、大数据、云计算等新一代信息技术快速发展及应用的趋势下，智能制造被赋予了新的内涵。智能制造是将物联网、大数据、云计算等新一代信息技术与先进自动化技术、传感技术、控制技术、数字制造技术相结合，实现工厂和企业内部、企业之间和产品全生命周期的实时管理和优化的新型制造系统。智能制造的主要特征包括以下几个方面。

①　数据的实时感知。智能制造需要大量的数据支持，通过利用高效、标准的方法实时进行信息采集、自动识别，并将信息传输到分析决策系统中。

②　优化决策。通过面向产品全生命周期的海量异构信息的挖掘、提炼、计算分析、

推理预测，形成优化制造过程的决策指令。

③ 动态执行。根据决策指令，通过执行系统控制制造过程中的状态，实现稳定、安全的运行和动态调整。

工业互联网是互联网和新一代信息技术与工业系统全方位深度融合所形成的产业和应用生态，是工业智能化发展的关键综合信息基础设施。从表述上看，工业互联网和智能制造各有侧重，一个侧重于工业服务，另一个侧重于工业制造，但本质都是实现智能制造与智能服务。

工业互联网和智能制造相比，更加注重软件、网络和大数据，目标是促进物理系统和数字系统的融合，实现通信、控制和计算的融合。工业互联网系统由智能设备、智能系统和智能决策三大核心要素构成，实现数据流、硬件、软件和智能的交互。由智能设备和网络收集的数据被存储之后，我们利用大数据分析工具对其进行数据分析和可视化，由此产生的"智能信息"可以由决策者在必要时进行实时判断处理，成为大范围工业系统中工业资产优化战略决策的一部分。e-works 认为，工业互联网与制造业的融合将带来以下 4 个层面的智能升级。

第 1 层是推进产品的智能化和智能服务，从而实现商业模式的创新，支撑企业开发智能互联产品，基于物联网提供智能服务；第 2 层是如何应用智能装备、部署智能产线、打造智能车间、建设智能工厂，从而实现生产模式的创新，帮助企业实现机器到机器（M2M）之间畅通无阻、随时随地地通信；第 3 层是智能研发、智能管理和智能物流供应链，实现企业运营模式的创新，在这个层次，工业互联网的主要作用是实现企业内的信息集成和企业间的供应链集成；第 4 层是智能决策，在这个层次，工业互联网的作用是实现异构数据的整合与实时分析。

因此，工业互联网是实现智能制造的核心。智能制造的最终实现主要依靠两个基础，即工业制造技术和工业互联网。工业互联网是支撑智能制造的关键综合信息基础设施，是充分发挥工业装备、工艺和材料潜能，提高生产效率，优化资源配置效率，创造差异化产品和实现服务增值的关键。

▌讨论与思考

① 工业互联网的定义是什么？

② 美国工业互联网和德国工业4.0的主要区别是什么？

③ 工业互联网兴起的技术背景主要包括哪4个方面？

④ 从技术角度看，工业发展的4个阶段分别是什么？互联网发展的4个阶段分别是什么？

⑤ 工业互联网包括哪些关键技术？

⑥ 工业互联网与制造业的融合会带来哪些层面的升级？

参考文献

[1] 中国互联网络信息中心. 第51次《中国互联网络发展状况统计报告》[R]. 2023.3.

[2] 希捷科技，IDC. 数据时代2025 [R]. 2017.

[3] GE. 工业互联网：突破智慧和机器的界限[R]. 2011.

[4] 王建平. 什么是产业互联网?[J]. 中国信息界，2019，331（1）：78-81.

[5] 工业互联网产业联盟. 工业互联网体系架构（版本1.0）[R]. 2016.

[6] 美国国家科学技术委员会下属先进制造技术委员会. 美国先进制造业领导者的战略[R]. 2018.

[7] 工业互联网产业联盟. 工业互联网构筑第四次工业革命的基石——国际工业互联网发展跟踪研究[J]. 中国电信业，2019（3）：19-23.

[8] 德国工业战略2030[J]. 机械工业标准化与质量，2020（2）：7-14.

[9] 国务院关于积极推进"互联网+"行动的指导意见[N/OL]. 2015.

[10] 工业和信息化部. 关于印发《工业互联网创新发展行动计划（2021—2023年）》的通知[N/OL]. 2021.

[11] 赵义萱. 物联网信息感知与交互技术探析[J]. 通讯世界，2015（6）：215-216.

[12] MELL P，GRANCE T. The NIST Definition of Cloud Computing[J]. Communications of the ACM，2011，53（6）：50-50.

[13] 涂子沛. 大数据：正在到来的数据革命以及它如何改变政府、商业与我们的生活[M]. 桂林：广西桂林出版社，2015.

[14] 刘智慧，张泉灵. 大数据技术研究综述[J]. 浙江大学学报：工学版，2014，48（6）：957-972.

[15] 贾丽平. 比特币的理论、实践与影响[J]. 国际金融研究，2013（12）：14-25.

[16] 高杰，霍红，张晓庆. 区块链技术的应用前景与挑战：基于信息保真的视角[J]. 中国科学基金，2020，34（1）：25-30.

[17] 袁勇，王飞跃. 区块链技术发展现状与展望[J]. 自动化学报，2016，42（4）：481-494.

[18] ZANELLA A，BUI N，CASTELLANI A，et al. Internet of Things for Smart Cities[J]. IEEE Internet of Things Journal，2014，1（1）：22-32.

[19] WRIGHT P K，BOURNE D A. Manufacturing Intelligence[M]. Hoboken: Addison-Wesley，1988.

[20] 工业互联网与智能制造[N/OL]. 2018.

第 2 章
工业互联网架构

02

学习目标

（1）了解工业互联网的参考架构；

（2）了解工业互联网的技术架构；

（3）了解工业互联网的感知层技术；

（4）了解工业互联网的应用层技术；

（5）了解工业互联网的体系架构。

体系架构包含识别基本体系架构的信息构建，并指定关注点、对象、视角、模型类型、对应规则及适用条件。体系架构可以用来发现、描述并组织有关当前系统的关注主题，并进一步用来澄清、分析和解决问题。

工业互联网的技术创新、互联互通、系统安全和产业提升均离不开标准化的引领。基于第 1 章对工业互联网的定义、系统描述及系统特征的介绍，可以推演出工业互联网的技术体系架构，继而可以进一步细化工业互联网的技术体系架构，包括依赖于实现技术的体系架构。

2.1 工业互联网的参考架构

2014 年 3 月，GE 联合 AT&T、思科、IBM 和英特尔发起成立工业互联网联盟（IIC），IIC 成立后得到了许多政府机构、大学和企业的积极响应和支持。IIC 目前已经发展成为由几十个国家或地区的 200 多家企业、研究机构（包括华为、中兴、中国电信、中国信息通信研究院、中国电子技术标准研究院等）组成的引领工业互联网技术研发的国际性技术联盟。IIC 于 2015 年 6 月发布了工业互联网参考架构（IIRA），并在 2019 年 6 月发布了 V1.9 版本。在工业领域建立新物联网能力的过程中，IIRA 是关键的起始端，为工业互联网系统的各要素及相互关系提供了通用计算机语言，开发人员可以从更高维度选择开发要素，继而快速实现系统，进行工业应用。

如图 2-1 所示，IIRA 提出了 4 层视角的体系架构，分别从商业视角、使用视角、功能视角和实现视角构建工业互联网的需求模型、用例模型、功能模型和实现模型。

商业视角指出，在建立工业互联网系统时，商业模型的构建需要考虑利益相关者的商业视野、业务愿景、价值观和目标，并将这些因素映射到基本系统功能中，以实现商业目标。对象包括业务决策者、产品经理和系统工程师等。

使用视角则强调用例模型的重要性，以解决可靠、复杂的系统应用问题。用例模型通过专业用户或逻辑用户的自主式操作（使用系统的过程），来获取系统的基本功能或服务，并将该系统组装成适用于市场的商业应用。对象包括系统工程师、产品经理和其他相关的人，以及在最终使用中代表用户的个人。

功能视角关注工业互联网系统中的功能组件、功能组件的结构和相互关系、功能组件之间的接口和交互、流程和步骤，以及系统与环境中外部元素的关系和交互。构建功能模型的目的是支持整个系统的使用和活动。对象包括系统和组件架构师、开发人员和集成商。

IIRA 的功能视角采用功能模型来对工业互联网系统进行功能上的划分。该模型将工业互联网系统在功能上划分为控制域、操作域、信息域、应用域和商业域 5 个部分。

① 控制域负责感知和传递工业控制系统的数据，反馈对工业控制系统的控制等功能。

② 操作域负责控制域内系统的功能提供、管理、监测及优化的功能集合，包括对工业控制系统的监测和诊断、预测和优化等功能。

③ 信息域主要从其他域获取数据，进行数据的分析和处理，从而获取整个系统的智能信息。

④ 应用域表示实现特定商业功能的应用逻辑的功能集合。

⑤ 商业域通过集成工业互联网系统与具体的商业功能、支持商业过程和商业流程活动，提供工业互联网系统的端到端操作。

这些功能域的划分将工业互联网系统分为不同的部分，每个部分都有独特的功能和作用。掌握这些功能域的知识，可以帮助工程师更好地设计、开发和管理工业互联网系统。

实现视角关注实现工业互联网系统所需的技术、通信方案及其生命周期等，包括具体的工业控制系统、通信技术和应用程序等。该视角需要协调活动（使用视角）和业务视角，以支持系统的功能。对象包括系统和组件架构师、开发人员、集成商和系统运营商。

实现模型包括多个体系架构模式，3 层体系架构模式是其中一个简化的抽象模型。该模型根据数据流和控制流处理的功能不同，分成边缘层、平台层和企业层。边缘层

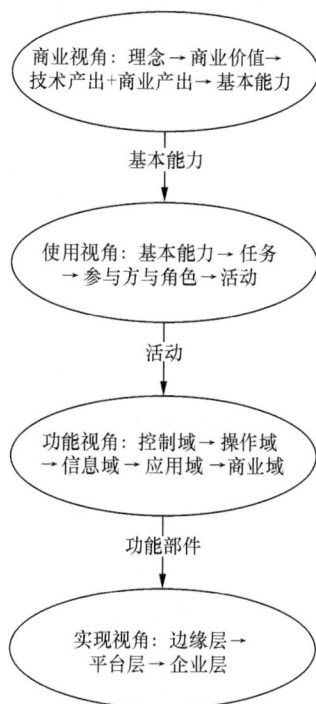

图 2-1　IIRA 示意

负责感知和采集现场数据，平台层负责数据的处理和分析，企业层负责管理和决策。图 2-2 展示了 3 层体系架构模式与功能域之间的关系。

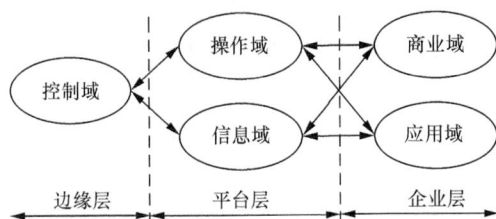

图 2-2　3 层体系架构模式与功能域之间的关系示意

实现模型和体系架构模式，可以帮助工程师更好地实现工业互联网系统，并优化其性能和可靠性。同时，它还可以帮助开发人员和系统运营商更好地管理系统的生命周期，确保系统的稳定运行。

商业视角和使用视角是从商业的角度来看待生产活动，关注的是资金、客户关系、供应链、人力资源、企业资产、产品的生命周期等。它们的目的是实现商业目标，提高企业的效益和竞争力。功能视角和实现视角是工业互联网的技术基础。这 4 个视角和模型相互交织，形成了工业互联网完整的体系架构。商业视角和使用视角为整个工业互联网体系架构提供了商业目标和需求，而功能视角和实现视角则为实现这些目标提供了技术基础和支持。只有将这 4 个视角和模型相结合，才能构建完整、高效、可靠的工业互联网系统。

需要指出的是，IIRA 的实现视角聚焦于工业互联网最基本、核心的技术架构，旨在实现系统的可靠性、安全性和稳定性。而功能视角则在其技术架构上搭建功能模型，通过协调不同视角的工作，使得多个应用可以协同工作，最终完成业务的妥善办理。

本章将分析 IIRA 实现视角提出的 3 层体系架构模式，在此基础上分析工业互联网的技术架构，最后介绍《工业互联网综合标准化体系建设指南（2021 版）》明确的工业互联网体系架构。

2.2　工业互联网的技术架构

IIRA 在很大程度上借鉴了物联网基本技术架构。如图 2-3 所示，物联网基本技术架构由感知层、网络层和应用层组成。感知层实现对物理世界的智能感知识别、信息采集处理和自动控制，并通过通信模块将物理实体连接到网络层和应用层；网络层主要实现信息的传递、路由器和控制，包括延伸网、接入网和核心网，网络层可依托公众电信网和互联网，也可以依托行业专用通信资源；应用层包括应用基础设施／中间件和各种物联网应用，应用基础设施 / 中间件为物联网应用提供信息处理、计算等通用基础服务设施、能力及资源调用接口，以此为基础实现物联网在众多领域的各种应用。

图 2-3 物联网基本技术架构

如图 2-4 所示，根据数据流和控制流处理的功能，IIRA 提出了 3 层工业互联网系统架构，分成边缘层、平台层和企业层。这是一个简化的抽象模型。

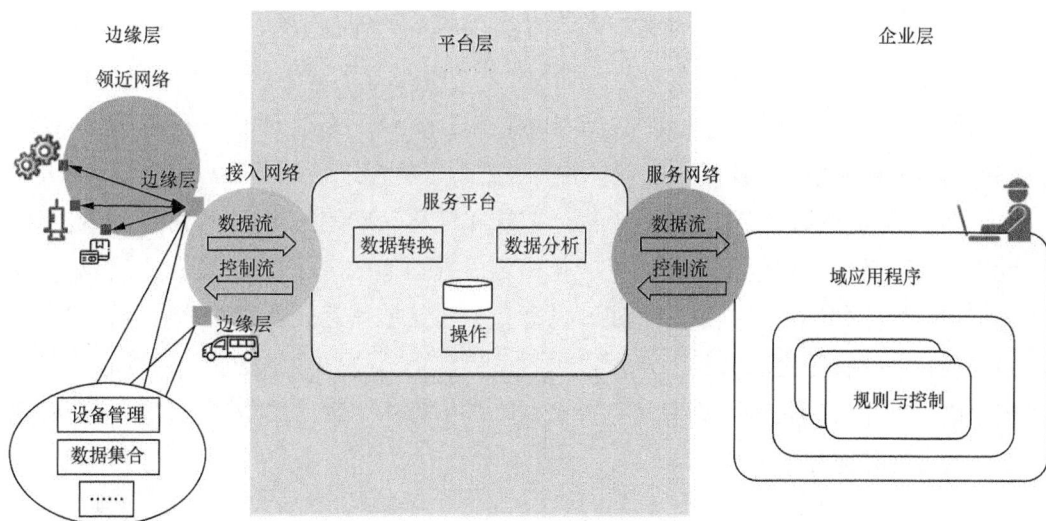

图 2-4 3 层工业互联网系统架构

边缘层从工业控制系统收集数据，并将其传送给平台层；同时，从平台层接收对于工业控制系统的控制命令。平台层从企业层接收、处理数据并向边缘层转发控制命令；同时，平台层还从边缘层汇聚、处理数据并向企业层转发数据。企业层实现特定领域的应用、决策支持系统，并向终端用户提供应用接口。边缘层侧重于依托边缘网关对数据进行采集、转换和传输；平台层完成对数据的分析与处理，并将分析结果发送到企业层的各个领域的应用，形成决策与行动建议，并最终反馈给边缘层，以优化边缘侧设备的运行。

工业互联网最基本的要求和最重要的特征是互联和智能。工业互联网的目标是通过建立开放性的网络平台，使已有的制造机器、生产设备和机械机组等更加智能，并实现整个生产与服务的智能化。其核心是通过信息网络使原本割裂的工业数据实现流通，从而形成一个"智能网络"。首先，复杂多样的工业生产实体智能地识别、认知和收集生产相关数据，即"感"环节；其次，这些工业数据在相互联通的泛在化网络上进行传输和汇聚，即"联"环节；再次，对这些网络化的工业大数据进行快速处理和实效分析，即"知"环节；最后，将在上一环节中所得到的信息形成开放式服务，从而反映到工业生产，即"控"环节。根据上述特点，我们提出了4层工业互联网技术架构，包括感知层、网络层、平台层和应用层。

2.2.1 感知层

感知层主要解决人类世界和物理世界的数据获取问题，由各种传感器、传感器网关构成。感知层的主要功能是物品标识和信息的智能采集，由基本的感应器件（如射频识别标签和读写器、各类传感器、摄像头、GPS、二维码标签、识读器等基本标识和传感器件）和感应器件组成的网络（如射频识别网络、传感器网络等）两部分组成。感知层的核心技术包括射频技术、新兴传感技术、无线网络组网技术、现场总线控制系统（FCS）技术等。其核心产品包括传感器、电子标签、传感器节点、无线网关等。

传感和识别技术是实现物联网中物体控制和信息获取的关键环节。传感器是将物理世界中的物理量、化学量和生物量转化为可供处理的数字信号的设备。传感器可以通过感知环境中的温度、湿度、光线等物理量，将这些信息转化成数字信号，然后传输到物联网中进行处理和分析。识别技术则可以实现对物联网中物体的识别和位置信息的获取。利用识别技术，物联网可以识别物体的标识（ID）和位置信息，从而实现对物体的追踪和监控。

1. 传感

国际电工委员会（IEC）定义传感器是测量系统中的一种前置部件，它将输入变量转换成可供测量的信号。我国国家标准"GB/T 7665—2005"对传感器的定义是:"能感受被测量并按照一定的规律转换成可用输出信号的器件或装置"。考虑到电子信息处理的普遍性,传感器将物理量或化学量转变成便于利用的电信号。传感器技术作为信息获取的重要手段,与通信技术和计算机技术共同构成信息技术的三大支柱。传感器利用物理效应、化学效应和生物效应,将被测的物理量、化学量和生物量等转换成符合需要的电量。因此,传感器可以分为物理传感器、化学传感器和生物传感器。

(1)物理传感器

物理传感器是检测物理量的传感器,利用某些物理效应,把被测量的物理量转化成便于处理的能量形式的信号(如电信号)的装置,其输出的信号和输入的信号有确定的关系。常见的物理传感器有光电式传感器、压电式传感器、压阻式传感器、电磁式传感器、热电式传感器和光导纤维传感器等。物理传感器的静态特性主要指标包括线性度、迟滞、重复性、灵敏度和准确度等。物理传感器的动态特性则指的是传感器对输入量随着时间变化的响应特性。随着材料科学技术的不断进步,使用物理传感器的场所不断增多。新型传感器,如微机电传感器和智能传感器,大幅增强了信息处理系统获取信息的能力,增加了信息处理系统获取信息的途径。

① 微机电传感器

微机电传感器是一种由微电子和微机械部件构成的微型器件,通常使用半导体工艺加工。微机电传感器包括压力传感器、加速度计、微陀螺仪、墨水喷嘴和硬盘驱动头等。这些器件体现了当前器件微型化的发展趋势。微机电传感器的应用非常广泛,可应用于医疗、汽车、工业等领域。微机电传感器的发展还为研究新型传感器、微型化化学分析仪器和微型化生物芯片等领域提供了新的技术手段。

② 智能传感器

智能传感器是一种具有一定信息处理能力的传感器,它在传统传感器的基础上添加了微处理器。在由传统的传感器构成的应用系统中,传感器所采集的信号需要被传输到系统中的主机进行分析和处理。而在由智能传感器构成的应用系统中,其包含的微处理器能够对采集的信号进行及时的分析和处理,然后将处理结果发送给系统中的主机。这种智能传感器的优点在于能够减少数据传输量和数据处理时间,提高系统的响应速度和效率。

(2)化学传感器

化学传感器是对各种化学物质敏感并将其浓度转换为电信号进行检测的仪器。根据传感方式的不同,化学传感器可分为接触式和非接触式化学传感器。根据检测对象的不同,化学传感器可分为气体传感器、湿度传感器、离子传感器等。化学传感器主要用于化学测量,常用于生产流程分析和环境污染监测。此外,化学传感器在矿产资源的探测、气象观测和遥测、工业自动化、医学上的远距离诊断和实时监测、农业上的生鲜保存和鱼群探测、防盗、安全报警和节能等各方面都有重要的应用。

（3）生物传感器

生物传感器是一种对生物物质进行敏感检测并将其浓度转换为电信号进行检测的仪器。生物传感器主要由识别元件（确定的生物敏感材料）、适当的理化换能器和信号放大装置构成。根据生物传感器中分子识别元件即敏感元件类型，可将生物传感器分为 5 类，即酶传感器、微生物传感器、细胞传感器、组织传感器和免疫传感器。生物传感器具有高度自动化、微型化与集成化的特点，因此近几十年来得到了蓬勃发展。生物传感器在食品、制药、化工、临床检验、生物医学和环境监测等领域具有广泛的应用前景。特别是在分子生物学与微电子学、光电子学、微细加工技术及纳米技术等新学科、新技术的结合下，生物传感器正在改变着传统医学、环境科学和动植物学的面貌。生物传感器的研究开发已成为世界科技发展的新热点，是 21 世纪高新技术产业的重要组成部分，具有重要的战略意义。

2. 识别

数据采集方式的发展过程主要经历了人工采集和自动采集两个阶段。对于数据自动采集，针对不同的应用领域，在不同的历史阶段可以采用不同的技术手段。对物品进行有效的、标准化的编码是信息化的基础工作。目前，数据自动采集主要使用了条形码、IC 卡、射频识别、光符号识别、语音识别、生物计量识别、遥感遥测、机器人智能感知等技术。根据标识对象的不同，这些技术可以被概括为物理识别和生物识别。

（1）物理识别

① 条形码

条形码是由黑白相间的条纹组成的图案，黑色部分被称为"条"，白色部分被称为"空"。条和空分别代表二进制的 0 或 1，通过对其进行编码，可以组合不同粗细间隔的黑白图案，来代表数字、字符和符号信息。条形码中的条和空对同一光线的反射率和反射强度不同，这就可以很好地区分黑色和白色。扫描器利用该原理，通过光学传感器检测来自不同反射区的反射光，即检测黑色和白色的排序信息，从而实现对条形码的识别。

② 二维码

二维码是条形码的升级版，与条形码不同的是，二维码不仅记录横向信息，还记录纵向信息，因此被称为"二维"。二维码按照 0 和 1 的比特流原理进行设计，有堆叠式和矩阵式两种。堆叠式二维码建立在条形码的基础上，即将多个条形码堆叠在一起形成的二维码。矩阵式二维码是最常见的二维码，通过黑白像素在矩阵中不同的分布进行编码。在矩阵元素区中出现的点、方、圆等形状表示二进制的 1，不出现则表示二进制的 0。通过点的排列确定二维码所代表的信息。

③ 射频识别

射频识别是一种非接触式自动识别技术，它利用射频信号和电感耦合或雷达反射原理，实现物品的自动识别。20 世纪，哈里·斯托克曼（Harry Stockman）提出的"利用反射功率的通信"概念和詹姆斯·克拉克·麦克斯韦（James Cleck Maxwell）的电磁学理论为射频识别技术奠定了理论基础。

射频识别技术按照工作频率被分为低频（LF）系统（约 130kHz）、高频（HF）系统（13.56MHz）、超高频（VHF）系统（约 900MHz）和工作在微波频段的系统（2.4GHz 或 5.8GHz）。根据工作方式的不同，射频识别技术被分为无源、有源 / 半有源射频识别技术。不同工作频率和不同工作方式的特性不同，因此其应用领域和应用范围也不同。

射频识别电子标签具有写入和存储数据的能力，射频识别电子标签存储器中的内容可以根据需要有条件地供外部设备读取，或供内部信息处理和判定。根据射频识别电子标签的功能，可以分为射频识别存储器卡、射频识别逻辑加密卡和射频识别智能卡（射频识别 CPU 卡）3 类。

④ NFC

NFC 技术是在射频识别技术的基础上发展而来的，都是基于地理位置相近的两个物体之间的信号传输。与射频识别技术相比，NFC 技术增加了点对点（P2P）通信功能，可以快速建立蓝牙设备之间的 P2P 无线通信。NFC 设备可以自动寻找彼此，并建立通信连接。与此不同的是，射频识别通信的双方设备是主从关系，而 P2P 通信的双方设备是对等的。

（2）生物识别

① 指纹识别

指纹识别是通过识别手指的纹路来确认身份，因为每个人的手指纹路是唯一的，所以误识别的概率极低。目前，指纹识别是使用最为广泛的安全认证方式之一，可以在公共场所、工作场所或者通关入境时选择指纹打卡。随着智能硬件的兴起，包括智能手机在内的许多个人验证方式也都选择了指纹识别。从技术角度来看，指纹识别主要分为 3 种，即电容式、光学式和超声波式。目前手机所搭载的指纹识别芯片大多数是电容式指纹传感器。这种传感器的工作方式是，先通过表层镜面采集指纹，然后对采集的指纹进行质量评估，并与指纹库中的样本进行比对，最终确定是否为合法信息。超声波式指纹识别由于技术依旧不成熟，在实际应用中较少见。

② 人脸识别

与指纹识别相比，人脸识别所需要的数据更多，因此更加精确。此外，人脸识别不需要接触，可以隔空进行识别。除特定事项的认证外，验证者也不需要专注于识别过程。在图像识别方面，人脸识别可以自动抓取验证，这是接触式识别所不具备的能力。

③ 虹膜识别

虹膜识别技术是一种基于眼睛中的虹膜进行身份识别的技术，适用于安防设备（如门禁等）及需要高度保密需求的场所。人眼的结构由巩膜、虹膜、瞳孔、晶状体和视网膜等部分组成。虹膜是位于黑色瞳孔和白色巩膜之间的圆环状部分，包含很多相互交错的斑点、细丝、冠状、条纹和隐窝等细节特征。由于虹膜在胎儿发育阶段形成后，其特征将在整个生命历程中保持不变，因此虹膜特征具有唯一性，可以作为每个人的身份识别对象。

④ 语音识别

语音识别技术也被称为自动语音识别（ASR），旨在将人类语音中的词汇内容转换为计算机可读的输入。该技术的应用领域包括语音拨号、语音导航、室内设备控制、语音文档检索、简单的听写数据录入等。语音识别技术所涉及的领域包括信号处理、模式识别、概率论与信息论、发声机理和听觉机理及人工智能等。

3. 定位

定位技术是一种确定物体在某参考坐标系下的具体位置的技术。近年来，导航定位技术与人们的日常生活之间的联系越来越紧密，位置信息也显示出了越来越大的价值，在医疗服务、物流管理、救援抢险、航海航空等领域都得到了广泛的应用。由于室内和室外的环境存在很大差异，定位技术主要分为两大类，即室外定位技术和室内定位技术。

目前，室外的卫星定位系统主要有中国的北斗导航卫星系统（BDS）、美国的全球定位系统（GPS）、俄罗斯的全球导航卫星系统（GLONASS）和欧洲的伽利略导航卫星系统（Galileo）。此外，还有基于全球移动通信系统（GSM）、宽带码分多址（WCDMA）和CDMA2000等网络的定位系统，其服务对象一般是手机。然而，室外条件下的定位技术一般都是视距的，如GPS在室外环境中的定位准确度可达到米级，但在室内条件下，由于环境复杂，存在各种干扰源，如室内设备、人员和墙壁等，其准确度急剧下降，无法满足室内定位的要求。

目前，国内外的研究人员结合室内环境，提出多项解决方案，主要分为7类，即基于红外线技术、超声波技术、无线局域网技术、超宽带（UWB）技术、蓝牙技术、计算机视觉技术及射频识别技术的室内定位系统。

（1）室外定位技术

① GPS

20世纪70年代，美国陆海空三军联合研制了新一代卫星定位系统——GPS，主要目的是为陆海空三大领域提供实时、全天候和全球性的导航服务，并用于情报搜集、核爆监测和应急通信等。经过20余年的发展，1994年24颗GPS卫星星座布设完成，全球覆盖率高达98%。

② 北斗导航卫星系统

北斗导航卫星系统是我国自行研制的全球导航卫星系统，是继GPS和GLONASS之后第3个成熟的卫星导航系统。北斗导航卫星系统由空间段、地面段和用户段3部分组成，可在全球范围内全天候、全天时为各类用户提供高精度、高可靠的定位、导航、授时服务，并具备短报文通信能力。2020 年 6 月 23 日，中国在西昌卫星发射中心成功发射第 55 颗北斗导航卫星，暨北斗三号第 3 颗地球静止轨道（GEO）卫星。2020 年 7 月 31 日，北斗三号全球导航卫星系统正式开通。

北斗导航卫星系统具有良好的性能，全球定位精度优于 10m、测速精度优于 0.2m/s、授时精度优于 20ns。该系统的开通将为全球用户提供更加准确、可靠的定位、导航和授时服务。

（2）室内定位技术

① 基于红外线的室内定位技术

基于红外线的室内定位技术通过配置红外线标识的目标物发射红外线，安装在屋内的光学传感器再获取红外线，最终给发射端定位。但是，红外线技术的局限性在于只能按直线传播、传输距离较短且穿透性差、方向性极强及易受其他灯光干扰。

② 基于超声波的室内定位技术

基于超声波的室内定位技术通过设备发射出超声波，再接收被目标物反射的返波，根据收发的时间差来计算距离。但是，该技术易受非视距（NLOS）传播和多径效应的影响。

③ 基于无线局域网的室内定位技术

基于无线局域网的室内定位技术通过安装若干无线基站，根据接收到的目标物发送的信息（时间和强度），再结合基站的拓扑结构，最终确定目标物的位置。但是，该技术的使用对象和定位对象只能是具备无线网络接入能力的移动终端。

④ 基于 UWB 的室内定位技术

UWB 技术是采用极窄脉冲信号进行数据传输的新型通信技术。UWB 系统采用亚纳秒级的脉冲，在定位技术中具有一定的发展潜力。该系统的特点是传输速率高、功耗低、抗干扰能力强、安全性和精度高，但其通信距离短，瞬时功率的峰值大，可能会影响其他系统的工作。

⑤ 基于蓝牙的室内定位技术

基于蓝牙的室内定位技术通过检测信号的强度判断目标的大致位置，当有多个蓝牙设备时，采用三角测距进行定位，但在复杂环境中，其稳定性较差，易受干扰。

⑥ 基于计算机视觉的室内定位技术

基于计算机视觉的室内定位技术是根据计算机和相关成像设备来模拟生物视觉，达到对客观世界的三维场景的感知、识别和理解，但其对硬件设备的要求高，因此该技术在许多应用场所都受到了限制。

⑦ 基于射频识别的室内定位技术

基于射频识别的室内定位技术的主要设备是读写器和电子标签，通过射频无线电波实现双向非接触式通信，全程无须人工干预，该技术的特点是自动识别、非接触式、非视距传输、识别范围大、精度较高和成本低等，使得射频识别技术成为室内定位技术的第一考虑对象，在物流领域中的应用更加突出。

2.2.2 网络层

工业互联网的网络层是工业互联网体系架构的一个重要组成部分，它为各种工业设备和系统之间的数据传输和共享提供了基础架构。网络层主要包括两个方面，即网络互联和标识解析。网络互联是连接不同工业设备和系统，使它们可以通过网络实现数据的传输和共享，这需要满足实时性、可靠性和安全性等要求。标识解析是通过标识符唯一识别工业设备和系统，实现设备的唯一标识和互联互通。网络互联和标识解析是工业互联网实现设备之间的互联互通和数据共享的关键技术，也是工业互联网的核心技术之一。通过网络层的构建，工业互联网可以实现设备之间的互联互通，提高生产效率，降低成本，增强行业竞争力。

网络是工业互联网三大功能体系之一，本书将在第 3 章重点讲述工业互联网网络的理论与技术。

2.2.3 平台层

工业互联网平台作为工业智能化趋势的关键，能够实现海量异构数据的汇聚与建模分析、工业经验知识的软件化与模块化、各类创新应用的开发与运行，从而支撑生产智能决策、业务模式创新、资源优化配置、产业生态培育。

工业互联网平台满足制造工业的需求，让其操作流程变得智能化、简洁化；打造以云数据为基础的服务体系，让其收集、分析数据变得便利化；建立制造资源的泛在连接，让其供给、配置变得高效化。工业互联网平台采用了物联网、人工智能、大数据等诸多技术，实现了比传统平台更切合时代的数据采集系统。

工业互联网平台涉及七大类关键技术，分别为数据集成和边缘处理技术、基础设施即服务（IaaS）技术、平台使能技术、数据管理技术、应用开发和微服务技术、工业数据建模与分析技术、安全技术。具体可以概括为边缘、支撑（工业 IaaS）、平台［工业平台即服务（PaaS）］和应用四大核心层级。

1. 数据采集（边缘层）是基础

数据的采集技术是泛在感知技术，数据的采集对象是多源设备、异构系统、运营环境、人等要素信息。该部分主要包括数据的采集、存储及异构数据的整理和面向云平台的预处理，为互联网平台架构建立了数据基础。

2. 工业IaaS是支撑

该部分采用的是虚拟化技术，将计算、存储、网络等资源池化，为使用者提供可量化、弹性化的资源服务。

3. 工业PaaS（平台层）是核心

工业平台的开放式云操作系统以工业 PaaS 为基底，实现了工业端的大数据处理、数据分析、微服务等功能。该部分建设的总体脉络是先对通用 PaaS 平台进行革新，更新出满足工业各大需求的云平台，再将众多工业技术原理、行业通识、基础模型分门别类，逐一包装为微服务。该功能的灵活性较强、循环使用率较高，可以降低应用程序的开发门槛和开发成本，提高开发、测试、部署的效率，为海量开发者的汇聚、开放社区的建设提供支撑和保障。

4. 工业App（应用层）是关键

该部分主要面向特定工业应用场景，对工业管理进行模型化、软件化、再封装（即工业 App），使用者通过对工业 App 的操作来实现对制造资源的优化配置。在平台的基础上，为特定客户、特定场景设计个性化的工业软件即服务（SaaS）及 App，实现工业互联网平台的最终价值。

平台是工业互联网三大功能体系之一，本书将在第 4 章重点讲述工业互联网平台的理论与技术。

2.2.4 应用层

应用层是对平台层的采集信息进行分析、建模，利用信息来操控生产，该层提供有针对性的功能，解决信息处理和人机界面的问题。典型应用包括质量管理、能源管理、制造执行、设备运行优化等。根据设计研发、资源管理、制造执行和商务的流程，应用层大致可以概括为以产品数据管理（PDM）为核心的设计研发层、以企业资源计划（ERP）系统为核心的资源管理层、以制造执行系统（MES）为核心的制造执行层和以电子商务为核心的商务层。

1. 以PDM为核心的设计研发层

PDM 是一种帮助工程师和其他人员管理产品数据和产品研发过程的工具。PDM 为产品的制作提供必要的数据信息，跟踪产品的设计、制造过程，及时维护产品。PDM 可以帮助组织产品设计、完善产品结构和跟踪产品的设计概念，及时方便地找出产品相关的存档数据。

PDM 可以协调产品生命周期内的一系列过程事件,如设计审查、批准、变更、工作流程优化和产品发布等事件。PDM 是一种中介型的框架软件系统,连接了基础信息结构软件和应用软件。PDM 明确定位为面向制造企业,以产品为管理的核心,以数据、过程和资源为管理信息的三大要素。PDM 进行产品管理的两大干线是静态的产品结构和动态的产品设计流程,以产品信息数据为辅助,推动定向的产品设计流程,最终达到设计产品结构的目的。PDM 与其他信息管理系统如企业信息管理系统(MIS)、制造资源计划(MRPⅡ)、项目管理(PM)系统、ERP 相比,最大的区别在于 PDM 以产品为核心进行管理。

(1)PDM 的体系架构

PDM 是一种数据管理系统,通常采用客户 / 服务器(C/S)体系架构,需要使用相关技术来存档和管理数据,并利用网络技术来互联数据。

PDM 应用体系架构由用户应用层、系统集成层和支撑系统层 3 个层次组成,如图 2-5 所示。用户应用层提供友好型用户界面,实现人机交互的服务;系统集成层提供接口统一、可在任意地点访问分布式网络的服务;支撑系统层提供通过网络连接的分布输入 / 输出设备、计算机之间基本的计算和通信服务。

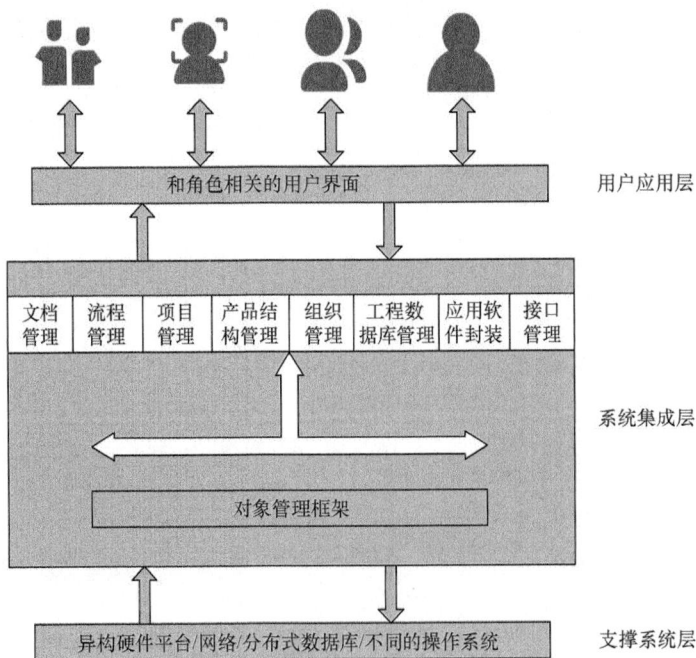

图 2-5　PDM 应用体系架构

PDM 数据体系架构也分成 3 个层次,分别为支撑层、维护层和核心层。支撑层主要提供物理和手段上的支持,它包括数据库管理和网络(软硬件)支撑;维护层包括静态组织和项目的管理,保证了对系统安全性的控制;核心层是 PDM 实施的中心部分,包括文档管理、产品结构管理、流程管理、工程数据库管理、应用软件封装及接口管理系统，实现了对系统信息的管理。

（2）PDM 的功能架构

PDM 系统中的应用功能是直接应用于产品开发环境的用户化功能，包括数据与文档管理、产品结构与配置管理和系统功能 3 个部分。

数据与文档管理的主要功能包括分布式文件管理、分布式电子仓库、文件的检入/检出、属性搜索机制、动态浏览与导航机制、全机制、程序与工作流程管理、数据变化过程和数据的流动、帮助改进和优化产品的开发过程。

产品结构与配置管理的主要功能包括物料清单（BOM）创建、版本生成与修订控制管理、多视图 BOM 建模与管理、与 MRP Ⅱ/ERP 系统集成、规则推动的配置管理、零部件分类库管理等。

系统功能是指支撑应用功能的底层功能，主要包括分布式通信功能、数据转换功能、图像服务功能、扫描与图形处理、圈阅与注释功能、系统集成功能和配置功能等。

2. 以ERP系统为核心的资源管理层

ERP 最初由美国加特纳公司在 20 世纪 90 年代初期提出，旨在利用计算机技术的发展和供应链管理，推论各类制造业在信息时代管理信息系统的发展趋势和变革。随着人们对 ERP 的认识不断深入，它已经被赋予了更深刻的内涵。现在，ERP 是指建立在信息技术的基础上，以系统化的管理思想为企业决策层及员工提供决策运行手段的管理平台。

与此同时，ERP 对供应链管理也更为重视。除旧有的制造、财务、销售等功能外，还增加了分销管理、人力资源管理、运输管理、仓库管理、质量管理、设备管理、决策支持等功能。ERP 主要是整合业内所有资源，进行系统化管理。对于大部分制造型企业来说，它主要包括 4 个方面的管理模块，分别为生产控制管理模块、物流管理模块、资金管理模块和人力资源模块。其中，生产控制管理模块主要用于拟定生产计划和生产业内产品；物流管理模块用于预算分销量、购入生产原料和管理库内资源；资金管理模块主要包括税务和财务两部分，其中财务部分包括会计核算和财务管理两大块；人力资源模块则用于招聘意向人员、分配入职人员、培训实习人员、管理正式人员等。综上所述，ERP 系统是一个综合管理平台，通过整合各类资源和管理模块，为企业提供全方位的决策和运行支持。

（1）生产控制管理模块

生产控制管理模块是协调和控制生产流程，解决库存冗余、效率低下、生产流程分散等问题的模块。企业根据实际订单和生产能力之间的关系制订总生产计划，并制订物料需求计划。在计划实施阶段，将总生产计划分解到各生产职能部门后，各生产厂进行工艺文件的编制、工装、刀具的前期准备，涉及作业排班和作业现场监控管理等。

整个生产管理过程包括组织、计划、准备、控制。

（2）物流管理模块

物流管理模块的主要管理功能包括货物的入库、出库、接收退货、退货出库、库存盘点和统计分析等，包括分销管理、采购管理和库存控制管理。

分销管理的流程包括以产品销售计划为起点，以市场上该产品的销售业绩为参考，对产品所涉及的数据进行收集与分析，其主要功能为客户信息管理、销售订单管理和销售数据管理。

采购管理包括采购生产原料的申请、收取货物、检验货物和货物入库等步骤，其主要功能为供应商资质查询、原材料信息汇总、原材料价格分析等。

库存控制管理与后勤管理系统相辅相成，主要控制存储物料的数量，保证稳定的生产流程运转，其主要工作内容为货物收发、库存转移、库存调整等。

（3）资金管理模块

资金管理模块包括税务管理模块和财务管理模块。企业税务会计在多种纳税方案中通过事先筹划，合理安排公司的筹资、投资、经营、利润分配等财务活动，针对采购、生产经营及内部核算等进行合理决策，利用国家法规积极进行税务筹划，既保证企业完成利税义务，增加自身"造血"能力，降低税收负担，又提高了税后利润，实现自身的持续健康发展。

财务管理模块又包括会计核算和财务管理，其主要功能为批量记录支出账目的凭证，生成各类别的会计报表，分类管理供应商端的发票、支票等账单，核算管理固定资产的资产值及实时折旧信息，计算、发放职员薪水及核算相关经费等。其中财务管理的工作重心为财务计划的编制，财务数据的控制、分析和预测，根据前期财务分析进行下期的财务计划和预算，同时进行定期的财务评估和账务分析，最终为决策者提供有关资金决策的依据。

（4）人力资源模块

人力资源模块将企业内部的人力资源作为企业的资源基础，它作为一个单独的部分和 ERP 系统中的财务、生产系统合成了效率高、集成性强的 ERP 系统，与以往方式下的人事管理有着根本上的区别。ERP 系统中的人力资源管理模块主要包含人力资源规划的辅助决策体系、招聘管理、工资核算、工时管理、差旅核算等。ERP 系统将信息手段与管理思维结合起来，成为当代企业的运作模板，满足了目前社会对企业调配资源合理化、制造社会财富最大化的要求，加速了企业办事进程、加强了企业竞争优势，是企业在信息时代扎根、蓬勃之根本。

3. 以MES为核心的制造执行层

MES 是一种用于管理制造企业车间执行层的生产信息的系统。MES 包括制造数据管理、计划排产管理、生产调度管理、库存管理、质量管理、人力资源管理、工作中心 / 设备管理、工具工装管理、采购管理、成本管理、项目看板管理、生产过程控制、底层数据集成分析及上层数据集成分解等多个管理模块。MES 的主要目的是建立企业的综合业务协同管理平台，从而实现对整个生产过程的优化管理。

在传统的制造企业生产过程中，"从高层向底层下发生产指令"，按计划生产是一种常见的特性。企业高层根据产品订购情况制订生产计划，将生产计划下发至生产厂间，生产厂间安排产品生产，最终将产品派送至订购端。美国先进制造研究机构（AMR）提出的企业集成模型包括计划层、执行层和控制层。制造企业需要计划层的 ERP 系统，即财务和供应链管理功能。然而，ERP 系统与执行层管理的对接并不顺畅，因为现场自动化系统的作用主要是监督现场设备的运转和工艺参数，向操作人员提供设备检查结果和运转参数数据，并不能起到管理的作用。

在管理信息方面，ERP 系统和现场自动化系统之间出现了"割裂"。因此，MES 作为纽带对计划管理层和底层控制层进行了衔接。AMR 将 MES 定义为"位于上层的计划管理系统与底层的工业控制之间的面向车间层的管理信息系统"。制造执行系统协会（MESA）在对 MES 的定义中强调了以下 3 个方面：(1)MES 是对整个车间制造过程的优化，而不是单一地突破某个生产瓶颈；(2)MES 必须提供实时收集生产过程中的数据的功能，并对数据进行相应分析和处理；(3)MES 需要与计划层和控制层进行信息交互，通过企业的连续信息流来实现企业信息的全集成。

在工厂综合自动化系统中，MES 在 ERP 系统的生产计划引导下，对控制层系统的生产相关数据进行收集，并对短时间的生产作业进行计划调试、监督、资源分配和对生产过程的优化进行安排。MES 国际联合会提供的 MES 的功能如图 2-6 所示，包括工序级详细生产计划管理、生产质量管理、生产过程管理、生产设备管理、人力资源管理、生产性能分析等。

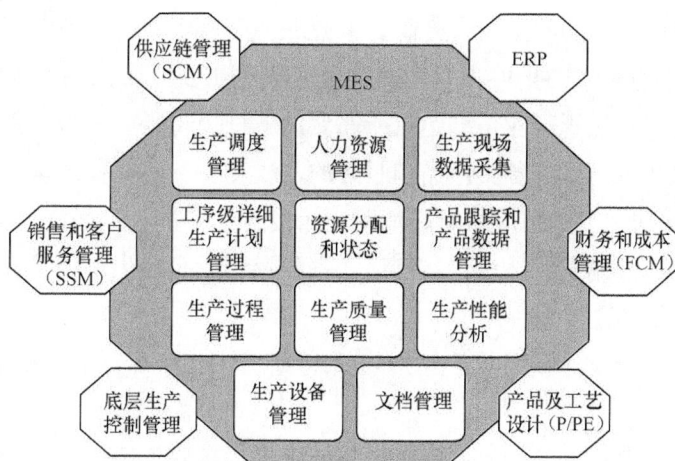

图 2-6　MES 的功能

MES 能够通过信息传递对从订单下达到产品制作完成的整个生产过程进行优化管理。当工厂发生实时事件时，MES 能及时进行反应、报告，并用当前的准确数据对其进行指导和处理。这种对状态变化的迅速响应使 MES 能够减少企业内部没有附加值的活动，有效地指导工厂的生产运作过程，从而增强工厂及时交货的能力，改善物料的流通性能，并提高生产回报率。ERP 是 MES 的信息系统，ERP 负责编制生产计划，而 MES 则负责细化生产计划并连接管理生产控制和调度。ERP 侧重财务，从财务角度进行企业资源管理，而 MES 侧重制造，以产品质量、准时交货、设备利用和流程控制等作为管理的目标。MES 和 ERP 相结合，成为当代制造企业管理信息系统的关键组件。

4. 以电子商务为核心的商务层

当下，人们正处于一个互联网和制造业相互融合的时代，互联网以实体经济为基础，制造业则以网络智能为手段。这种融合推动了网络虚拟化和工业实体化的结合，促进了个性化定制、体验式消费、分享制造等新模式的出现，形成了行业发展新形势。在信息技术和工商业深度交融的背景下，工业电子商务成为促进新一轮网络革命和制造变革的主要力量。

（1）工业电子商务代表着电子商务的发展方向

传统商贸一直都有一些众人皆知的缺点，如贸易环节冗长、商品流通效率低等。随着以企业对消费者（B2C）的电子商务模式为核心的消费电子商务的快速发展，人们已经发现了它在驱动社会变革方面的巨大潜力。现在，企业的数字化转型已成必然，以企业对企业（B2B）的电子商务模式为主要特征，以供应链管理为核心的工业电子商务必将迎来巨大的发展机遇，成为各方关注的焦点。

① 从商务活动主体的角度来看，消费电子商务以消费者为中心，包括批发商、零售商等与消费者发生直接交易的主体。而工业电子商务则以工业企业为中心，包括与其发生交易（交换）活动的上游供应商、下游经销商及终端用户等相关主体。

② 从商务活动对象的角度来看，消费电子商务主要以个人商品和在线交易为主。而工业电子商务则聚焦于工业生产运营所需要的各种原材料、设备、备品备件、知识、经验、能力，以及生产出的各类产品和服务的在线交易、交换和共享。

③ 从商务活动环节的角度来看，消费电子商务主要涉及产品的零售环节。而工业电子商务则贯穿产品的研发、设计、制造、销售及售后等全生命周期，涉及企业上游、内部、下游供应链。

总体而言，工业电子商务实现了对电子商务范畴的丰富、拓展和创新，代表着电子商务的发展方向。

（2）工业电子商务是工业互联网平台落地应用的有效抓手

发展工业电子商务是推动工业互联网平台落地应用的重要抓手，对制造业数字化转型具有重要的引导性作用。

首先，发展工业电子商务有助于工业互联网平台功能的完善。工业互联网平台本身主要集中于信息与交易服务，但工业电子商务的发展将推动工业互联网平台转变为物流、金融等一体化服务体系，这种转变有效带动了供应链生产设备及智能产品的泛在接入、运营管理流程的云化迁移和经营管理系统与工业电子商务平台的无缝对接。这明显加快了构筑 IT 和 OT 融合、生产环节贯通的供应链数据资源体系，是制造业数字化转型的关键一步。

其次，发展工业电子商务有助于专业化解决方案的培育与实施。工业电子商务不断拓展供应链数据资源集成、分析、应用能力，并基于供应链丰富的场景需求，积极促进上游供应链的精准管控、下游供应链的精准营销及设备 / 产品的预测性维护等定制化解决方案的培育与实施，加快推进以数据为驱动的供应链资源优化配置。

最后，发展工业电子商务有助于工业互联网平台的生态构建。工业电子商务以供应链、产业链、价值链为核心，可充分集聚工业企业、上下游企业、终端用户、平台企业、科技企业和金融机构等各类主体，并探索建立多种协同演化的商业模式与合作机制。这有助于构建一个更加完整的工业互联网生态系统，促进制造业数字化转型的深入发展。

2.3　工业互联网的体系架构

《工业互联网综合标准化体系建设指南》由工业和信息化部、国家标准化管理委员会组织制定，该指南明确了工业互联网的体系架构，如图 2-7 所示。工业互联网通过系统构建网络、平台、安全三大功能体系，打造人、机、物全面互联的新型网络基础设施，形成智能化发展的新兴业态和应用模式。基于网络体系的架构，工业互联网将连接对象延伸到工业全系统、全产业链、全价值链，实现人、物品、机器、车间、企业等全要素的泛在深度互联，包括网络连接、标识解析、边缘计算等关键技术。

平台体系是工业互联网的核心部分，它基于海量数据采集、汇聚、分析的服务体系构建，实现制造资源泛在连接、弹性供给、高效配置，承载在平台之上的工业 App 技术是平台技术的重点。

为保障工业互联网的正常运转，需要构建一套安全体系，该安全体系涵盖工业全系统的安全防护体系，增强设备、网络、控制、应用和数据的安全保障能力，识别和抵御安全威胁，化解各种安全风险，构建工业智能化发展的安全可信环境，保障工业智能化的实现。

图 2-7　工业互联网的体系架构

2.3.1　网络体系

作为工业互联网的基础，网络体系包括网络连接、标识解析、边缘计算等关键技术。

1. 网络连接

工业互联网的发展需要依靠网络连接技术，包括工厂的内网／外网等网络互联技术及异构协议数据间的网络互通技术。随着工业互联网的快速发展，工业以太网、工业无源光网络（PON）、工业无线网、确定性网络、时间敏感网络（TSN）、软件定义网络（SDN）、低功耗无线网络、5G，以及支持第 6 版互联网协议（IPv6）的技术和产品等已成为发展的重点。这些网络技术的发展，将为工业互联网的建设提供更加完善和可靠的技术基础，推动工业智能化发展。

2. 标识解析

工业互联网采用的标识解析技术是指能够根据目标对象的标识编码查询其网络位置或相关信息的过程，标识解析系统是工业互联网的重要基础设施之一。目前，国内外存在多种标识解析技术，包括标码、对象标识符（OID）、全球统一编码标识（GSI），以及我国的物联网统一标识编码体系等。然而，当前的标识解析技术主要面向物联网个别领域应用，如智慧物流、产品溯源、智能家居等垂直领域。面对工业互联网的特定应用场景和复杂工序流程，缺乏专门设计的标识解析系统，同时在数据互认、互操作等方面也缺乏相应的技术方案，无法助力实现工业互联网全产业链的协同发展。因此，需要进一步研究和发展专门为工业互联网设计的标识解析系统和相应的技术方案，以更好地支持工业互联网的发展。

近几年，我国工业互联网标识解析体系发展迅速。截至 2020 年年底，北京、上海、广州、武汉、重庆五大国家顶级节点建成并稳定运行，标识注册总量超 111.4 亿。以中国信息通信研究院部署的国家顶级节点（广州）为例，接入二级节点共 33 个，标识注册量超 35.5 亿，累积解析量超过 15.2 亿。

3. 边缘计算（网络侧）

边缘计算是工业互联网的重要支撑技术，它是将网络和平台功能映射到边缘侧的技术。从网络侧看，边缘计算是在靠近物或数据源头的网络边缘侧构建的分布式开放体系和关键技术，融合了网络、计算、存储和应用核心能力。边缘计算技术能够"就近"提供边缘智能服务，以满足工业在敏捷连接、实时业务、安全和隐私保护等方面的需求。目前，国际上各大主流信息通信企业都在加大对边缘计算技术的研发和产品研制力度。但是，边缘计算技术仍处于发展初期，国内外标准化工作也还处于起步阶段，相关标准的研制工作正在加快推动。

2.3.2　平台体系

平台体系是工业互联网的关键。平台体系包括平台与数据、工业 App、边缘计算等部分。

1. 平台与数据

工业互联网平台是实现工业全要素、全产业链、全价值链连接的枢纽，是制造业数字化、网络化、智能化转型过程中工业资源配置的核心，也是信息化和工业化深度融合背景下的新型产业生态体系。工业互联网平台是在云计算、大数据、工业通信、工业软件等技术集成、融合应用的基础上拓展的新型技术体系，支撑大量异构数据的汇聚和建模分析、工业经验知识的转化复用、工业智能应用的开发和运行。目前，全球工业互联网平台发展迅速，涌现出大量优秀平台产品和创新应用。但从整体上看，当前平台发展还处于初级阶段，产业发展和标准化共识正在形成。工业设备连接、数据采集、工业大数据应用、工业机理建模分析、工业微服务、工业应用开发环境、不同平台间兼容等领域成为标准化和产业推广布局的重点。

2. 工业App

工业 App 是在工业互联网平台的基础上，融合了工业知识和经验，针对特定需求而设计的工业应用软件。工业 App 涉及从应用设计开发、测试部署到应用改进等相关软件开发技术，涵盖了基础学科、行业知识和专业能力等关键内容。由于工业 App 开发属于新兴领域，产业界还未有相关标准。但是，随着工业 App 产品的推广和试点应用，标准化工作已成为工业界的迫切需求。围绕工业 App 架构、开发部署、运维管理、测试验证等关键领域而开展的标准研制和产业化推广工作已经变得越来越重要。工业 App 将成为推动工业互联网发展的重要力量，促进工业智能化转型的实现。

3. 边缘计算（平台侧）

为了满足工业生产实时性和安全性等方面的需求，工业互联网平台的功能需要在靠近数据源头的边缘侧进行映射，实现生产现场数据的实时处理和业务快速优化。这样可以达到工业在虚拟化和资源抽象、超低时延数据感知、边云协同、轻量级机器学习应用等层面的要求。因此，工业互联网平台企业需要开展平台边缘计算智能算法的研发工作，并推动产业化，且需要加速制定平台边缘计算实时操作系统、分布式计算任务调度、边云协同策略等方面的标准。

随着工业互联网的快速发展，工业互联网平台将成为推动制造业转型升级、提高产业竞争力的关键基础设施。

2.3.3 安全体系

安全体系是工业互联网的重要基石，通过构建涵盖工业全系统的安全防护体系，建立满足工业需求的安全技术体系和相应管理机制，能够有效识别和抵御来自内外部的安全威胁，从而规避各种安全风险。安全体系是工业互联网可靠运行和实现工业智能化发展的安全可信的重要保障。

工业互联网安全体系从防护对象、防护措施及防护管理 3 个维度构建，针对不同的防护对象部署相应的安全防护措施，实时监测网络中存在的或即将发生的安全问题并及时做出响应，加强防护管理，强调基于安全目标的可持续改进的管理方针，保障工业互联网的安全。

工业互联网安全体系涵盖设备、控制系统、网络、数据、平台、应用程序等方面的防护技术和管理手段，目前面向公网或专网的安全技术及管理标准还未能满足工业互联网跨网络、跨领域的整体安全保障需求。

当前阶段，针对工业互联网安全的研究主要集中在工业控制系统领域，为了保障工业互联网的持续健康发展，需要系统全面地开展工业互联网安全技术研究。本书第 5 章将会详细分析工业互联网的安全理论与技术。

讨论与思考

① IIRA提出了4层视角的体系结构，分别从什么视角实现了什么模型？

② 描述实现模型的3层体系架构模式与功能域之间的关系。

③ 描述4层工业互联网技术架构。

④ 感知层的主要作用是什么？主要的感知技术包括哪些技术？

⑤ 举例说明主要的物理识别技术和生物识别技术。

⑥ 室外定位技术主要包括哪些技术？室内定位技术主要包括哪些技术？

⑦ 分析工业互联网平台层的四大核心层级。

⑧ 应用层的作用是什么？可以大致细分为哪几层？

⑨ 分析PDM应用体系架构的组成和各层的作用。

⑩ 分析工业互联网体系架构的各个组成。

参考文献

[1] MARTIN R A，LIN S W，MILLER B，et al. Industrial Internet Reference Architecture Technical Report [R]. 2015.

[2] 沈苏彬，杨震. 工业互联网概念和模型分析[J]. 南京邮电大学学报（自然科学版），2015，35（5）: 1-10.

[3] 物联网涉及感知、控制、网络通信、微电子、计算机等技术领域[N/OL]. 2019.

[4] IIC. The Industrial Internet of Things Volume G1: Reference Architecture [R]. 2017.

[5] 彭伟，单俊明，李合顺，等. 工业互联网架构及典型应用探讨[J]. 山东通信技术，2017，037（2）: 27-30.

[6] 耿丹. 基于城市信息模型（CIM）的智慧园区综合管理平台研究与设计[D]. 北京：北京建筑大学，2017.

[7] 张娴. 移动互联网中层次架构研究和分析[J]. 科技信息，2012（36）: 293.

[8] 胡建国. 智能RFID标签芯片理论与实现[D]. 广州：中山大学，2015.

[9] 向宝琦. 基于专利视角的BAT图像识别技术发展机会与策略研究[D]. 成都：电子科技大学，2018.

[10] 赵东雪. 低信噪比下语音识别系统的研究[D]. 杭州：浙江工业大学，2014.

[11] 黄芳琳. 在高中物理新课程中开展STS教育的实践研究[D]. 南京：南京师范大学，2007.

[12] 赵建国. "北斗"天地导航"神威"点亮梦想[N/OL]. 2017.

[13] 李伟. 多学科虚拟样机仿真集成平台关键技术研究[D]. 长春：吉林大学，2005.

[14] 郭刚. ERP系统应用发展现状分析[J]. 中国新技术新产品，2018（22）：56-57.

[15] MESA International. The Benefits of MES: A Report from the Field [R].1997.

[16] 工业和信息化部，国家标准化管理委员会. 工业互联网综合标准化体系建设指南[N/OL]. 2019.

[17] 工业和信息化部. 关于印发《工业互联网创新发展行动计划（2021—2023年）》的通知[N/OL]. 2021.

[18] 中国信息通信研究院. 2021广东省工业互联网标识解析创新应用案例集[R]. 2021.

第 3 章
工业互联网网络

03

学习目标

（1）了解计算机网络的通信模式、网络拓扑；

（2）了解分组技术与路由技术；

（3）了解OSI参考模型与TCP/IP；

（4）了解蜂窝无线通信技术及5G通信技术；

（5）了解长距离低功耗无线通信技术及短距离无线通信技术；

（6）了解现场总线网络技术；

（7）了解工业以太网技术；

（8）了解互联网域名解析系统，DNS解析原理与过程；

（9）了解主流标识解析技术，ONS、OID及Handle技术；

（10）了解工业互联网标识解析体系的架构与关键技术。

工业互联网将工业系统的各种元素互联起来，无论是机器、人，还是系统，工业互联网首先要解决的问题是要实现全面互联。智能化生产、网络化协同、个性化定制、服务化延伸是在互联的基础上，通过数据流动和分析，形成智能化变革，形成新的模式和新的业态。所以，网络体系是工业互联网的基础。网络体系包括网络互联和标识解析等关键技术。

3.1 网络互联体系

计算机网络是指将多台处于不同地理位置、具有独立功能的计算机及其外部设备通过通信线路连接起来，实现资源共享和信息传递的计算机系统，它是在网络操作系统、网络管理软件和网络通信协议的管理和协调下实现的。计算机网络的发展实现了数据通信、资源共享、集中管理和分布式处理等功能，这对计算机系统的组织方式和功能产生了深远的影响。计算机网络由4个部分组成，分别为计算机、网络操作系统、传输介质和相应的应用软件。根据传输介质的不同，计算机网络大致可以分为有线网络和无线网络。

网络是工业互联网的核心之一。复杂的自动化系统如电子产品组装生产线，需要有组织地控制网络系统才能运转。工业互联网的网络可以分为工厂内网络和工厂外网络。工厂内网络主要承担管理控制、数据采集和信息交互等业务，而工厂外网络则主要支持工业全生命周期内的各种活动，如连接企业上下游、连接企业与智能产品、连接企业与用户的网络等。网络贯穿工业生产的整个流程，根据传输介质的不同，工厂内 / 外网络同样可分为有线通信网络和无线通信网络。图 3-1 展示了工业互联网的网络结构。

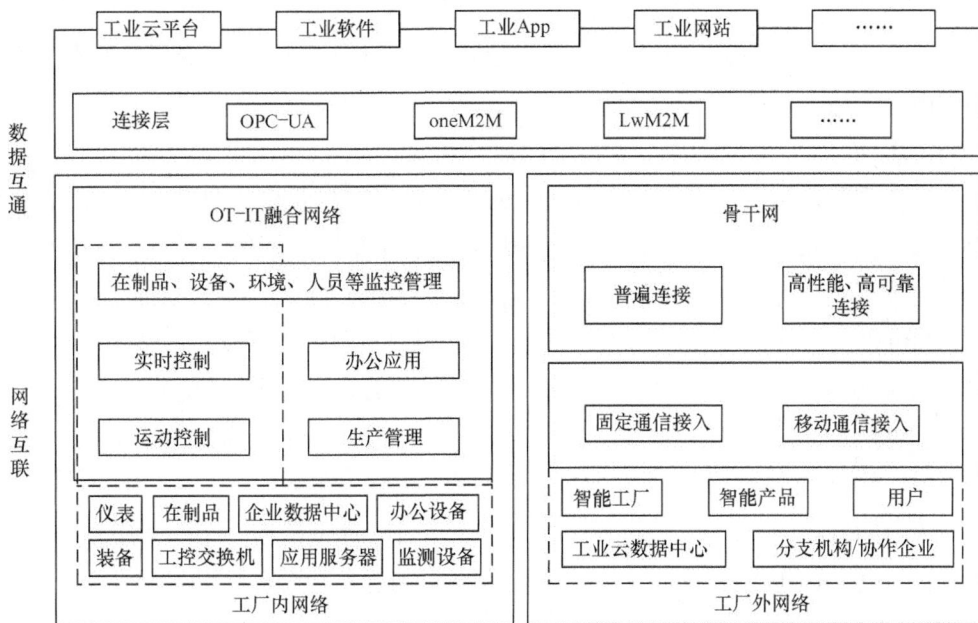

图 3-1　工业互联网的网络结构

3.1.1　计算机网络

1. 通信模式

（1）单播

单播是一种点对点的网络连接，实现了发送者和每个接收者之间的直接通信。当一个发送者需要向多个接收者发送相同的数据时，需要复制同一个数据包的多个副本，这可能导致发送者负担沉重、时延长和网络拥塞等问题，需要增加硬件和带宽以保证服务质量。单播可以类比一个人和另一个人之间的对话，信息的接收和传递只在两个节点之间进行。

单播的优点有以下两点。①服务器可以及时响应客户端请求。②服务器可以针对每个客户端的不同请求发送不同的数据，实现个性化服务。但是，在大量客户端和每个客户端流量较大的流媒体应用中，服务器可能不堪重负。

（2）广播

广播是指在子网内广播数据包，子网内的所有主机都将接收这些数据包，不论这些主机是否愿意接收这些数据包。因此，广播的使用范围很小，仅在本地子网内有效，且广播传输由路由器和交换机网络设备控制。广播可以类比一个人通过喇叭对在场的所有人讲话，这样做的好处是通话效率高。

广播的优点有以下两点。①网络设备简单，维护简单，网络部署成本低。②由于服务器不需要单独向每个客户端发送数据，因此服务器的流量负载非常小。广播的主要缺点是无法针对客户的特定要求和在规定时间内及时提供个性化服务。广播一般只在子网内部使用，互联网一般禁用广播。

（3）组播

组播实现了发送者和多个接收者之间的点对多点网络连接，如果一个发送者需要同时将相同的数据发送给多个接收者，则只需要一个相同数据包的副本，这提高了数据传输的效率，减少了骨干网络拥塞的可能性。

组播可以类比一个人与多人（但非在场的所有人）交谈，这可以提高通话效率。如果想将同一件事情通知特定的某些人，但又不想让其他人知道，使用电话逐个通知非常麻烦，但是使用喇叭进行广播通知无法实现仅通知部分人的目的，此时使用组播将非常方便。

组播的优点有以下两点。①需要相同数据流的客户端加入同一组共享数据流，既减少了服务器的负载，又具有广播的优点，同时允许在互联网传输。②由于组播协议是根据接收者的需求复制并转发数据流的，因此服务器的总服务带宽不受客户接入端带宽的限制，IP 协议允许有超过 2.6 亿个组播，因此其提供的服务非常丰富。

组播的缺点有以下两点。①与单播协议相比，组播的缺点是没有纠错机制，难以避免丢包和错包，但是可以通过一定的容错机制和提高服务质量来弥补。②尽管现行网络均支持组播传输，但其在用户认证、提高服务质量等方面仍需要改进。

单播、广播和组播的示意如图 3-2 所示。

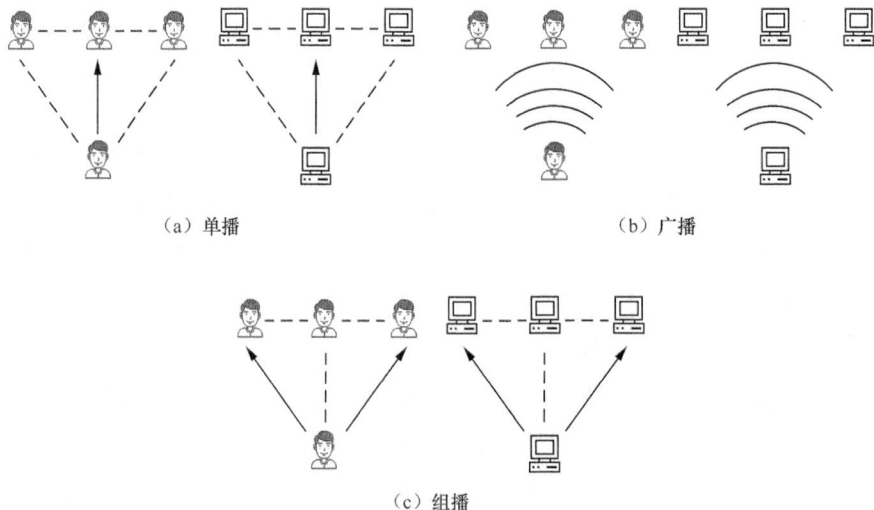

（a）单播　　　　　（b）广播

（c）组播

图 3-2　单播、广播和组播

2. 网络拓扑

常见的网络拓扑结构包括总线型拓扑结构、星形拓扑结构、环形拓扑结构、树形拓扑结构、分布式拓扑结构等，如图 3-3 所示。

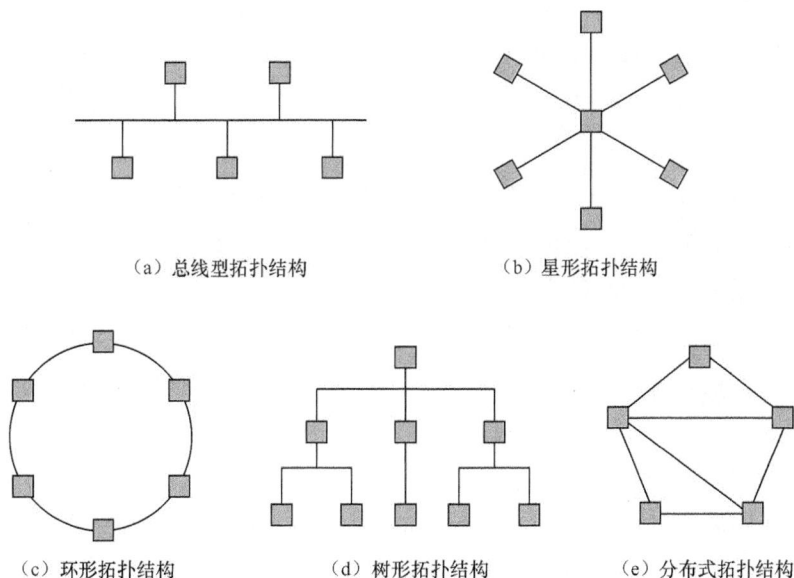

（a）总线型拓扑结构　　　　　　　　（b）星形拓扑结构

（c）环形拓扑结构　　　　（d）树形拓扑结构　　　　（e）分布式拓扑结构

图 3-3　网络拓扑结构

（1）总线型拓扑结构

总线型拓扑结构是一种计算机网络结构，所有设备直接连接到总线上，每个工作站和服务器都挂在同一总线上。各个工作站地位平等，没有中心控制节点，公用总线上的信息大部分以基带的形式串行传递，其传递方向总是从发送信息的节点开始向两端发送，因此也被称为广播式计算机网络。各节点在接收信息时都会进行地址检查，与自己的工作站地址相符则接收网上的信息。

总线型拓扑结构具有以下三个优点。①组网成本低，不需要额外的互联设备，直接通过总线连接。②网络用户扩展更加灵活，扩展用户只需要添加一个接线器，但可连接的用户数量有限。③维护较容易，单个节点失效不影响整个网络的正常通信。

总线型拓扑结构存在以下三个缺点。①每个节点均共享总线带宽，传输速度随着用户的增多而降低。②一旦总线断开，整个网络或相应主干网段都将断开。③一次只能有一个端的用户发送数据，其他端的用户必须等待，直到它们获得发送权。

（2）星形拓扑结构

星形拓扑结构是一种计算机网络结构，其中一个节点被作为中心节点，其他节点直接连接到中心节点上。中心节点通常是文件服务器或连接设备，常见的中心节点是集线器。星形拓扑结构的网络属于集中控制型网络，中心节点对整个网络进行集中式通行控制管理，每个发送数据的节点均将数据发送到中心节点，然后中心节点负责将数据发送到目标节点。因此，中心节点非常复杂，而其他节点的通信处理负担较小，仅需要满足链路的简单通信要求。

星形拓扑结构具有以下三个优点。①控制简单，任何节点都只连接到中心节点，因此介质访问控制方法和协议简单，易于监控和管理网络。②故障诊断和隔离容易，中心节点可以逐个隔离连接线路，进行故障检测和定位，单个连接点出现的故障只影响一个设备，不会影响整个网络。③服务便捷，中心节点可以很容易地为各个节点提供服务，重新配置网络。

星形拓扑结构存在以下三个缺点。①需要大量的电缆，增加了安装和维护的工作量。②中心节点负担沉重，出现"瓶颈"，一旦中心节点发生故障，整个网络都将受到影响。③各节点分布式处理能力差。

总体来说，星形拓扑结构相对简单，易于组网、管理，是局域网中广泛应用的一种拓扑结构。星形拓扑结构的局域网一般采用双绞线或光纤作为传输介质，可以满足各种宽带需求。

（3）环形拓扑结构

环形拓扑结构由网络中的若干节点组成，这些节点通过点到点的链路首尾相连形成一个闭环，这种结构使公共传输电缆组成环形连接，数据沿着环路中的一个方向在各个节点间传输，信息从一个节点传输到另一个节点。

环形拓扑结构具有以下两个优点。①网络中的信息流沿固定的方向流动，两个节点间仅有一条路径，简化了路径选择的控制。②环路中的各个节点都是自己控制，控制软件简单。

环形拓扑结构存在以下三个缺点。①由于信息源在环路中是串行通过各个节点，节点过多必然会影响信息的传输速率，延长网络的响应时间。②环路是封闭的，不易于扩充。③可靠性低，一个节点发生故障，会造成整个网络瘫痪，难以定位发生故障的分支节点。

（4）树形拓扑结构

树形拓扑结构的网络是分级的集中控制型网络，与星形拓扑结构的网络相比，它具备通信线路总长度较短、成本较低、节点易于扩充和寻找路径较为方便等优点。但是，除叶节点及与其相连的线路外，任何节点或与其连接的线路发生故障都会对整个系统产生影响。

树形拓扑结构具有以下两个优点。①易于扩充，可以扩展很多分支和子分支，这些新节点和新分支可以轻松地加入网内。②易于隔离故障，如果某一分支的节点或线路发生故障，则可以很容易地将故障分支与整个系统隔离。

（5）分布式拓扑结构

分布式拓扑结构的网络是一种通过线路将分布在不同地点的计算机互联的网络，具有以下三个优点。①高可靠性和分散控制，即使局部网络出现故障，也不会影响整个网络的运行。②采用了最短路径选择算法，使得网络时延较小，传输速率较高。③各个节点间都可以直接建立数据链路，使信息流程最短，有利于整个网络内的资源共享。

分布式拓扑结构存在以下两个缺点。①用于连接线路的电缆较长且成本较高。②报文分组交换，路径选择和流向控制采用的方法很复杂，从而导致网络管理软件也较为复杂。

分布式拓扑结构又被称为网状拓扑结构，通常用于互联网的骨干网，路由算法用于计算发送数据的传输路径，但在局域网中通常不采用此拓扑结构。

3. 分组与路由

在网络核心中，数据通过多个网络交换从源主机到达目的主机，这个过程需要解决数据交换的问题。数据交换主要包括电路交换、报文交换和分组交换。

电路交换的过程类似于拨打电话。当用户需要发送数据时，主叫方需要进行呼叫，在交换网寻呼到被叫后，才能建立一条物理连接的数据通路；当用户需要拆除连接时，可由通信中的任意一方完成。电路交换包括建立连接、通信和释放连接 3 个阶段，电话网络就是典型的电路交换网络。电路交换建立连接之后会独占这条链路进行数据交换。电路交换会进行多路复用，如频分复用（FDM）、时分复用（TDM）、码分复用（CDM）等，所以物理链路并不是只有一个连接。由于电路交换建立连接时间长，因此它更适合一次性发送大批量的信息。反之，在传递短报文时传输效率则大大降低。此外，通信双方必须在信息传输速率、编码格式和通信协议方面完全兼容，这限制了速率不同、编码格式不同、通信协议不同的用户之间的通信。

报文交换就是要发送信息整体，即整个文件的信息，采用"存储－转发"的交换方式。在这种方式下，交换机的控制器首先缓存来自输入端口的数据包，然后检查数据包是否正确，并过滤有冲突的数据包。如果确定数据包正确，则取出目的地址，通过查找表找到要发送的输出端口地址，然后发送数据包。虽然"存储－转发"方式会产生较大的时延，但它可以对进入交换机的数据包执行错误检测，并支持不同传输速率的输入／输出端口间的交换，从而有效地改善网络性能。此外，这种交换方式还支持在不同传输速率的端口之间进行转换，使高速端口和低速端口保持协同工作。例如，低速（如 10Mbit/s）数据包可以被存储在低速端口上，然后以高传输速率（如100Mbit/s）转发到高速端口。

（1）分组交换

分组交换是报文交换的变种。报文交换以完整报文进行"存储－转发"，如图 3-4 所示，分组交换将完整的报文拆分成一系列较小的数据包（分组），然后对这些数据包进行"存储－转发"。相对于报文交换，分组交换更快，因为它以最小信息单位（分组）进行报文的传输和交换。但是，由于需要对数据进行拆分和重组，分组交换会产生额外的开销。

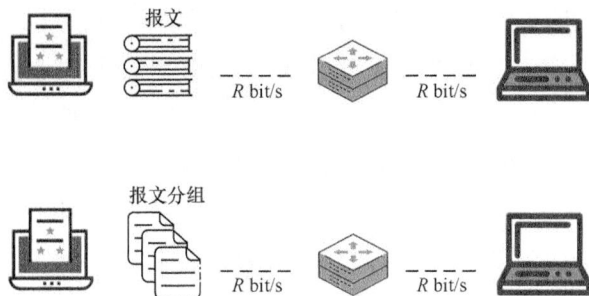

图 3-4　报文交换和分组交换

在分组交换中，按照一定的长度将要传输的数据分成多组，并对每个分组进行标记。这些数据分组以动态共享和复用的方式在物理线路上传输。为了充分利用资源，数据分组在传输到交换机时会被暂时存放在交换机的存储器中。接着，交换机根据当前线路的忙闲程度，动态地为数据分组分配适当的物理线路，继续数据分组的传输，直到数据分组到达目的地。到达目的地后，数据分组被重新组合成完整的数据。

如图 3-5 所示，分组由包含接收地址和控制信息的分组首部及其后的 UDP 数据组成。同一分组网中的分组长度是固定的，而不同分组网中的分组长度可以不同。在分组交换中，必须利用交换技术将分组从输入端口传输到输出端口，以实现通过网络节点的比特输送。相对于电路交换，分组交换具有以下优点。

① 电路利用率高。分组交换可以在同一条链路上以动态共享和复用方式传输不同的数据分组，通信资源的利用率高，使得信道的容量和吞吐量得到了极大的提升。

② 可靠性高。在发生故障时，分组交换可以通过更新路由表，绕过故障路由器和动态调整路径，来避免全局瘫痪，实现良好的鲁棒性。

③ 可以实现数据率转换。每站都以自己的数据传输速率连接到节点，因此可以在两个具备不同数据传输速率的站之间交换分组。

④ 拥有灵活的排队机制。当分组网络上有大量分组时，可以设置用于数据传输的排队机制，以确保优先传输高优先级的分组。与电路交换网络上负载较大时的呼叫阻塞不同，分组交换网络仍然可以接收分组，但其传递时延会增加。

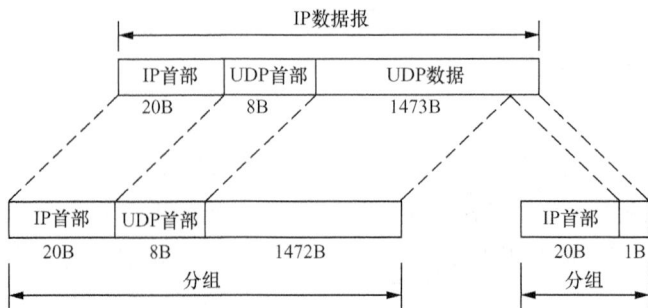

图 3-5　分组的数据结构

分组交换的主要不足是时延和通信开销。分组通过交换网节点时存在时延，并且不同的路径带来的时延也不同，此时延抖动进一步增加了分组的总时延。为了通过网络传送分组，必须向每个数据包添加包括目的地址在内的额外开销信息和分组排序信息，减少了可用于传输用户数据的通信容量。

分组交换的提出为互联网的迅速发展提供了技术支持。借助分组交换，网络系统可以将数据组装到报文中，并使用一条通信链路与多台机器进行通信。不仅可以共享链路，而且每个报文都可以独立于其他报文进行传输。

（2）路由

互联网由许多网络和连接它们的路由器组成，主机位于互联网的边缘部分，网络的核心部分是路由器。主机和路由器都是计算机，主机为用户进行信息处理，并通过网络与其他主机交换信息，而路由器仅用于转发分组。路由器是实现分组交换的关键。从数据包的角度来看，数据包从源主机出发，经过一个又一个的路由器，选择下一跳的路由器，最终到达目的主机。

路由器在接收到一个分组后，首先暂时将其存储起来，然后检查其首部，查找转发表，根据首部中的目的地址找到合适的接口，将分组转发给下一个路由器。分组以"存储－转发"的方式被逐步传递到目的主机。

在图 3-6 中，假设计算机 A 要将数据发送到计算机 E，则计算机 A 首先将分组逐个地发送到直接与其相连的分组交换机 A，即路由器 A。路由器 A 将计算机 A 发送的分组放入缓存中，然后从转发表中查找，假定该分组应该被转发到链路 A-C，于是将分组传输到路由器 C。路由器 C 继续根据上述方式查找转发表，假定该分组应该被转发到路由器 B，当分组到达路由器 B 时，路由器 B 直接将分组传输到计算机 E。

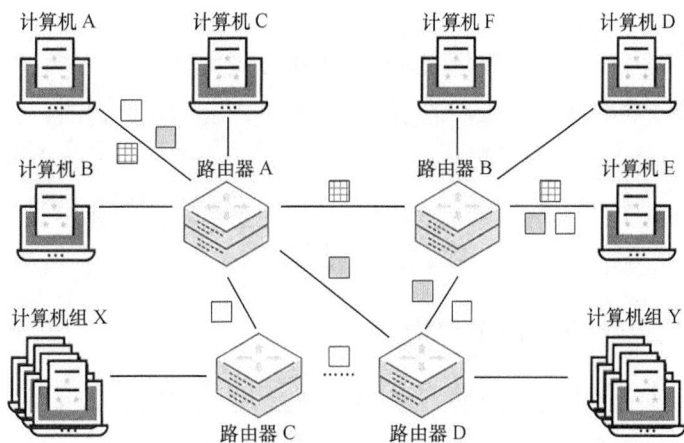

图 3-6　路由器的分组交换功能示意

假设在传输某个分组的过程中，链路 A-C 的通信量太大，路由器 A 可以将分组沿另一个路由转发到路由器 D，然后再转发到路由器 B，最终将分组传输到计算机 E。路由器临时存储的是短分组，而不是整个长报文。因此，可以将分组临时存储在路由器中读写速度更快的内存中，而不是存储在硬盘中，从而实现更高的交换速率。

此外，互联网采用了特殊措施来确保数据传输的高可靠性。当网络中的某些站点或链路突然出现故障时，运行在路由器上的路由协议可以自动找到其他路径来转发分组。

在图 3-7 中，4 个网络通过 3 个路由器相互连接。每个网络可能有成千上万台主机。如果根据目的主机号生成路由表，则所生成的路由表将会非常庞大。但是，如果根据主机所在的网络地址来生成路由表，则每个路由器中的路由表只需要包含 4 条记录，每条记录对应一个网络。

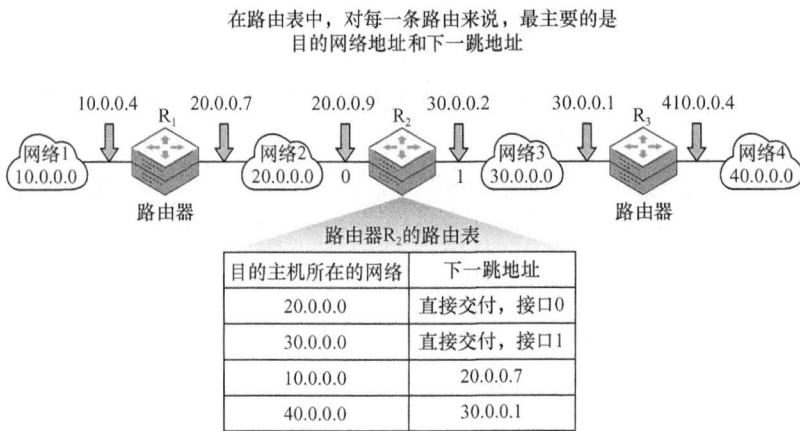

在路由表中，对每一条路由来说，最主要的是
目的网络地址和下一跳地址

10.0.0.4 R1 20.0.0.7 20.0.0.9 R2 30.0.0.2 30.0.0.1 R3 410.0.0.4

网络1 10.0.0.0 路由器 网络2 20.0.0.0 0 1 网络3 30.0.0.0 路由器 网络4 40.0.0.0

路由器R2的路由表

目的主机所在的网络	下一跳地址
20.0.0.0	直接交付，接口0
30.0.0.0	直接交付，接口1
10.0.0.0	20.0.0.7
40.0.0.0	30.0.0.1

图 3-7　路由器的路由选择示例

例如，对于路由器 R2，如果目的站位于网络 2 或网络 3，路由器 R2 可以通过接口 0 或接口 1 直接传输数据。如果目的站位于网络 1，下一跳路由器应该是路由器 R1；如果目的站位于网络 4，下一跳路由器应该是路由器 R3。因此，分组采用"存储-转发"的交换方式实际上是在数据通信过程中采用了断续分配传输带宽的策略，非常适合传输突发式的计算机数据，可以提高通信线路的利用率。

4. 开放系统互联（OSI）参考模型

早期的网络协议是由互联网公司自行定义的，协议之间不能互通。为了解决异种网络互联时遇到的兼容性问题，国际标准化组织（ISO）在 1984 提出了 OSI 参考模型。对 OSI 参考模型从逻辑上进行定义和规范，将 OSI 参考模型分为 7 层，每一层都有相应的物理设备，比如路由器和交换机等。OSI 参考模型采用了框架性的设计方法，其最主要的作用是帮助不同类型的主机实现数据传输，最大的优点是可以清楚地区分服务、接口和协议这 3 个概念，OSI 参考模型通过 7 个不同的层次可实现不同的系统和不同的网络之间的可靠通信。OSI 参考模型各层的含义具体如下。

（1）物理层

物理层位于 OSI 参考模型的最底层或第 1 层，提供建立、维护和拆除物理链路所需要的机械的、电气的、功能的和规程的特性。它传输非结构化的原始比特流，并提供故障检测指示。

（2）数据链路层

数据链路层在网络层实体之间提供数据发送和接收的功能和过程，并提供数据链路的流量控制机制；加强物理层的功能，使其对网络层显示为一条无错的传输线路。

（3）网络层

网络层确定分组从源端到目的端的路由选择。路由可以从网络中固定的静态路由表中选择，也可以在每个会话中确定，还可以根据当前网络的负载状态，分别为每个分组灵活确定路由。

（4）传输层

从会话层接收数据并将其传输到网络层，同时确保到达目的端的各段信息都是正确的，并且会话层不受硬件更改的影响。传输层会为每个会话请求建立一个传输连接，提供端到端的可靠传输服务，以及解决跨网络连接的建立和拆除问题，并具有流量控制机制。

（5）会话层

会话层负责建立、维持和终止网络中两个节点之间的通信。它的功能包括建立通信链接、保持会话期间通信链接的畅通、同步两个节点之间的会话、决定通信是否被中断，以及决定通信中断时从何处重新发送。

（6）表示层

表示层将应用层提供的信息转换为可共同理解的形式，统一表示字符代码、数据格式、控制信息格式、加密等。它为异种机通信提供一种通用语言，以便进行互操作，并提供数据格式化和编码等服务。

（7）应用层

应用层位于 OSI 参考模型的最高层，实现应用进程之间的信息交换，并具有业务处理所需的一系列服务功能。它包括公共应用服务要素和特定应用服务要素，每一个特定应用服务要素都针对特定类型应用，如提供文件传送接入与管理（FTAM）、虚拟终端、消息处理系统（MHS）、电子数据交换（EDI）和目录查询等。

表 3-1 给出了 OSI 参考模型各层功能的概述。在 OSI 参考模型的 7 层中,应用层、表示层和会话层由软件控制,传输层、网络层和数据链路层由操作系统控制,物理层由物理设备控制。

表 3-1 OSI 参考模型各层功能

分层	功能
应用层	网络服务与最终用户之间的接口
表示层	数据格式转换编码,数据压缩和解压,数据加密和解密等
会话层	允许在不同主机上的用户之间建立、管理、终止会话
传输层	把上层数据划分成数据段,定义协议端口号,实现不同主机用户进程间的数据通信
网络层	将上层数据封装成数据包,进行逻辑地址寻址,实现不同网络间的路径选择
数据链路层	将上层数据封装成固定格式的帧,执行硬件地址寻址、差错检测等
物理层	物理连接,完成相邻节点之间的原始比特流的传输

5. TCP/IP

TCP/IP 于 20 世纪 80 年代提出,最早在阿帕网中使用,以其两个主要协议 TCP 和 IP 命名,通常被称为 TCP/IP 协议簇或者互联网协议簇,由文件传送协议(FTP)、简单邮件传送协议(SMTP)、TCP、用户数据报协议(UDP)、IP 等组成,用于实现网络互联的通信协议簇,是互联网事实上的通信标准。TCP/IP 打破了不同网络体系结构下用户之间交换数据的壁垒,为实现整个网络的互联提供指导。TCP/IP 参考模型由 OSI 参考模型演化而来,它将 OSI 参考模型从 7 层简化为 4 层(如果考虑物理层则为 5 层),自上而下分别是应用层、传输层、网络层和网络接口层,没有 OSI 参考模型的会话层和表示层,通常认为 TCP/IP 的会话和表示功能是在传输层或应用层上实现的。

OSI 参考模型与 TCP/IP 参考模型(4 层)的对比如表 3-2 所示。OSI 参考模型和 TCP/IP 参考模型均采用了层次结构的概念,并提供面向连接和无连接两种通信服务机制。OSI 参考模型注重通信协议的功能,TCP/IP 参考模型更强调协议的实现。TCP/IP 参考模型的网络接口层是一些概念性的描述,而 OSI 参考模型不仅分为两层,而且每一层都有详尽的功能。即使在数据链路层,也分出了一个介质访问子层,专门解决局域网中的共享介质问题。OSI 参考模型是在协议开发之前设计的,具有通用性,而 TCP/IP 参考模型则是先开发协议集,再建立模型,所以 TCP/IP 参考模型不足以指导新技术的使用,也不适用于其他非 TCP/IP 协议簇。

表 3-2　TCP/IP 参考模型（4 层）和 OSI 参考模型的对比

OSI 参考模型	TCP/IP 参考模型（4 层）	对应网络协议
应用层	应用层	HTTP、FTP、简易文件传送协议（TFTP）、网络文件系统（NFS）协议、虚拟终端（TELNET）协议、简单网络管理议（SNMP）协、SMTP、域名系统（DNS）协议
表示层		
会话层		
传输层	传输层	TCP、UDP
网络层	网络层	IP、因特网控制消息协议（ICMP）、地址解析协议（ARP）、反向地址解析协议（RARP）、UUCP（Unix 间复制协议）
数据链路层	网络接口层	光纤分布式数据接口（FDDI）、以太网协议、阿帕网、公用数据网（PDN）、串行线路网际协议（SLIP）、点对点协议（PPP） IEEE 802.1A、IEEE 802.2 ～ IEEE 802.11
物理层		

　　表 3-3 给出了 TCP/IP 参考模型（5 层）的各层常见协议和典型硬件设备，在 TCP/IP 参考模型（4 层）中，网络接口层包含了物理层和数据链路层，对应的典型硬件设备包括了网卡和交换机，网络层的典型硬件设备则是路由器。尽管在完整性上存在不足，但 OSI 参考模型只是一个理论模型（没有成熟的产品），与其不同，TCP/IP 已经成为互联网事实上的标准。主要原因有以下三点。① TCP/IP 标准是完全开放的，用户可以免费使用。②独立于特定的计算机硬件、操作系统和网络硬件系统，可以在广域网上运行，更适合互联网。③ TCP/IP 具有统一的网络地址分配，网络中的每一个设备和终端都有唯一的地址，高层协议是标准化的，可以提供多样化的和可靠的网络服务。

表 3-3　TCP/IP 参考模型（5 层）的各层常见协议和典型硬件设备

TCP/IP 参考模型（5 层）	常见协议	典型硬件设备
应用层	HTTP、FTP、TFTP、SMTP、SNMP、DNS	计算机
传输层	TCP、UDP	防火墙
网络层	ICMP、IGMP、IP、ARP、RARP	路由器
数据链路层	由底层网络定义的协议	交换机
物理层	由底层网络定义的协议	网卡

（1）网络接口层

　　TCP/IP 参考模型（4 层）的网络接口层对应于 OSI 参考模型中的物理层和数据链路层。它负责监视主机和网络之间的数据交换，包括主机连接到物理网络所需要的硬件及传送数据的协议。不同于 OSI 参考模型，TCP/IP 参考模型没有为该层定义协议，而是让每个参与互联的网络使用自己的物理层和对应的数据链路层协议，然后连接到

TCP/IP 参考模型的网络接口层。通常，在局域网中使用以太网协议及其变体，在广域网中使用 PPP 及帧中继等协议。在以太网协议下，每个网卡都有唯一的地址，即介质访问控制（MAC）地址，也被称为局域网地址、以太网地址或物理地址。以太网以广播的形式在子网内发送数据，并且数据以帧为单位，包括标头和数据部分。需要注意的是，以太网协议不适用于不同子网主机间的数据交换。每台主机所在的子网需要通过网络层加以区分。如果在同一个子网内，则通过广播发送数据，否则通过路由发送数据，这就是网络层的作用。

（2）网络层

网络层是 TCP/IP 参考模型的关键部分，它的主要功能是使主机能够向任何网络发送分组，并将分组独立地发送给目的主机。这些分组可能通过不同的网络，并且到达和发送的顺序也可能不同。在计算机通信中，为了识别通信的对端，必须有一个类似于地址的识别码进行标识。在数据链路层中，MAC 地址用于标识同一链路中不同计算机的识别码。而网络层则使用 IP 来实现类似的地址信息，通常被称为 IP 地址。IP 地址可以唯一地标识网络中的每个主机或路由器，并且可以用于将分组从源主机路由到目的主机。网络层的另一个重要功能是路由，即在多个网络之间选择最佳路径来传输数据。路由器是网络层的重要设备，它可以根据目标地址和路由协议来决定数据包的转发方向。

① IP 地址

IP 地址用于识别连接到网络中的所有主机中进行通信的目标地址。因此，在 TCP/IP 通信中，所有主机或路由器都必须设置自己的 IP 地址。不论一台主机连接到哪种数据链路，其 IP 地址的形式均保持不变。IP 地址（IPv4 地址）是一个 32 位的二进制数字，通常用点分十进制表示法来表示，每 8 位为一组，分成 4 组，每组以 "." 隔开。IPv4 地址与十进制的对应如表 3-4 所示。

表 3-4　IPv4 地址与十进制的对应

2^8	2^8	2^8	2^8	
10101100	00010100	00000001	00000001	（二进制）
172.	20.	1.	1	（十进制）

IP 地址由网络标识和主机标识两部分组成，且具有唯一性。网络标识必须确保相互连接的每个网段的地址不重复。而同一网段内相连的主机必须具有相同的网络地址。如图 3-8 所示，IP 地址的网络标识在数据链路的每个网段中配置不同的值，IP 地址的主机标识不会在同一网段重复出现。因此，通过设置网络地址和主机地址，可以保证每个主机的 IP 地址在整个互联网络中不会相互重叠。

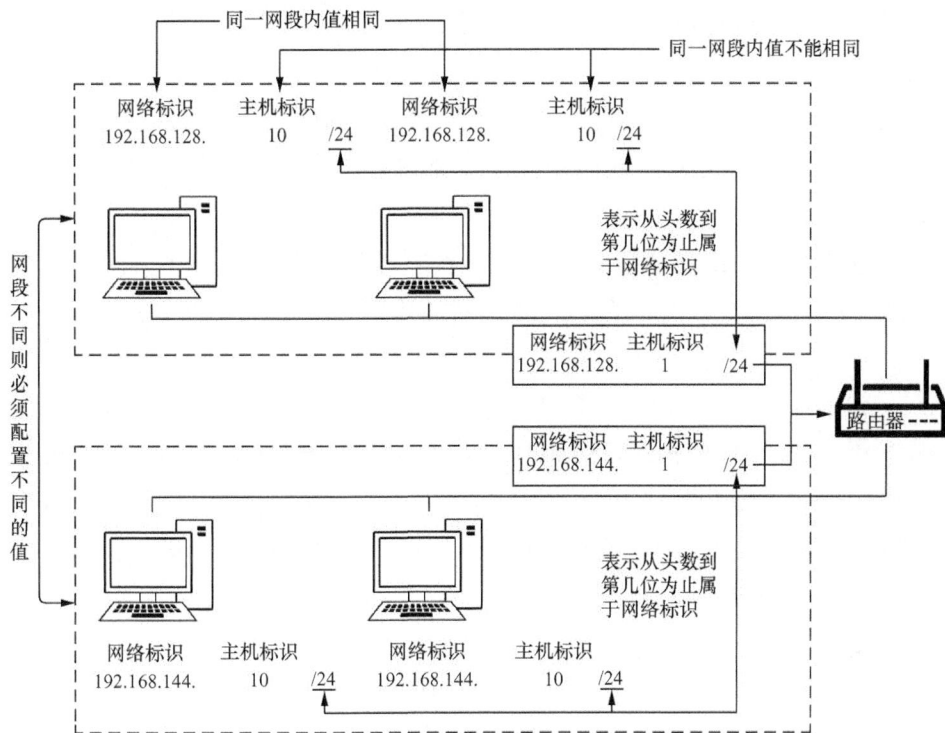

图 3-8　IP 地址的主机标识

　　IP 地址的主要目的是确保数据包能够到达目的主机，但在这个过程中，仅有 IP 地址是无法实现通信的，还需要具备解析主机名称和 MAC 地址等功能。为此，在 TCP/IP 参考模型中引入了一些协议，如 DNS 协议、ARP 和动态主机配置协议（DHCP）等。

　　② DNS 协议

　　DNS 是一种分布式数据库系统，用于将主机名称解析为 IP 地址。它允许用户使用容易记忆的名称而不是 IP 地址来访问网络资源。当用户访问某个网站时，通常会使用一个由罗马字母和点号构成的字符串，而不是 IP 地址。DNS 可以自动将这个字符串解析为具体的 IP 地址。这样，用户就可以方便地访问网络资源，而不需要记住 IP 地址。DNS 包含多个 DNS 服务器，每个服务器都存储了一部分域名和对应的 IP 地址。当用户发起 DNS 查询请求时，本地 DNS 服务器会先在自己的缓存中查找对应的 IP 地址，如果没有找到对应的 IP 地址，则向其他 DNS 服务器发送查询请求，直到找到对应的 IP 地址。DNS 的设计使得它可以快速地响应查询请求，并且具有很高的可靠性和可扩展性。

　　③ ARP

　　确定 IP 地址后，就可以将 IP 数据发送到目标地址。但在实际通信中，数据链路层需要知道与每个 IP 地址相对应的 MAC 地址。ARP 是解决地址问题的协议。它以目标 IP 地址为线索，定位下一个应该接收数据分包的网络设备的 MAC 地址。当一台主机需要向另一台主机发送数据包时，它首先会检查在自己的 ARP 缓存中是否已经保存了目的主机的 MAC 地址。如果没有保存，则会向网络中广播一个 ARP 请求，请求所有主机回复它们自己的 MAC 地址。当目的主机接收到 ARP 请求后，会向发送方回复自己的 MAC 地址。发送方在接收到回复后，则可以将数据包发送到目的主机的 MAC 地址。

RARP 则用于从 MAC 地址定位 IP 地址。它是 ARP 的一种变体，通常用于无盘工作站等特殊设备。RARP 允许设备在启动时向网络中广播自己的 MAC 地址，查询自己的 IP 地址。

④ DHCP

DHCP 实现 IP 地址的自动设置和 IP 地址分配的统一管理。手动为每台主机逐一设置 IP 地址是一项烦琐的任务，尤其是在使用笔记本电脑、智能终端及平板电脑等设备时，每次移动到新的地方都需要重新设置 IP 地址。DHCP 让计算机的"即插即用"变为可能，只要计算机连接到网络，就可以在计算机之间进行 TCP/IP 通信。

（3）传输层

传输层为应用层提供会话和数据报通信服务。传输层接收来自应用层的数据，并将其划分为更小的单元，以便在网络层中传输。网络层建立主机到主机的连接，传输层则建立端口到端口的连接，即主机之间的逻辑连接，使源主机和目的主机上的对等实体能够进行会话，确保分割的单位正确到达另一端。

与 MAC 地址在数据链路层标识同一链路中的不同计算机类似，IP 地址在网络层标识 TCP/IP 网络中互联的主机和路由器。而在传输层，端口号则用于标识在同一台计算机中进行通信的不同应用程序，也被称为程序地址。一台计算机可以同时运行多个程序，传输层协议使用这些端口号来识别正在计算机中进行通信的应用程序，并准确地传输数据，如图 3-9 所示。

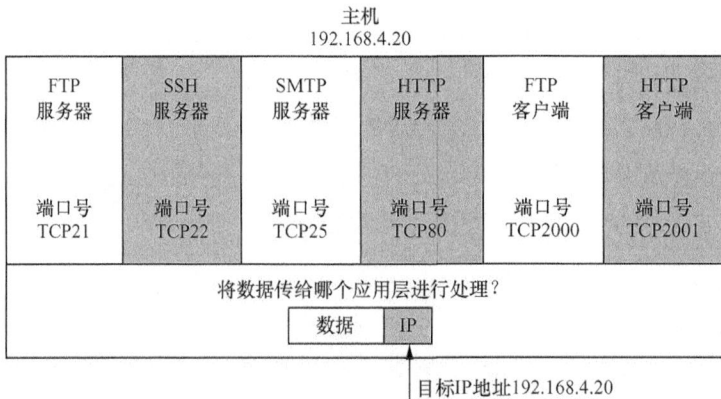

图 3-9　通过端口号识别应用

传输层定义了两个端到端的协议，分别为 UDP 和 TCP。UDP 是一种无连接的不可靠传输层协议，主要用于不需要 TCP 排序和流量控制等功能的应用程序。而 TCP 是一种面向连接的可靠传输层协议，它提供可靠的报文传输和对上层应用的连接服务。除基本数据传输外，TCP 还具备可靠性保证、流量控制、多路复用、优先权和安全性控制等功能。

① UDP

UDP 是一种无连接的传输层协议，提供简单、不可靠的面向事务的信息传输服务。与 TCP 相比，UDP 不提供复杂的控制机制，而是将应用程序发送的数据按原样立即发送到网络。即使在网络拥堵的情况下，UDP 也不会提供流量控制机制，并且在丢包时也不提供重发控制机制，在顺序混乱时也不提供顺序控制机制。因此，UDP 通常应用于以下领域：包总量较少的通信，如 DNS；多媒体通信，如视频和音频；广播通信。

② TCP

TCP 是基于字节流、面向连接的、可靠的传输层协议。它充分实现了数据传输时的各种控制功能，可以在丢包时提供重发控制机制，对顺序混乱的分包进行顺序控制等。TCP 只有在确认通信端存在时才会发送数据，以控制通信流量。它使用检验和、序列号、确认应答、重发控制、连接管理和窗口控制等方式，在无连接网络上实现高可靠性的通信。

面向连接是指在数据通信开始之前先做好两端之间的准备工作。TCP 在建立连接和终止连接的过程中，可以概述为 3 次握手和 4 次挥手。如图 3-10 所示，3 次握手是指在建立一个 TCP 连接时，客户端和服务器端总共需要发送 3 个包以确认 TCP 连接的建立，4 次挥手则是指在终止 TCP 连接时，客户端和服务器端总共需要发送 4 个数据包以确认 TCP 连接的断开。

（4）应用层

应用层是互联网程序用于与其他程序进行通信的层，它定义了应用交换数据的协议，使得应用能够访问其他层次的服务。作为离用户"最近"的一层，应用层的主要任务是根据协议将接收到的数据包解释成各种类型的数据，并将要发送的数据打包到传输层中。应用层还添加了自己的标头，并根据应用的特定协议将其向下发送到传输层。常见的应用层协议包括 FTP、HTTP、SMTP、TELNET 协议、DNS 协议和网络新闻传送协议（NNTP）等。FTP 提供了一种有效地将文件从一台机器上转移到另一台机器上的方法，HTTP 用于获取万维网（WWW）上的主页，SMTP 用于发送和接收电子邮件，TELNET 协议实现了一台机器上的用户远程登录到另一台机器上进行工作，DNS 协议用于将主机名映射到网络地址，NNTP 用于发布、检索和获取网络新闻。

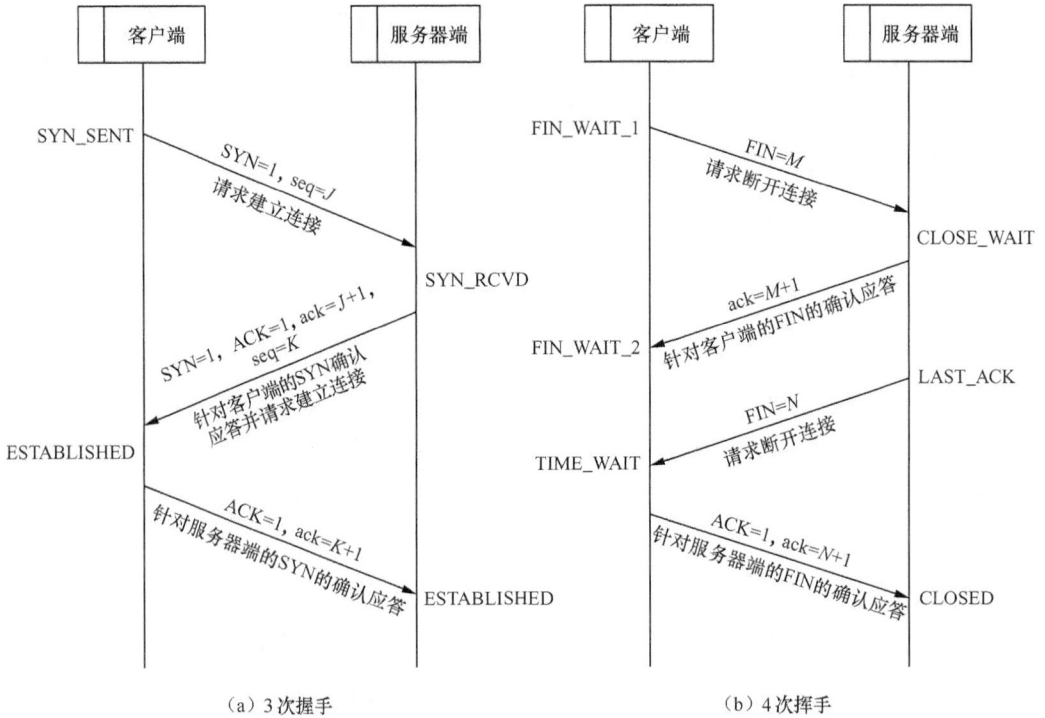

（a）3次握手 　　　　　　　　（b）4次挥手

图 3-10　3 次握手和 4 次挥手

以访问网页为例，网址前加上"http://"，代表执行的是 HTTP，如果在网址前加上了"https://"，则代表安全的 HTTP。在应用层，发送端将 HTTP 数据依次封装并传输到下一层，数据被封装成帧并发送到传输介质。在到达目的主机后，每层协议再剥掉相应的首部，最后将应用层数据移交给应用程序进行处理，整个过程如图 3-11所示。

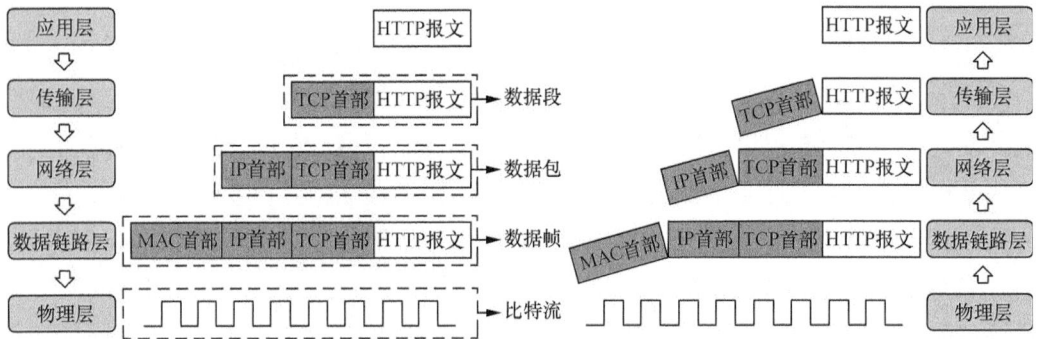

图 3-11　数据封装和解封装过程

6. 网络分类

按照地理覆盖范围，计算机网络可分为局域网、城域网和广域网 3 类。

局域网（LAN）是一种由多台计算机组成的在小区域内使用的专用网络，通常在一个单位或一个部门中使用，覆盖范围一般在 10km 以内。局域网可用于个人计算机或工作站之间的资源共享，共享资源包括硬件、软件或数据。局域网与其他类型的网络不同，除规模不同外，还在传输介质和拓扑结构上有所区别。通常，给定的局域网仅使用一种类型的传输介质，最常见的局域网拓扑结构有总线型拓扑结构、环形拓扑结构和星形拓扑结构。

城域网（MAN）是覆盖范围在广域网与局域网之间的网络，其覆盖范围可以延伸到整个城市。多个局域网通过通信光纤连接到公用城市网络中，形成一个大的网络。城域网不仅可以实现局域网内的资源共享，还可以实现局域网之间的资源共享。一个城域网实例是有线电视网络，最初是为有线电视设计的，但现在也用于互联网的高速数据传输。

广域网（WAN）是一种远程网络，覆盖范围可以为一个国家或多个国家，甚至全世界。由于广域网的覆盖范围可达几千千米，所以信息衰减非常严重。广域网一般需要租用专线，通过接口信息协议与线路相连，构成网状结构，以解决寻径问题。广域网分为交换广域网和点对点广域网。交换广域网连接端系统，该系统包含连接到另一个局域网或广域网的路由。点对点广域网通常用于将家庭计算机或小型局域网从电话局或所租用的专线连接到因特网服务提供者（ISP），这种广域网通常用于访问互联网。

在日常生活中，计算机网络往往比较难以区分类型，很难看到单独的一个局域网、城域网或广域网，这些类型的网络都是与其他网络互相连接。当两个或多个网络彼此连接，就成为互联网，即因特网。

3.1.2　有线网络

1. 传输介质

物理层的主要作用是实现比特流的传输，将数据从一台计算机传输到另一台计算机上。在实际传输过程中，可选择不同的物理介质进行传输。根据传输介质是否有形，计算机网络可分为有线网络和无线网络。有线网络通常使用双绞线、同轴电缆和光纤等来连接计算机，而无线网络则利用空间信道进行传输，不需要架设或铺设电缆。常用的无线传输技术包括无线电波、微波、红外线和激光等。每一种传输介质在带宽、时延、成本，以及安装和维护的难易程度方面都有独特的特性，并且有其适用的场合。因此，选择传输介质需要根据实际需求和条件来进行。

（1）双绞线

有线网络最常使用的传输介质是双绞线（TP），它由两条直径约为 1mm 的相互绝缘的铜线组成。双绞线的最大带宽为 10Gbit/s，可分为非屏蔽双绞线（UTP）和屏蔽双绞线（STP）。UTP 不采用金属屏蔽材料，价格相对便宜，组网灵活，阻燃效果好。STP 在芯线外侧多了一层金属铝箔，以减少信号衰减。双屏蔽双绞线（SFTP）是在 STP/FTP 的铝箔基础上，再加上一层铝镁丝或者镀锡铜编织网，具有两层屏蔽层和屏蔽层之间的绝缘结构，能更好地屏蔽环境磁场和抗信号干扰，但与 STP 相比，灵活性较差，且价格更贵。

　　根据电气特性，双绞线可分为 9 种类型，1 类～7 类、超 5 类和超 6 类。代表类型的数字越大，版本越新、技术越先进、带宽也越宽，价格也越贵。双绞线广泛应用于电话网络中。在计算机网络中，最常使用的 UTP 包括 3 类、5 类、超 5 类及目前的 6 类。5 类和 6 类双绞线通过增加缠绕密度和高质量绝缘材料，改善了传输介质的性质。图 3-12 展示了 5 类 UTP（CAT5）和超 5 类双绞线（CAT5E），CAT5E 双绞线适用于高速计算机通信，是当前 100Mbit/s 和 1Gbit/s 局域网的主流网线。

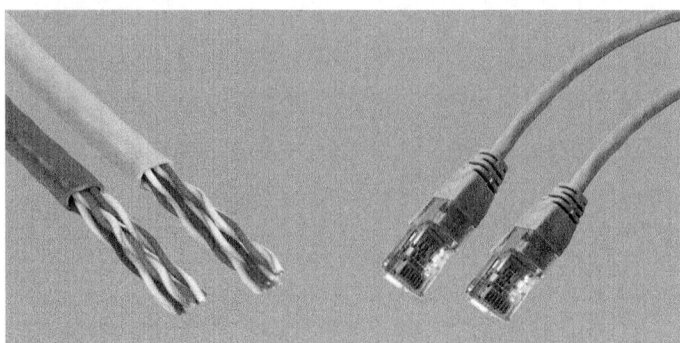

图 3-12　CAT5 双绞线和 CAT5E 双绞线（网线）

（2）同轴电缆

　　如图 3-13 所示，同轴电缆由铜芯和包裹在外层的绝缘材料组成，绝缘材料上覆盖着一层密织的网状圆柱导体，导体上又覆盖着一层保护塑料外套。同轴电缆具有更好的屏蔽特性、抗干扰能力和更大的带宽，通常多用于基带传输。现代电缆能达到几 GHz 的带宽。同轴电缆多用于有线电视系统中，而在计算机网络中的应用较少。

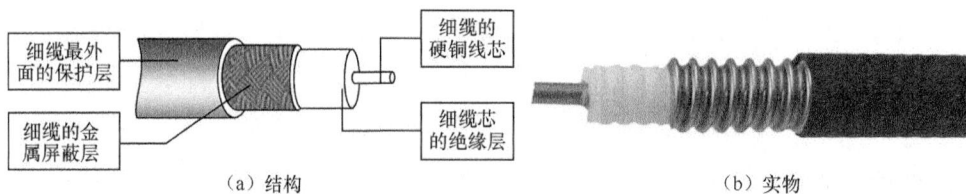

图 3-13　同轴电缆结构和实物

（3）光纤

　　光从一种介质进入另一种介质时，会在两种介质的交界处发生折射现象和反射现

象。折射角会随着入射角的变化而变化。当入射角增大到某一角度，使折射角达到
90°时，折射光会完全消失，所有光线都会被反射回来，这就是光的全反射现象。光
纤利用光的全反射现象，利用玻璃作为波导，以光的形式传输信息。

不同的物质有不同的折射率，可见光的波长范围是 380～780nm，而光纤通信中
使用的光是近红外光，典型波长为 780～2526nm。因为光纤损耗会影响传输距离和
中继站的间隔距离，所以光纤通信需要尽可能地减少光纤的损耗。光纤通信使用 3 个
低损耗窗口，分别是 850 nm 波段、1310nm 波段和 1550nm 波段。长距离、大容量
的光纤通信系统多工作在 1310nm 波段和 1550nm 波段，尤其是 1550nm 波段。1986
年光纤损耗已降低到 0.154dB/km，接近光纤损耗的最低理论极限。

典型的光纤产品如图 3-14 所示。光纤裸纤一般分为 3 层，中心是高折射率玻璃芯，
中间是低折射率的硅玻璃包层，最外层是加强用的树脂涂层。根据光的传输方式，光
纤可分为单模光纤和多模光纤。多模光纤的中心玻璃芯较粗，可以传输多种模式的光，
但其模间色散较大，限制了数字信号的传输频率，而且随着传输距离的增加，色散将
更加严重。多模光纤的传输距离一般只有几千米。单模光纤的中心玻璃芯较细，只能
传输一种模式的光，因此，其模间色散很小，适用于长距离通信。单模光纤对光源的
光谱宽度和稳定性有较高的要求，即光谱宽度越宽，稳定性越好。

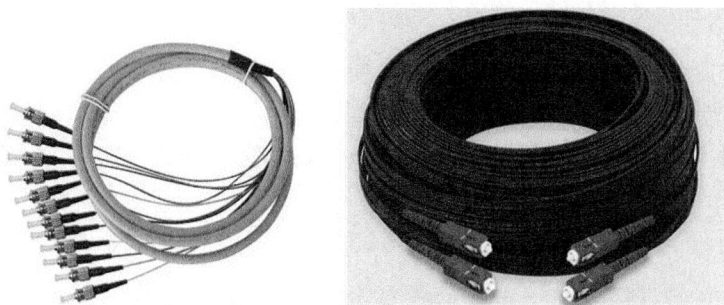

图 3-14　光纤

光纤在长距离传输、大容量的通信系统上具有无比的优越性。光纤通信无中继段
长达几十千米到一百多千米，而铜线只有几百米。光纤通信常用的 1310nm 波段和
1550nm 波段窗口的容量至少有 25000GHz。采用多波长的波分复用技术，光纤通信
系统的速率从单波长的 2.5Gbit/s 和 10Gbit/s 发展到多波长的 Tbit/s。此外，光纤质
量轻、体积小、耐化学腐蚀性、使用寿命长。光纤通信不带电，不受电磁场和电磁辐
射的影响，使用安全。因此，光纤已广泛应用于骨干网的远程传输、高速局域网及高
速互联网接入，如光纤到户。

2. 以太网

以太网起源于 1975 年由美国施乐公司和斯坦福大学建造的一个传输速率为

2.94Mbit/s的带冲突检测的载波监听多路访问（CSMA/CD）系统，该系统使用无源电缆作为总线来传送数据，连接100多台计算机。该系统以"以太"来命名，代表电磁波的传播。1982年，电气与电子工程师学会（IEEE）制定了基于此系统的IEEE 802.3标准，该标准在1990年成为国际标准。IEEE 802.3与以太网在MAC层上采用了相同的CSMA/CD协议和非常相似的帧格式。因此，业界通常将IEEE 802.3标准视为以太网。根据OSI参考模型的规范，狭义的以太网只包括物理层和数据链路层，而在一般概念中，以太网包括物理层、数据链路层（IEEE 802.3）、网络层（IP）、传输层（TCP/UDP）和应用层（包括SMTP、HTTP、DNS等协议），没有表示层和会话层。

物理层提供物理电气和机械等特性描述，可使用的介质包括同轴电缆、双绞线和光纤，数据包以10～100Mbit/s的传输速率在互联设备之间传输。其中，同轴电缆已较少使用，双绞线主要用于从主机到集线器或交换机的连接，而光纤则主要用于交换机间的级联及交换机到路由器间的点到点链路上，是现在的主流技术。

数据链路层提供了一种遵循IEEE 802.3标准的介质访问方法，并采用CSMA/CD机制来控制每个节点对介质的访问。以太网节点可以看到在网络中发送的所有信息，从这个角度来看，以太网是一种广播网络。以太网的主机按照以下步骤进行数据传输。

① 监听信道上是否有信号传输，若信道处于忙状态，则继续监听，直到信道空闲为止。

② 若没有监听到任何信号，则传输数据。

③ 在传输过程中继续监听，若发现冲突，则执行退避算法，等待一段时间后，重新执行步骤①。

④ 若未发现冲突，则数据传输成功，计算机将返回监听信道的状态。

以太网的网络层采用IP，定义了数据分组从发送端到接收端的方法。传输层采用TCP和UDP分别处理面向连接的服务和无连接的服务。应用层采用的协议是应用进程操作网络的接口，直接面向用户，为用户的各种服务提供有效数据。以太网与OSI参考模型的分层对照关系如图3-15所示。

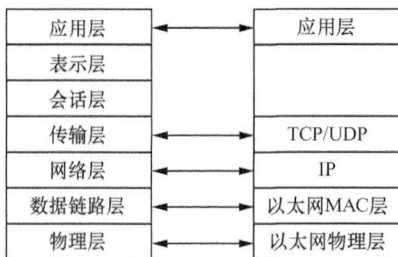

应用层	应用层
表示层	
会话层	
传输层	TCP/UDP
网络层	IP
数据链路层	以太网MAC层
物理层	以太网物理层

图3-15　以太网与OSI参考模型的分层对照关系

以太网卡可以工作在半双工和全双工两种传输模式下。

在半双工传输模式下，传统的共享局域网同一时间只能在单个方向上传输数据。以太网半双工传输模式采用 CSMA/CD 机制，当两个方向上的数据同时传输时，会产生冲突，降低以太网的传输效率。

全双工传输模式采用点对点连接，不会发生冲突。此外，以太网全双工传输模式在没有安装新介质的情况下使用双绞线中两个独立的线路来提高带宽。由于冲突检测电路在全双工模式下不可用，因此每个全双工连接仅使用一个端口进行点对点连接。标准以太网的传输效率可达到 50%～60%，全双工在两个方向上都提供 100% 的传输效率。

随着网络的普及和应用，人们对以太网通信速率和实时性等方面的需求快速增长。以太网的传输速率已经从 IEEE 802.3 诞生时的 10Mbit/s，发展到 100Mbit/s、1000Mbit/s 甚至 10Gbit/s。网络结构从原先的共享式以太网向交换式以太网发展，并且流量控制、信息优先级、虚拟局域网等新网络技术不断融入以太网。

共享式以太网：典型代表有以集线器为核心的星形拓扑网络和总线型拓扑网络。在使用集线器的以太网中，集线器将很多以太网设备集中到一台中心设备上，并且这些设备都连接到集线器中的同一物理总线结构中。

交换式以太网：交换机根据接收到的数据帧中的 MAC 地址来决定将数据帧发送到交换机的哪个端口。端口间的帧传输相互屏蔽，使得每个节点发送的帧在通过交换机时不会与其他节点发生冲突。

虚拟局域网：这是一种相对较新的技术，它工作在 OSI 参考模型的第 2 层和第 3 层。虚拟局域网不受物理位置的限制，它是一组逻辑上的设备和用户，可以根据功能、部门及应用等因素进行组织。它们之间的通信就像在同一网段内进行的，因此被称为虚拟局域网。一个虚拟局域网就是一个广播域，虚拟局域网之间的通信是通过 OSI 参考模型的第 3 层路由器完成的。与传统的局域网技术相比，虚拟局域网技术更加灵活，具有网络设备管理开销少、能够控制广播活动和网络的安全性高等优点。

以太网已经发展成为局域网中最常用的通信协议标准，随着技术的不断发展和应用的不断推广，以太网将继续发展。

3.1.3　无线网络

无线网络是利用无线电进行信息传输的通信网络，根据所使用的通信技术类型，无线网络可分为无线广域网（WWAN）、无线城域网（WMAN）、无线局域网（WLAN）和无线个域网（WPAN）。如表 3-5 所示，常用无线网络主要基于覆盖范围或通信距离进行分类。

表 3-5　常用无线网络

无线广域网	无线城域网	无线局域网	无线个域网		无线基站（信源）发送 / 接收
电磁信号覆盖半径由小及大					
蜂窝通信技术 2G/3G/4G 通用分组无线业务（GPRS）EDGE 长期演进技术（LTE）...	WiMax Wibro（韩国）IEEE 802.16	Wi-Fi WAPI IEEE 802.11	蓝牙 UWB Zigbee	射频识别 NFC IrDA	塔顶放大器 放大器
中、长距离无线通信，卫星通信和长波、短波实现超长距离无线通信		短距离无线通信，NFC 等为非接触超短距离无线通信			

从物联网的角度来看，无线通信技术可分为短距离和长距离的宽带通信技术。长距离宽带通信一般采用蜂窝无线通信技术。近年来，随着物联网的兴起，低功耗广域网（LPWAN）受到广泛关注。与蜂窝无线通信技术相比，LPWAN 通常采用窄带通信实现极低的功耗，并且可以实现远程数据传输。因此，LPWAN 能以极低的功耗提供最大的覆盖范围。低电量需求、低比特率与使用时机是 LPWAN 与传统长距离宽带通信技术之间的最大区别，因此 LPWAN 通常被称为长距离低功耗无线通信技术。本小节将首先介绍无线通信的传输介质，即无线电频谱资源。然后，分别介绍蜂窝无线通信技术、长距离低功耗无线通信技术和短距离无线通信技术。

1. 传输介质

无线网络利用无线电进行信息传输，无线电是一种在所有空间中自由传播的电磁波。无线电技术以导体中电流发生强弱变化时产生的无线电波作为载体，信息调制应用其中，承载信息的电磁波在空间中进行传输，并到达无线电终端设备。

无线通信的传输介质是空间，核心资源是频谱。为了避免干扰频率资源的有序分配，国际电信联盟（ITU）负责全球频率资源的分配。频率的分配和使用应考虑电磁波在各频段的传播特性、各种业务的特性和共用要求、技术的发展水平等。无线电频率根据频率（即波长的长短）分为多个波段，如表 3-6 所示，不同波段的传播特性和应用场景不同。对各频段的描述具体如下。

表 3-6　波段划分

名称	符号	频率	波段	波长	传播特性	主要用途
甚低频	VLF	3～30kHz	甚长波	10～100km	以空间波为主	导航，声呐
低频	LF	30～300kHz	长波	1km～10km	以地波为主	导航，授时
中频	MF	0.3～3MHz	中波	100m～1km	地波与天波	调幅广播
高频	HF	3～30MHz	短波	10～100m	天波与地波	调幅广播，通信
甚高频	VHF	30～300MHz	米波	1～10m	空间波	调频广播，广播电视，移动通信
超高频	UHF	0.3～3GHz	分米波	0.1～1m	空间波	广播电视，移动通信，卫星定位导航，无线局域网
特高频	SHF	3～30GHz	厘米波	1～10cm	空间波	卫星广播，卫星电视，通信，雷达，无线局域网
极高频	EHF	30～300GHz	毫米波	1～10mm	空间波	通信，雷达，射电天文
光频		1～50THz	光波	0.006～300μm	空间波	光纤通信

（1）10～200kHz 频段

该频段属于甚长波和长波的波段，可通过天波和地波传播，主要是地波传播。地波是一种沿地面传播的无线电波，也被称为表面波。该频段的传输距离长且通信信号稳定，适合水下通信和地下通信。但容量小，大气噪声干扰大，需要大型天线。

（2）200kHz～3MHz 频段

该频段以中波为主，主要传播方式为地波传播。该频段的传输距离中等且通信信号稳定，主要用于区域广播、无线电导航、海上移动通信和地对空通信。天波在白天基本上会被电离层吸收，只能在夜间通过 E 层反射传播，容易干扰地波传播业务。

（3）3～30MHz 频段

该频段为短波波段，优势是能以较小的功率和更小型的天线实现远距离通信。但通信信号不稳定，频率范围必须为全波段的频率，且衰落严重，需要使用分集接收来获得更稳定的通信信号。该频段主要用于定点通信、航海和航空移动通信、广播、热带广播及业余无线电等领域。

（4）30MHz～1GHz 频段

该频段是"中间"波段，传播方式包括视距内的空间波传播，对流层散射和电离层散射，可以在低容量系统中使用小型天线，适用于移动通信。该频段主要用于广播、陆地移动通信、航空移动通信、海上移动通信、定点通信、空间通信、雷达等领域。

（5）1～10GHz 频段

该频段属于分米波至厘米波的波段，用于定点通信、移动通信、导航、雷达、气象、射电天文学、空间通信、业余无线电和工业、科学和医疗频带（ISM）。传播特点为视距传播和低大气噪声，但在某些波段，如 3cm 的波长，大气吸收相对较强。该频段目前不太拥挤，分配问题较少。该频段适用于无线电导航和雷达，也是空间通信最重要的波段，分配了200MHz供卫星通信与低功率移动通信共用，以及分配ISM频率为2450±50MHz。

（6）10GHz以上的频段

该频段基本上是毫米波波段，目前只被分配到40GHz(8mm波长)。该频段的传播情况基本上是光的传播特性，但在高频段，高端的传播损耗大于低端的传播损耗，且受降雨影响较大。较高的天线增益可以补偿这部分损耗。该频段的低端比较适合于无线电中继（接力）通信、空间通信、雷达、导航、无线电天文学等应用。在40GHz～3THz(光波的下限)，目前仅有激光得到较好的利用，其他的利用还需要研究和发展。

2. 蜂窝无线通信技术

（1）1G

1G于20世纪70年代末～20世纪80年代初开始商用，采用模拟式蜂窝网技术，代表性系统包括北美的高级移动电话系统（AMPS）和欧洲的全接入通信系统（TACS）。该系统主要采用模拟调频和频分多址（FDMA），使用频段为800MHz/900MHz，语音信号为频率调制（FM），每隔30kHz/25kHz提供一个模拟用户信道。然而，1G存在频谱利用率低、业务种类有限、仅能提供单一模拟语音业务、无数据业务、通信保密性差、设备成本高及体积大等缺点。尽管如此，1G仍实现了移动电话零的突破，是人类通信史上的重要里程碑。

（2）2G

2G是数字式蜂窝移动通信系统，于20世纪90年代初正式商用。主要业务是数字语音传输和电路交换的数据业务。最具代表性的是欧洲的全球移动通信系统（GSM），基于时分多址（TDMA）技术，采用小区中的每个移动台占用相同的频段，但使用不同时隙的基本思想。GSM采用数字通信方式，通信质量较高；将FDMA与TDMA相结合，提高了频谱利用率；保密性能好，提供多种业务和漫游功能。基于GSM发展出了2.5G，如GPRS，采用无线分组交换技术，提供端到端的、广域的无线IP连接。与GSM的电路交换方式相比，GPRS实现了高速数据处理，手机具备收发电子邮件、互联网浏览等功能。

美国采用的2G技术是高通公司开发的IS-95，是第一个基于宽带码分多址（CDMA）的数字蜂窝标准，其对应的2.5G技术是IS-95B。在2G时代，手机从一种奢侈品演变成日常生活的必需品。

（3）3G

3G于21世纪初投入商业化运营，其主要特征是多媒体业务。ITU批准的3G主流技术标准有欧洲和日本提出的宽带码分多址（WCDMA）、美国提出的 CDMA2000 和中国提出的时分同步码分多址（TD-SCDMA）。WCDMA 重视从 GSM 网络向 WCDMA 网络的演进，以 GPRS 为中间衔接，核心网络基于 GSM-MAP，采用频分双工（FDD）的通信方式。CDMA2000 也采用 FDD 的通信方式，可从 IS-95B 的 CDMA 的基础上平滑过渡到 3G。中国提出的 TD-SCDMA，则同时利用 CDMA 和 TDMA 技术，是 FDMA、TDMA 和 CDMA 的灵活结合。3G 的传输速率和传输质量大幅提高，传输速率比 GSM 移动通信高出数十倍甚至数百倍，更重要的是将无线通信与互联网相融合，全面支持移动多媒体业务，提供网页浏览、收发邮件、视频会议、电子商务等多种信息服务。

（4）4G

4G 的主要特征是宽带高速数据传输，具有代表性的系统有 TDD-LTE 和 FDD-LTE 两种制式。LTE 是第三代合作伙伴计划（3GPP）制定的无线数据通信技术标准。LTE 引入了正交频分复用（OFDM）和多输入多输出（MIMO）等关键技术，下行峰值速率为 100Mbit/s，上行峰值速率为 50Mbit/s。LTE 支持多种频段分配，包括主流 2G/3G 频段和一些新增频段，频谱分配更加灵活，系统容量得到显著提高，覆盖范围进一步扩大。TDD-LTE 是 TDD 版本的 LTE 技术，是 TD-SCDMA 的长期演进方向。FDD-LTE 是 FDD 版本的 LTE 技术，是 CDMA2000 和 WCDMA 的长期演进方向。4G 融合了 3G 和无线局域网技术，能够满足无线快速通信业务的需求，快速传输数据，包括高质量的音频、视频和图像等多媒体数据。同时，通信质量得到了很大程度的改善。4G 技术在无线频率的利用上也比 2G 和 3G 更为有效。

表 3-7 给出了蜂窝无线通信技术的演进和对比。

表 3-7　蜂窝无线通信技术的演进和对比

通信技术	1G	2G	3G	4G
典型频段	800MHz/900MHz	890MHz/900MHz/1800MHz	1940～1955MHz 2130～2145MHz	1755～2635MHz（LTE 频段）
调制方式	FM	GMSK	QPSK	QAM/MPSK
多址技术	FDMA	TDMA/CDMA	CDMA	CDMA/TDMA
传输速率	2.4kbit/s	150kbit/s	2Mbit/s	100Mbit/s
提供服务	模拟语音业务	数字语音传输	数据、语音同传	快速传输数据、音视频

3. 新一代移动通信技术：5G

（1）5G 概述

目前，ITU 已完成 5G 愿景阶段的研究工作和 5G 技术方案的征集工作。3GPP 作为制定 5G 技术标准的核心组织，已于 2018 年 6 月正式宣布冻结 5G NR 的独立组网

（SA）功能。5G 标准与商用路线如图 3-16 所示。

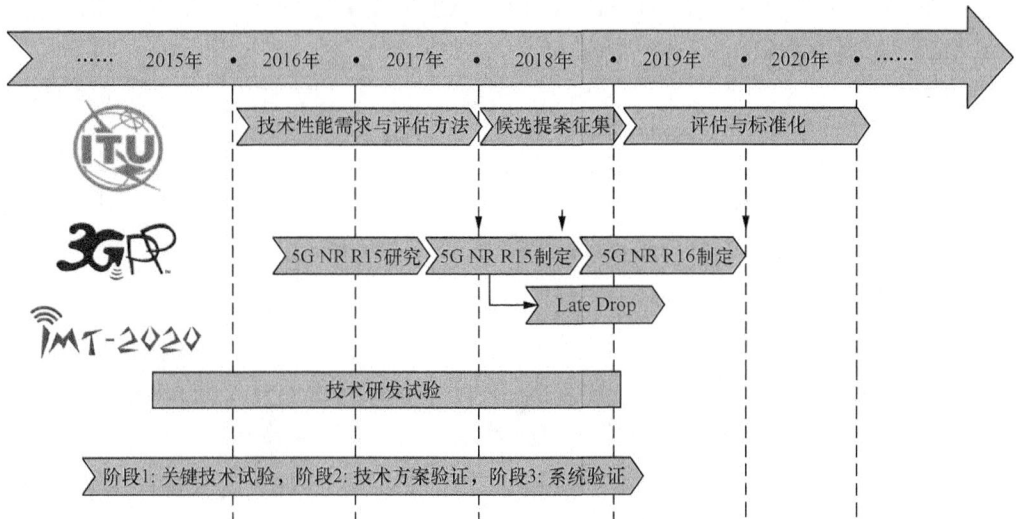

图 3-16　5G 标准与商用路线

2018 年 12 月初，中国三大电信运营商获得了在全国范围内使用 5G 中低频段测试频率的许可，即中国联通和中国电信获得了 3.5GHz 频段，中国移动获得了 2.6GHz 和 4.9GHz 频段。全球主流运营商的 5G 部署时间也提前到了 2019 年。

5G 技术除提供人与人之间的连接外，还提供物与物之间的连接、人与物之间的连接。5G 系统需要满足以下技术要求。①传输速率提高 10 ～ 100 倍，用户体验速率达到 0.1 ～ 1Gbit/s，用户峰值速率达到 10Gbit/s。②网络时延降低 5 ～ 10 倍，达到毫秒级。③设备连接密度提高 10 ～ 100 倍，每平方千米达到 6×10^6 个。④流量密度提高 100 ～ 1000 倍，达到 20Tbit/s·km^{-2}。⑤改善用户体验，移动性要求达到 500km/h。此外，5G 具备以下的特点和优势。

① 5G 更加注重用户体验，网络平均吞吐速率、传输时延，以及对虚拟现实（VR）、3D、交互式游戏等新兴移动业务的支撑能力等将成为衡量 5G 系统性能的关键指标。

② 5G 不仅把传统点到点的物理层传输与信道编码技术作为核心技术，而且把更为广泛的多点、多用户、多天线、多小区协作组网需求作为技术突破的重点，力求显著改善系统性能。

③ 室内移动通信业务已经占据了应用的主导地位，改善室内无线覆盖性能和增强业务的支撑能力成为 5G 系统的优先目标。

④ 5G 将更多地使用高频段频谱资源，但由于高频段无线电波穿透能力有限，无线与有线的融合、光载无线组网等技术将得到更为广泛的应用。

⑤ 可软配置的无线网络使得运营商可根据业务流量的动态变化来实时调整网络资源，有效降低网络运营成本和能耗。

如图 3-17 所示，ITU 定义了 5G 的 3 种常用应用场景，包括增强型移动宽带
（eMBB）、大连接物联网（mMTC）和低时延高可靠通信（URLLC）。

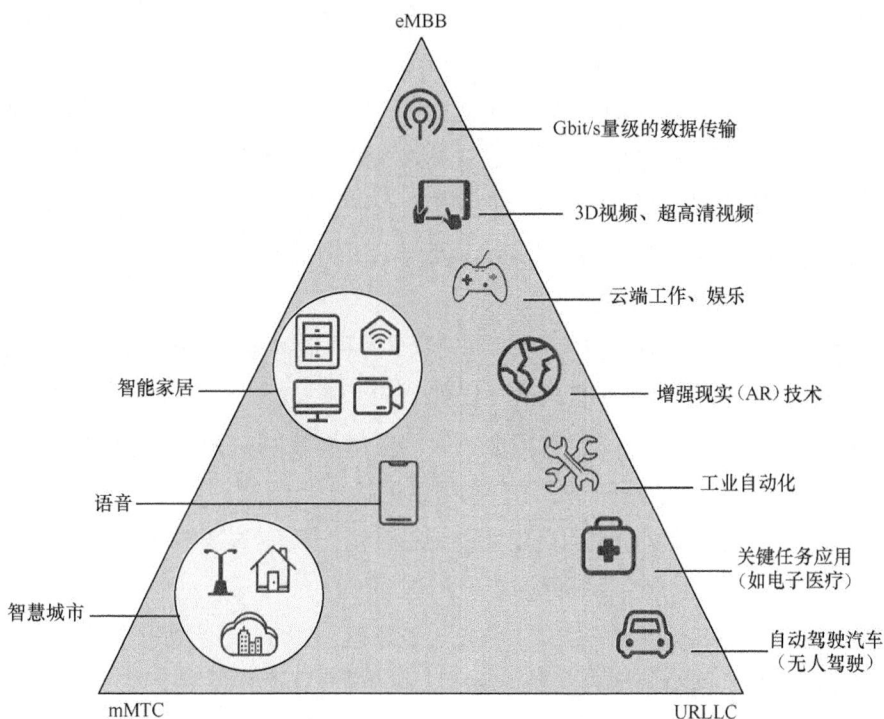

图 3-17　5G 的 3 种应用场景

① eMBB 典型应用包括 3D 视频、超高清视频和虚拟现实等高流量移动宽带业务。

② mMTC 典型应用包括智慧城市、智能家居等大规模的物联网服务，这类应用
要求高连接密度，并且呈现行业的多样性和差异性。

③ URLLC 典型应用包括无人驾驶、工业自动化和其他要求低时延、高可靠连接
的业务。例如，自动驾驶实时监测等服务需要毫秒级的时延，汽车生产和工业机械设
备加工制造需要 10ms 时延，对可靠性的要求接近 100%。

需要注意的是，mMTC 和 eMTC(增强型机器通信）都是面向物联网的 5G 应用
场景，但侧重点不同。mMTC 主要侧重于人与物之间的信息传递，eMTC 则侧重于物
与物之间的信息传递。

（2）5G 关键技术

为增强其业务支撑能力，5G 在无线传输技术和网络技术方面有新的突破。在无
线传输技术方面，引入先进的大规模 MIMO 技术、基于滤波器组的多载波技术、全双
工通信技术等能进一步挖掘频谱效率提升潜力的技术；在无线网络方面，采用更灵活、
更智能的网络架构和组网技术，如软件定义网络（SDN）技术、自组织网络技术、超
密集异构网络技术等。

① 大规模 MIMO 技术

MIMO 技术作为提高系统频谱效率和传输可靠性的有效手段，已被广泛应用于各种无线通信系统，如 3G 系统、LTE、LTE-A、无线局域网等。根据信息论，天线数量越多，频谱效率和可靠性越高。当发射天线和接收天线数量较大时，MIMO 信道容量随着发射天线和接收天线两者的最小数目线性增长。因此，使用大数量的天线，是大幅提高系统容量的有效途径。利用大规模 MIMO 技术可以实现如下内容。在不需要提升基站密度和增大带宽的情况下，深度挖掘空间资源，大幅度提高频谱效率；将波束集中在很小的范围内，大大减少干扰；显著降低传输功耗，提高传输效率。

② 基于滤波器组的多载波技术

正交频分复用（OFDM）技术被广泛应用于各种无线通信系统中，如 LTE 的下行链路，但 OFDM 技术也存在许多缺点。比如，为了对抗多径衰落，插入循环前缀，却导致了无线资源的浪费；另外，它对载波频偏的灵敏度较高，峰值平均功率比（PAPR）较高；而且每个子载波必须具有相同的带宽，保持子载波之间的同步和正交，这降低了频谱使用的灵活性。此外，由于 OFDM 技术采用方波作为基带波形，且载波旁瓣较大，于是采用 OFDM 技术难以使用这些可用频谱。

在基于滤波器组的多载波技术中，发送端通过合成滤波器组来实现多载波调制，接收端通过分析滤波器组来实现多载波解调。与 OFDM 不同的是，基于滤波器组的多载波技术不再要求正交，也不需要插入循环前缀；能灵活控制各子载波带宽、各子载波之间的交叠程度，从而灵活控制相邻子载波之间的干扰，并且便于利用一些分散的频谱资源。每个子载波之间不需要同步，信道估计检测可以在每个子载波上单独进行，因此特别适用于难以实现各用户之间严格同步的 LTE 的上行链路。

③ 全双工通信技术

全双工通信技术是指同时、同频的双向通信技术。在无线通信系统中，网络侧和终端侧发送信号和接收信号之间存在固有的自干扰。在现有的无线通信系统中，无法实现同时、同频的双向通信。按时间或频率对双向链路进行区分，对应于 TDD 模式和 FDD 模式。理论上，由于同时、同频的双向通信不可能实现，所以一半的无线资源（频率和时间）被浪费。全双工通信技术可以使频谱利用率提高 1 倍，实现更灵活的频谱使用。同时，随着设备技术和信号处理技术的发展，同频全双工通信技术逐渐成为研究热点，是 5G 系统充分开发无线频谱资源的重要研究方向。

④ 超密集异构网络技术

5G 系统不仅包括新的无线传输技术，还包括现有的各种无线接入技术的后续演进，因此 5G 网络必然是多种无线接入技术的融合，如 5G、4G、LTE 和 Wi-Fi 等共存，既有负责基础覆盖的宏站，也有负责热点覆盖的低功率站。在海量低功耗节点中，一些是运营商部署的、经过规划的宏节点，但更多的可能是用户部署的、没有经过规划的低功耗节点,从而使网络的拓扑结构和特性变得极其复杂。在未来的无线网络中,对于宏站覆盖的区域,各种无线传输技术的各类低功耗节点的部署密度将超过现有的站点部署密度的 10 倍,站点之间的距离缩短到 10m 甚至更近,每平方千米支持高达25000 个用户。甚至激活的用户数量和站点数量的比例将达到 1:1,即将为每个激活的用户分配一个服务节点,从而形成超密集异构网络。

⑤ 自组织网络(SON)技术

在传统的移动通信网络中,网络部署、运维基本依靠人工,因此需要大量的人力,这增加了运营商的运营成本。并且,随着移动通信网络的发展,人工优化网络存在一定困难。SON 的思路是在网络中引入自组织能力(网络智能化),包括自配置、自优化、自愈合等功能,从而自动实现网络规划、部署、维护、优化和排障等各个环节,尽量减少人工干预。

5G 将是一个异构融合、协同的多制式共存的网络。从技术角度看,将存在多层、多无线接入技术的共存,这会导致网络结构更加复杂。另外,各种无线接入技术内部和各种覆盖范围内的网络节点之间的关系错综复杂,网络的部署、运营、维护工作将极具挑战性,故 SON 将成为 5G 的重要技术。为了降低网络部署、运维的复杂度和成本,并提高网络运维质量,5G 网络应该支持更智能、更统一的 SON 功能,可实现多种无线接入技术、覆盖层次的联合自配置、自优化、自愈合。

⑥ 软件定义无线网络(SDWN)技术

软件定义网络(SDN)技术是来自互联网的新技术。在传统互联网的网络架构中,控制和转发是集成在一起的,网络互联节点(如路由器和交换机)是封闭的,转发控制必须在本地完成,因此增加了复杂度。SDN 的基本思路是从设备中分离路由器中的路由决策等控制功能,由中心控制器通过软件来统一控制,分离控制和转发,从而使控制更加灵活、设备更加简单。在 SDN 中,路由不再是分布式实现,而是集中由控制器定义的。

在现有的无线网络架构中,基站、服务网关、分组网关除完成数据平面的功能外,还需要参与一些控制平面的功能,如无线资源管理、移动性管理等功能需要在各基站的参与下完成,形成分布式控制功能。由于网络没有中央控制器,使得与无线接入相关的优化难以完成,并且各厂商的网络设备(如基站)等往往配有制造商自定义的配置接口,需要通过复杂的控制协议来完成其配置功能,并且通常其有很多配置参数,配置、优化、网络管理非常复杂,使得运营商只能间接控制自己部署的网络,业务创新严重受限。将 SDN 引入无线网络,形成 SDWN,是无线网络的一个重要发展方向。

在 SDWN 中,控制平面与网络设备的硬件相分离,形成集中控制。网络设备只需要根据中央控制器的命令完成数据转发,使运营商能够更好地控制网络、简化网络管理、更好地开展业务创新。在现有的无线网络中,不允许不同的运营商共享相同的基础设施来为用户提供服务。在 SDWN 中,对基站资源分片,以实现基站的虚拟化,进而实现网络的虚拟化。不同的运营商可以通过中央控制器控制同一个网络设备,支持不同运营商共享相同的基础设施，以降低运营商的运维成本，而且也可以提高网络的经济效益。随着中央控制器的采用，由无线网络中的不同接入技术构成的异构网络的无线资源管理、网络协同优化等功能也让用户使用起来更加方便。

⑦ 内容分发网络（CDN）

CDN 是为提高互联网接入质量而提出的一个概念。在传统的内容发布方式中，内容发布由内容供应商的服务器完成。随着互联网访问量的急剧增加，服务器可能处于重负载状态，互联网中的拥塞问题更加突出，严重影响网站的响应速度，使网站难以为用户提供高质量服务。CDN 通过在网络中采用缓存服务器，并将缓存服务器分布到用户接入相对集中的区域或网络中，根据网络流量和各节点的连接数量、负载状况，以及与用户的距离和响应时间等综合信息，将用户的请求重新导向离用户最近的服务节点上，使用户可以就近获取所需内容，以解决互联网的网络拥塞问题，并提高用户访问网站的响应速度。

在无线网络中，由于智能终端应用的日益普及，以及对移动数据业务的需求量越来越大，移动互联网业务不断丰富。为了加快网络接入速度，在无线网络中采用 CDN 技术成为必然的选择，它也将成为 5G 系统中的重要技术。

（3）5G 在工业互联网中的应用

在传统模式下，制造商依靠有线技术来连接生产设施，目前固定线路在工业互联网中仍占主导地位，相对于有线技术来说，无线技术更适合千变万化的环境，降低线路升级成本，近年来，Wi-Fi、蓝牙等无线解决方案也在制造业中得到了应用。

因为生产制造企业环境的多样化和无线终端类型的多样化，所以无线解决方案需要考虑业务覆盖问题和带宽问题；同时企业日常运行需要使用大量的应用系统，无线解决方案需要考虑可靠性和安全性等方面的问题，保持移动业务的连续性。在智能制造过程中，海量设备与设备之间、设备与人之间、设备与云端智能平台之间都可以高效地进行信息交互，因此需要极为苛刻的性能要求和海量接入处理能力。5G 在工业互联网中的应用主要体现在以下方面。

① 5G 全面推动网络无线化，既降低了机器之间的线路成本，又能够在各种应用场景中平滑切换，使得工厂模块化生产和柔性制造成为可能。

② 5G 网络覆盖广，使得各种跨地域协同维护、远程定位成为可能，可以使工厂和生产线的建设、改造施工更加便捷，提升效率，降低成本。

③ 5G 的引入可实现低时延、高可靠性、高速率、高密度部署等特性，而且 5G 网络切片技术可以按需灵活调整网络服务质量，在不同的应用场景下，可分别满足低时延、高可靠性保障和高带宽、高速率等网络需求。

4. 长距离、低功耗无线通信技术

长距离、低功耗无线通信技术主要包括窄带物联网（NB-IoT），远距离无线电

（LoRa），eMTC 和 SigFox 等，表 3-8 给出了上述长距离、低功耗无线通信技术的对比。

表 3-8　长距离、低功耗无线通信技术的对比

	NB-IoT	LoRa	eMTC	SigFox
通信模式	蜂窝	点对点	蜂窝	蜂窝
通信距离	0～20km	1～20km	0～20km	0～50km
传输速度	<100kbit/s	0.3～50kbit/s	1Mbit/s	100bit/s
频段	<1GHz（运营商频段）	150MHz～1GHz	LTE 频段	900MHz
成本	低	低	低	低

（1）NB-IoT

NB-IoT 是 3GPP 为物联网应用而定义的一种新的窄带蜂窝通信技术。NB-IoT 由终端、基站、核心网、机器对机器（M2M）平台及运营支撑系统等组成，实现物联网技术的长距离、低速率、低能耗及服务多样化。

NB-IoT 具有以下优点。①多连接，在单个扇区内可支持多达 10 万个终端连接。②覆盖范围广，单个基站能覆盖几千米的范围。③穿透能力强，在同样的频段下，NB-IoT 技术与传统物联网技术相比，增益高 20dB。④低功耗，理论与实验表明，采用 NB-IoT 技术的终端设备可实现长达 10 年的待机时间。⑤设备成本低，单个模块的价格已降至 20 元以下。

NB-IoT 扩大了物联网的覆盖范围和全面提高了物联网的稳定性，满足了物联网多样化的使用需求，促进了数据信息的高效互动，为城市管理中的无线抄表、智能停车、智慧家居、物流跟踪等物联网的创新应用带来了良好的技术支撑。共享单车的智能锁系统是 NB-IoT 技术的典型商用案例。

（2）LoRa

LoRa 是一种基于扩频技术的低功耗、远距离无线通信技术，主要面向物联网、应用于电池供电的无线局域网和广域网设备中。LoRa 基于 Sub-GHz 频段，以较低的功耗实现远距离通信，可通过电池或其他能量收集方式供电。其具有较低的数据速率，可延长电池寿命并增加网络容量，LoRa 信号对建筑有很强的穿透力。LoRa 适合低成本、大规模的物联网部署。LoRa 工作在 ISM 频段，包括 433MHz、868MHz、915 MHz 等，遵循 IEEE 802.15.4g。LoRa 采用线性调频扩频调制技术，具有前向纠错（FEC）能力，提供几百到几万比特每秒的数据率，城镇传输距离可达 2～5 km，郊区传输距离可达 15 km。一个 LoRa 网关可以连接数万个 LoRa 节点，电池寿命长达 10 年，并具备 AES128 加密。LoRa 的最大特点是在同样的功耗条件下，与其他无线方式相比，传播距离更远，实现了低功耗和远距离传播的统一。

（3）eMTC

eMTC 是 3GPP 推出的一种用于提供低功耗、广覆盖无线网络接入的物联网蜂窝

技术。eMTC 对 LTE 协议进行裁剪和优化，以降低成本并更适合物与物之间的通信。eMTC 支持 1.4MHz 的射频和基带带宽，用户设备可以直接接入现有的 LTE 网络，并支持上下行最大 1Mbit/s 的峰值速率，以支持丰富的物联应用。eMTC 提供与 NB-IoT 不同的差异化服务，具有更高的速率和更好的移动性，支持连接态的移动性和定位功能，可以应用于物流跟踪、货物跟踪等场景。eMTC 还支持 VoLTE 通话，可以应用于可穿戴设备中。eMTC 可以直接从 TDD-LTE 网络升级，也可随 LTE-FDD 网络同时部署，具有较大的优势。eMTC 降低了终端成本、扩大了网络覆盖范围、降低了终端功耗、提升了待机时长，对运营商开展物联网特别是需要深度覆盖的如无线抄表业务具有重要意义。

（4）SigFox

SigFox 是由法国公司 SIGFOX 开发的一种低功耗、远距离无线通信技术。与其他低功率广域网技术相比，SigFox 的传输速率最低，仅为 100 bit/s，每个终端每天只能传输 140 条消息，每条消息最大容量为 12B。SigFox 的最大优势是极低的功耗，适用于水表、电表、路灯控制等应用。以 SigFox 的智慧水表应用为例，水表装置仅上传数据，不接收消息。当没有数据可传送时，水表装置将关闭，因此一节 3 号电池可使用 10 年。与 LoRa 的分散运营不同，SigFox 的目标是建立一个全球共用的物联网。SigFox 可以通过全球授权的网络运营商提供服务，原则上单一地区由单一业者负责。网络、资料存储空间等基础设施的建设由第三方负责，企业重点发展物联网服务。

5. 短距离无线通信技术

常见的短距离通信技术包括 Wi-Fi、Zigbee、蓝牙和 UWB 等，表 3-9 给出了上述短距离无线通信技术的对比。

表 3-9　短距离无线通信技术的对比

	Wi-Fi	Zigbee	蓝牙	UWB
通信模式		网状	单点对多点	
通信距离	0 ～ 100m	10 ～ 75m	0 ～ 10m	0 ～ 10m
传输速度	54Mbit/s	10 ～ 250kbit/s	1Mbit/s	53.3 ～ 480Mbit/s
安全性	低	中	高	高
频段	2.4GHz	2.4GHz 868MHZ（欧洲各国） 915MHz（美国）	2.4GHz	3.1 ～ 10.6GHz
国际标准	IEEE 802.11b IEEE 802.11g	IEEE 802.15.4	IEEE 802.15.1x	无
成本	高	极低	低	高

（1）Wi-Fi

准确来说，Wi-Fi 实质上是一种商业认证，具体是 Wi-Fi 联盟为产品提供的品牌认证，而一般意义的 Wi-Fi 是指遵循 IEEE 802.11 标准（包括 IEEE 802.11a/b/g/n/ac/ax）的无线局域网技术。Wi-Fi 的主要技术优势在于无线接入和高速传输。IEEE 802.11b 标准的最大传输速率为 11Mbit/s，IEEE 802.11a 与 IEEE 802.11g 标准的最大传输速率为 54Mbit/s，IEEE 802.11n 标准可将无线局域网的传输速率提高到 300Mbit/s，甚至高达 600Mbit/s，而 IEEE 802.11ac 标准的传输速率可达 1300Mbit/s。常见的 IEEE 802.11b/g/n 标准使用的频段为 2.4 ~ 2.4835GHz，IEEE 802.11ac 标准使用的频段为 5GHz。上述频段均属于 ISM 频段，无须许可证或费用，在频率资源上不存在限制，因此 Wi-Fi 的使用成本较低。Wi-Fi 无线网络由接入点（AP）和无线网卡组成，组网方式相对简单。一般来说，可以搜索到 Wi-Fi 无线网络的地方被称为热点区域。任何携带无线网卡的终端（如笔记本电脑、平板电脑、智能手机和智能设备）进入 Wi-Fi 覆盖区域，都可以通过 AP 无线高速接入互联网。根据 IEEE 802.11 标准，Wi-Fi 的发射功率不超过 100mW，实际发射功率约为 60 ~ 70mW。相比之下，手机的发射功率为 200mW ~ 1W，而手持式对讲机的发射功率则高达 5W。总体而言，Wi-Fi 是安全健康的。

（2）ZigBee

ZigBee 是一种低复杂度、低成本和低功耗的低速率无线连接技术，采用 IEEE 802.15.4 标准，适用于廉价的固定、便携或移动设备。它的主要特点是低速率、低时延和低功耗，且具有实现简单、成本低和网络容量高等优点。与 Wi-Fi 和蓝牙相比，ZigBee 的响应速度更快，从休眠状态转入工作状态只需要 15ms，节点连接进入网络只需要 30ms。低功耗意味着较高的可靠性和可维护性，更适合大量小体积设备的日常应用。ZigBee 设备在标准电池供电的条件下可以运行数月甚至数年，无须更换电池或充电，具备低成本、易安装等优势。ZigBee 通过使用 IEEE 802.15.4 标准的物理层和 MAC 层，几乎支持任意数目的设备，这对于大规模传感器阵列和控制尤其重要。ZigBee 技术被广泛应用于智能建筑、工业自动化、医疗设备、智能家居及各种监控系统等领域，弥补了无线通信市场低成本、低功耗和低速率技术的空缺。

（3）蓝牙

蓝牙是一种短距离无线通信技术标准，能够在较小的范围内通过无线连接实现安全、低成本和低功耗的网络互联，以及不同数字设备之间的短距离语音和数据通信。蓝牙 1.0 诞生于 1999 年，使用 2.4GHz 频段，相对于当时流行的红外线技术，蓝牙具有更高的传输速率和更便捷的连接方式。蓝牙 1.1 于 2001 年推出，其传输速率约为 748 ~ 810kbit/s，但易受到同频率产品的干扰。蓝牙 2.0 于 2004 年推出，传输速率达到 1.8 ~ 2.1Mbit/s，支持双工模式和简易、安全的配对。蓝牙 3.0 采用了交替射频技术，传输速率是蓝牙 2.0 的 8 倍，功耗更低。蓝牙 4.0 进一步降低功耗，有效覆盖范围从 10m 扩展到 100m，并强化了隐私保护机制。2016 年 6 月，蓝牙技术联盟（SIG）推出了蓝牙 5.0 技术，传输速率上限提高至 24Mbit/s，通信距离增加到 300m，优化了物联网底层功能，为物联网无线通信提供了低功耗、高效率的解决方案，推动了物联网的发展。

（4）UWB

UWB 技术是一种信号带宽大于 500MHz 或信号带宽与中心频率之比大于 25% 的无线通信技术，起源于 20 世纪 50 年代后期，主要用于军事通信设备，如雷达。随着无线通信的发展，人们对高速无线通信提出了更高的要求，UWB 技术被重新提出并备受关注。UWB 使用纳秒级的非正弦波窄脉冲来传输数据，每个脉冲的持续时间只有几十皮秒到几纳秒，占据很宽的频谱范围，甚至高达几吉赫兹。在民用商品中，UWB 信号的传输范围通常要求在 10m 以内，数据传输速率可达 500Mbit/s。UWB 设备的发射功率非常小，仅为现有设备的几百分之一，与现有的无线电设备共享带宽。UWB 技术具有系统复杂度低、发射信号功率频谱密度低、对信道衰落不敏感、被截获概率低和定位精度高等特点，特别适用于室内及其他密集多径场所的高速无线接入。

无线网络是工业互联网的有线网络的重要补充，能够实现更为广泛的、复杂的应用场景中的通信覆盖。在工业互联网中，无线通信技术可分为工厂内无线通信技术和工厂外无线通信技术。工厂内无线通信技术的应用主要满足工厂内短距离、低功耗无线网络的通信需求，包括信息采集、非实时控制和工厂内部信息化等。常用技术包括 Wi-Fi、ZigBee、2G/3G/LTE 和面向工业过程自动化的无线网络技术。针对工厂外的广域通信应用场景，NB-IoT 是低功耗、广覆盖、大连接等工业信息采集和控制场景下的优选技术。随着 5G 标准化工作的推进，3GPP 等组织机构也开展了利用 5G 技术实现工业控制的相关研究。

无线接入网络技术是工业互联网创新的重要组成部分，目前主要应用于设备及产品信息的采集、非实时控制和实现工厂内部信息化等。无线接入网络正逐步向工业实时控制领域渗透，成为现有工业有线控制网络的有力补充或替代。与有线网络相比，无线接入网络具有明显的优势。一是可大幅降低工厂内网络部署和维护成本，不需要像有线网络那样铺设缆线及设置保护装置；二是可提高生产灵活性，实现现场设备的移动性，工厂生产可根据产品生产需求对生产线进行灵活的重构，实现柔性生产。

3.1.4　工厂内网络

网络是工业互联网的核心之一，而工厂网络则可分为工厂内网络和工厂外网络。在工厂内网络中，现场级网络是无线网络的主要应用场景，工厂内网络主要承载管理控制类业务、数据采集类业务和信息交互类业务。不同类型的业务对网络的性能要求各不相同。例如，承载管理控制类业务需要网络具备低时延（端到端时延毫秒级，时延抖动微秒级）、高可靠（数据传输成功率为 99.999%）、高同步精度（百纳秒级）的特性；数据采集类业务则需要网络具备高密度接入（百万连接／平方千米）、低功耗、抗干扰能力强和保障现场安全性等方面的能力；而信息交互类业务则需要具备较高的传输速率。工厂外网络则连接企业上下游、企业与智能产品、企业与用户等。

在工业互联网工厂内，工厂的数字化、网络化演进既要求现有业务流程的数字化由相应的网络来承载，又需要应对大量新的联网设备（如自动导引车、机器人、移动手持设备等）的引入和新的业务流程的引入所带来的新需求。这使得工厂内传统的生产网络和办公网络需要相应地发生变化。

由于工厂内网络所连接的工厂要素的多样化，呈现的边缘接入网络类型多样化，根据业务需求，可以是工业控制网络、办公网络、监控网络、定位网络等；根据实时性需求，可以是实时网络、非实时网络；根据传输介质，可以是有线网络、无线网络；根据采用的通信技术，可以是现场总线、工业以太网、通用以太网、无线局域网、蜂窝网络等。网络的范围也可能是一个车间、一栋办公楼、一个仓库等。将工厂内网络分为信息技术（IT）网络和用于工业生产与控制的操作技术（OT）网络，连接的主体包括人、产品、机器、工业控制系统等。典型的工厂内网络如图 3-18 所示。

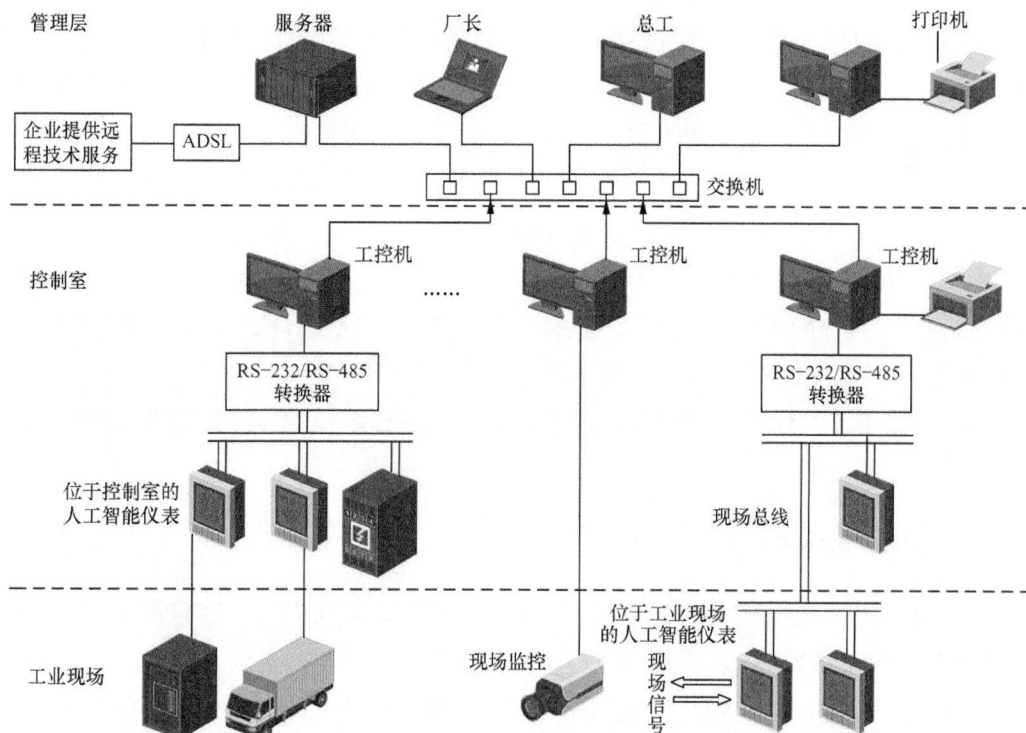

图 3-18　工厂内网络

1. IT网络与OT网络

IT 网络一般应用于企业管理和生产监控等领域，主要采用以太网 /IP 技术，并且能够很好地与互联网技术相融合。IT 网络与本章介绍的计算机网络类似。相比之下，OT 网络则是专门用于生产现场和车间的网络，采用现场总线技术或工业以太网技术。由于其具有一定的特殊性和封闭性，OT 网络与企业的 IT 系统不易融合。本节重点介绍 OT 网络。

（1）OT 网络

OT 网络通常为局域网，覆盖范围一般为几千米。将生产设备周围的电子测控装置连接成功能不一的自动化系统。OT 网络可应用于工厂生产车间、流水线、温室、大坝、隧道、交通管理系统、军事工业、消防、环境检测、建筑家居等。作为一种应用于特定场景的网络，OT 网络需要满足以下几点要求。

首先，它需要具备高实时性和快速响应能力。其次，由于 OT 网络直接面向生产过程，负责测控信息的传输，因此需要具备高可靠性和适应恶劣工业现场环境的能力。此外，OT 网络还需要简洁、开放、兼容不同生产厂商推出的产品，并在 OSI 参考模型的第 7 层之上增加用户层以解决工业控制的应用问题，以降低设备成本并保障系统的鲁棒性。

（2）IT 网络与 OT 网络的融合

IT 网络与 OT 网络的融合过程是从"只自动化"到实时优化的转变，在将 IT 决策过程和 OT 决策过程整合后，可以降低企业内技术部署的成本，更有效地实现企业的运营目标。工厂内网络架构的融合趋势体现在以下几个方面。

首先，扁平的网络结构将逐渐取代传统的"两层三级"网络架构，车间级与现场级将逐步融合，MES 等信息系统逐步向车间和现场延伸，进一步推动了 IT 网络与 OT 网络之间的融合。其次，控制信息和过程数据共同进行网络传输。最后，有线网络和无线网络将协同工作，工业以太网技术将逐渐替代现场总线技术，无线网络成为有线网络的有效补充和替代，工厂内 / 外网络将逐步实现融合。

OT 网络主要实现工业现场控制，主要分为现场总线技术和工业以太网技术两大技术体系。

2. 现场总线技术

20 世纪 70 年代出现了"集中控制"的中央控制计算机系统。随着微处理器的广泛应用和计算机可靠性的显著提高，分散控制系统（DCS）开始得到应用。DCS 利用多台计算机、智能部件及智能仪表等来逐渐实现分散控制。随着集成电路技术和通信技术的发展，数字通信网络延伸到工业过程现场，智能设备被广泛应用于工业制造。

这些新技术的发展对设备之间的通信、计算和控制提出了更高的要求,因此,现场总线技术应运而生。

现场总线是指用于实时 DCS 的公用工业通信协议的总称。它是自动化控制领域中的底层数据通信网络,主要解决了工业现场设备之间的数字通信问题和现场控制边缘设备与高级控制中心系统之间的信息传输问题。现场总线技术的发展是工业控制技术领域的一个重要突破,其技术特点包括开放性、互操作性和互用性、智能化与功能自洽性、系统结构的高度分散性、对现场环境的适应性、可控状态。

① 开放性:现场总线技术旨在建立一个开放性的工厂底层数据通信网络系统,使用户能够从自己的需求和考虑出发,将不同生产厂商的产品组合成任意系统,并通过协议实现设备间的信息交换。

② 互操作性和互用性:现场总线技术实现了设备间和系统间的双向信息传输,同时也支持不同生产厂商之间性能相近的设备的互相替换。

③ 智能化与功能自洽性:现场总线技术将传感测量、补偿计算、工程量处理和控制等功能分布到现场设备上实现,只需依靠现场设备就能实现自动控制的基本功能,并能随时诊断设备的运行状态。

④ 系统结构的高度分散性:现场总线组成了全分散控制体系结构,从根本上改变了集中与分散相融的集散控制的体系结构,简化了系统结构,提高了可靠性。

⑤ 对现场环境的适应性:现场总线技术专门为适应工业现场环境而设计,支持多种通信介质,如光缆、同轴电缆、红外线、射频、双绞线和电力线等,具有较强的鲁棒性,并可利用两线制实现供电和通信,满足基本的安全和防爆要求。

⑥ 可控状态:操作员在控制室不仅可以了解现场设备和现场仪表的工作状态,也可以调整设备的参数,还可以预测或定位故障,提高系统的可控性、可靠性和可维护性,在设计、安装和维护等方面具有很大的优势,用户拥有高度的系统集成自主权。

现场总线控制系统(FCS)是一种全数字化、全分散、互操作和开放式互联的新一代控制系统。它是计算机技术、通信技术和控制技术结合发展的结晶。FCS 将挂载在总线上的智能设备作为网络节点联结在一起形成网络系统,进而构成自动化控制系统,是智能设备的联系纽带,实现基本控制、补偿计算、参数修改、报警、显示、监控、优化和管控一体化的综合自动化功能。与传统的 DCS 相比,FCS 具有更高的可靠性、更好的可维护性、成本更低、实时性更高,以及实现了管控一体化的结构体系等优点,FCS 和 DCS 的对比如表 3-10 所示。

现场总线技术是工业自动化控制领域的热门技术之一,许多公司都推出了自己的现场总线技术,全球现在大约有 40 多种不同的现场总线技术,但仍未制定统一标准。为了实现相互兼容,2008 年国际电工委员会(IEC)提出了新的现场总线标准 IEC 61158,

将现场总线的相关标准分为 15 个通信行规族（CPF）。

表 3-10　FCS 和 DCS 的对比

	FCS	DCS
结构	一对多：一对传输线连接多台仪表，双向传输多个信号	一对一：一对传输线连接一台仪表，单向传输一个信号
可靠性	可靠性好：数字信号传输抗干扰能力强，精度高	可靠性差：模拟信号传输抗干扰能力弱，精度低
失控状态	操作员在控制室既可以了解现场设备和现场仪表的工作状态，也可以调整设备的参数，还可以预测或定位故障，使设备始终处于操作员的远程监控与可控状态之中	操作员在控制室既了解不了现场设备和现场仪表的工作状态，也不能调整设备的参数，更不能预测或定位故障，使设备处于"失控"状态
仪表	智能仪表除具有模拟仪表的检测、交换、补偿等功能外，还具有数字通信能力，并且具有控制和运算的能力	模拟仪表具有检测、交换、补偿等功能
控制	控制功能分散在各个智能仪表中	所有的控制功能集中在控制站中

下面介绍几种常用的现场总线技术。

（1）FF

基金会现场总线（FF）是由美国现场总线基金会组织开发的一种串行、双工的数字通信协议，它专门为满足过程自动化系统在环境、功能与技术等方面的需要而设计。FF 的主要技术包括以下几种。FF 通信协议；用于完成 OSI 参考模型中的第 2～7 层通信协议的协议栈；用于描述设备参数、特性、属性和操作接口的数据描述语言（DDL）及字典；用于实现测量、控制、工程量转换等的功能块；用于实现系统组态、系统调度及管理等的系统软件技术；用于构筑自动化集成系统和网络系统的系统集成技术。

FF 的拓扑结构十分灵活，包括点到点型、带分支的总线型、菊花链型和树形等，可以组合形成一个混合结构，具有很强的可管理性，以满足各种物理连接的需要。FF 主要包括物理层、数据链路层、现场总线访问子层（AFS）和现场总线消息规范（FMS）。

在物理层，FF 有两种通信速率，分别为低速 H1 和高速 H2。H1 的传输速率为 31.25kbit/s，通信距离可达 1900m，并且可通过中继器延长，支持总线电源防爆环境，适用于温度测量、流量测量及物位测量等现场环境应用。H2 的传输速率还可分为 1Mbit/s 和 2.5Mbit/s 两种，其通信距离分别为 750m 和 500m。

数据链路层主要用于控制现场总线中的报文传输，它定义了两种传输方式——调度传输方式和非调度传输方式。对于调度传输方式，数据链路层通过链路活动调度器

（LAS）来管理每个设备对总线的访问；对于非调度传输方式，设备在调度报文传输之间传送非调度报文。

AFS 的主要功能是控制数据链路，确保数据被传输到指定的设备外。该层根据设备之间的通信关系，将通信服务分为 3 种类型，即客户 / 服务器型、报告分发型和发布 / 接收型，并根据不同的通信服务类型控制不同设备之间的数据传输和接收。

FMS 作为 FF 的最高层，定义了用户应用所需的通信服务、报文格式和行为状态等。它通过对象字典（OD）、虚拟现场设备（VFD）和虚拟通信关系（VCR）等机制，为用户应用提供了一套标准化的访问方法。

FF 围绕着工业过程的特点设计和开发，具有开放性、互操作性、系统结构的分散性、独特的功能块技术、通信执行的同步性和对现场环境的适应性等优点，能更好地满足过程自动化的要求，并广泛获得世界上主要的自动控制设备提供商的支持。

（2）Profibus

Profibus 是一种国际化、开放式、不依赖于设备生产商的现场总线标准，由德国西门子等 14 家公司及 5 家研究机构共同推广。它包括了三大系列，即 Profibus-FMS、Profibus-DP（分散周边）和 Profibus-PA（过程自动化）。该协议采用 OSI 参考模型的物理层、数据链路层和应用层，在物理层方面，DP 和 FMS 采用 RS-485，PA 采用 IEC-1158-2。在远距离传输和电磁干扰下，物理层采用光纤传输。3 种 Profibus 协议均使用相同的总线存取协议，主站之间采用令牌传输模式，主站与从站之间采用主从模式。主站获得总线存取令牌后，就可以与从站进行通信。下面介绍 3 种 Profibus 协议。

Profibus-FMS 是一种复杂的通信协议，适用于要求严苛的车间级通用通信。它主要用于 Profibus 主站之间的非确定性通信，是实时多主网络，采用令牌结构，并通过 RS-485 和光纤传输数据。

Profibus-DP 是一种高速、低成本的通信方式，与 Profibus-FMS 相比，其架构更为简单，通信速度更快。它主要用于 Profibus 主站和其远程从站之间的确定性通信，同时也可用于主站与主站之间的通信。Profibus-DP 主要采用总线型、星形、环形等拓扑结构，通过 RS-485 和光纤传输数据，可实现光纤双环冗余结构，通信速率最高可达 12Mbit/s。Profibus-DP 为工厂自动化应用提供高速通信，例如由中央控制器控制的传感器和执行器，同时也可以利用标准或选用的诊断功能得知每个模块的状态。

Profibus-PA 是一种用于过程自动化系统的通信协议，主要用于过程控制系统的监控和测量设备的控制。它是一种本质安全的通信协议，可应用于防爆区域。该协议的物理层匹配 IEC 61158-2，并允许电力通信缆线向现场设备提供电源。即使发生故障，该协议也可以限制电流，避免形成可能导致爆炸的条件。然而，能连接到该网络的设备数量受限于网络的供电方式。Profibus-PA 的通信速率为 31.25 kbit/s，使用与 Profibus-DP 相同的通信协议。在一些需要同时进行自动化处理和过程控制的应用中，可以同时使用 Profibus-DP 和 Profibus-PA。Profibus-PA 利用转换设备与 Profibus-DP 网络相连接，以速率较快的 Profibus-DP 为网络主干，再将信号传递给控制器。

基于 Profibus 的 3 个部分，可实现从现场设备层到车间层监控的分散数字控制和现场通信网络。Profibus-DP/PA 位于工厂自动化系统的底层，用于连接现场设备，完成现场设备的控制及设备之间的连锁控制。Profibus-FMS 则用于车间级监控网络，完成主要生产设备之间的连接，并监控车间级设备，实现工厂综合的自动化和现场设备的智能化。

相较于其他现场总线系统，Profibus 的最大优势在于稳定的标准支持和经实际应用验证的通用性。目前，Profibus 已经被广泛应用于制造业自动化、过程工业自动化、建筑、交通、电力等领域，并分别于 1996 年和 2006 年成为国际现场总线标准 IEC 61158（TYPE 3）和中国国家标准 GB/T 20540—2006 的一部分。需要指出的是，Profibus 和在工业以太网中使用的 Profinet 是两种不同的通信协议，各有特点和适用范围。

（3）Modbus

Modbus 是一种通用串行通信协议，是世界上第一个真正应用于工业现场的总线协议。它是 Modicon 公司为使用可编程逻辑控制器（PLC）进行通信而发明的，目前被广泛应用于工业控制领域。Modbus 是 OSI 参考模型第 7 层的应用层报文传输协议，为连接到不同类型的总线或网络的设备之间提供客户机/服务器通信。控制器可以通过 Modbus 彼此通信，或经由网络（如以太网）和其他设备进行通信。

Modbus 本质上是一个请求/应答协议，它定义了一种控制器可以识别和使用的消息结构和通用格式，描述了控制器请求如何访问其他设备、如何应答来自其他设备的请求，以及如何侦测错误并记录的过程。互联网设备可以通过 TCP/IP 栈上预留的系统端口 502 访问 Modbus。

Modbus 采用主从通信技术，由主设备主动查询和操作从设备。一般将主设备使用的通信协议称为 Modbus Master，将从设备使用的通信协议称为 Modbus Slave。典型的主设备包括工控计算机和工业控制器等，典型的从设备包括 PLC 等。

在 Modbus 网络上进行通信时，协议确定了每个控制器需要知道它的设备地址，识别按地址发来的消息，并决定采取什么行动。如果需要响应，控制器将产生反馈并用 Modbus 发出。通信遵循以下过程，即主设备向从设备发送请求，从设备对来自主设备的请求进行分析和处理，并将分析和处理结果发送到主设备。如果出现任何错误，将向从设备返回一个异常功能码。

Modbus 没有定义物理层，Modbus 设备通常通过串口 RS-232、RS-422、RS-485

进行通信，也可以选择以太网口。对于串口通信，有 ASCII 和远程终端单元（RTU）两种传输方式。Modbus RTU 是一种紧凑的二进制数据表示方式，ASCII 是一种冗长的可读表示方式。在串口通信下，Modbus 需要校验数据，除采用传统的奇偶校验外，ASCII 模式还采用纵向冗余检验（LRC），RTU 模式采用循环冗余检验（CRC）。以太网连接存在多个 Modbus TCP 变种，因为 TCP 是一个可靠的面向连接的协议，所以 Modbus TCP 不需要检验。无论使用何种通信协议，Modbus 在数据模型和功能调用上是相同的，只是封装方法不同。

Modbus 是工业电子设备之间常用的通信方式，不同厂商的控制设备可以通过 Modbus 连成一个工业网络。与其他工业通信协议相比，Modbus 是一个开放的标准，不需要许可证费，不存在知识产权限制。Modbus 可以支持 RS-232 和 RS-485 等多种串口，如支持双绞线、光纤等介质传输。Modbus 的帧格式简单紧凑，易于开发和使用。Modbus 于 2008 年成为中国国家标准（GT/T 19582—2008），目前是工业领域通信协议的业界标准之一，被广泛用于工厂自动化、建筑自动化、能源管理、交通控制等领域。

（4）控制器局域网（CAN）总线

CAN 是一种串行通信网络，由德国博世公司开发，用于构建汽车电子控制网络。CAN 最初被用于车内微控制器之间的通信，以减少汽车内线束的数量。CAN 可实现分布式实时控制，可实现各车载电子控制装置之间的通信。该协议的鲁棒性使其得以应用于其他自动化和工业领域，CAN 总线成为目前世界上应用最广泛的现场总线之一。

CAN 总线通信接口集成了 CAN 协议的物理层和数据链路层功能，可以对通信数据进行成帧处理，包括位填充、数据块编码、CRC 和优先级判别等。CAN 总线可以在双绞线和光缆上运行。当 CAN 总线上的一个节点 / 站发送数据时，以报文的形式向网络中所有节点广播数据，每个节点都会接收到该数据，无论数据是否发送给自己。每组报文开头的 11 位字符为标识符，它定义了报文的优先级。这种报文格式被称为面向内容的寻址方案。标识符在同一系统中是唯一的，最低二进制数的标识符有最高的优先级。总线读取中的冲突可以通过位仲裁解决。例如，对于标识符 0111111、0100100、0100111 的位仲裁，将跟踪 0100100 的报文，并丢弃其余报文。

在 CAN 总线中，当某个节点需要向其他节点发送数据时，其 CPU 将数据和自身标识符传输给 CAN 芯片，此时 CAN 芯片处于准备状态。当节点接收到总线分配的信号后，它被转换为发送报文状态。CAN 芯片按照协议将数据组织成一定的报文格式发送，并使其他节点处于接收状态。每个处于接收状态的节点都会检测接收到的报文，以判断这些报文是不是发送给自己的，从而确定是否接收它。由于 CAN 总线采用面向内容的寻址方案，因此可以方便地建立高水平的控制系统并进行灵活配置。

相比之下，基于 RS-485 串口的总线一般构成主从式结构系统，通信只能以主站轮询的方式进行，系统的实时性和可靠性较差。在 CAN 总线中，各节点先通过总线访问各节点的优先权（取决于报文标识符），然后采用无损结构的位仲裁方式，向总线发送数据，废除了站地址编码，对通信数据进行编码，不同的节点能同时接收相同的数据。这些特点使得由 CAN 总线构成的网络各节点之间的数据通信实时性较强，并且易于构成冗余结构，提高系统的可靠性和灵活性。

相较于其他现场总线，CAN 总线具有以下特点。

① 数据通信没有主从之分，任何节点都可以向其他节点发起数据通信，通信次序根据各个节点标识符的优先级确定。

② 多个节点同时发起通信时，优先级低的节点避让优先级高的节点，因此不会对通信线路造成拥塞。

③ 通信距离可达 10km（当速率低于 5kbit/s 时），速率可达 1Mbit/s（通信距离小于 40m 时）。

基于这些特点，CAN 总线适用于对实时性要求高、数据量大、通信距离短或长距离、数据量小的通信，特别适用于多主多从或所有节点平等的工业现场。它具有通信速率高、易于实现、性价比高、可靠性高和灵活性强的优点，逐渐成为最有应用前景的现场总线之一，在工业自动化、船舶、医疗设备、工业设备等领域得到了广泛的应用。

3. 工业以太网

现场总线的出现是自动控制领域的一次变革，其发展迅速，但也暴露出了许多不足之处。

① 现有的现场总线标准过多，世界各大厂商开发了数百种现场总线，其中二三十种现场总线是开放的。由于技术和市场经济利益等方面的矛盾，目前现场总线标准还没有得到统一。

② 各现场总线沿用了各大公司的专利技术，导致彼此不能互相兼容，不能实现信息透明的互访。同时，它们均过多强调了 OT 网络的特殊性，加上现场总线产品的独特性，其成本也较高。

③ 互联网等信息技术的快速发展，要求企业能从现场设备层到管理层实现全面的无缝信息集成，并提供一个开放的基础体系结构。但由于速率较低、应用场景限制较多，以及不便和互联网信息集成等缺点，目前的现场总线不能满足企业综合自动化的发展要求。

在 20 世纪 90 年代中期，随着现场总线的快速发展，商用部件法（COTS）通信技术以以太网为代表也得到了迅速发展，引起了自动化设备制造商和用户的关注，以太网开始进入工业控制领域。工业传输通信协议有很多种，主要是历史遗留问题和人为垄断的原因。尽管现场总线标准仍然有很多种，但还没有一种比工业以太网更具生命力的标准出现。越来越多的企业正在采用"TCP/IP+ 以太网"。

典型工业以太网基本结构如图 3-19 所示，包括现场设备层、控制层和远程节点管理层。每一层都有其本质需求和不同类型的信息交换。不同的网络大小、支持设备数量、网络速率、反馈时间和负载大小将导致各层采用不同的网络技术。

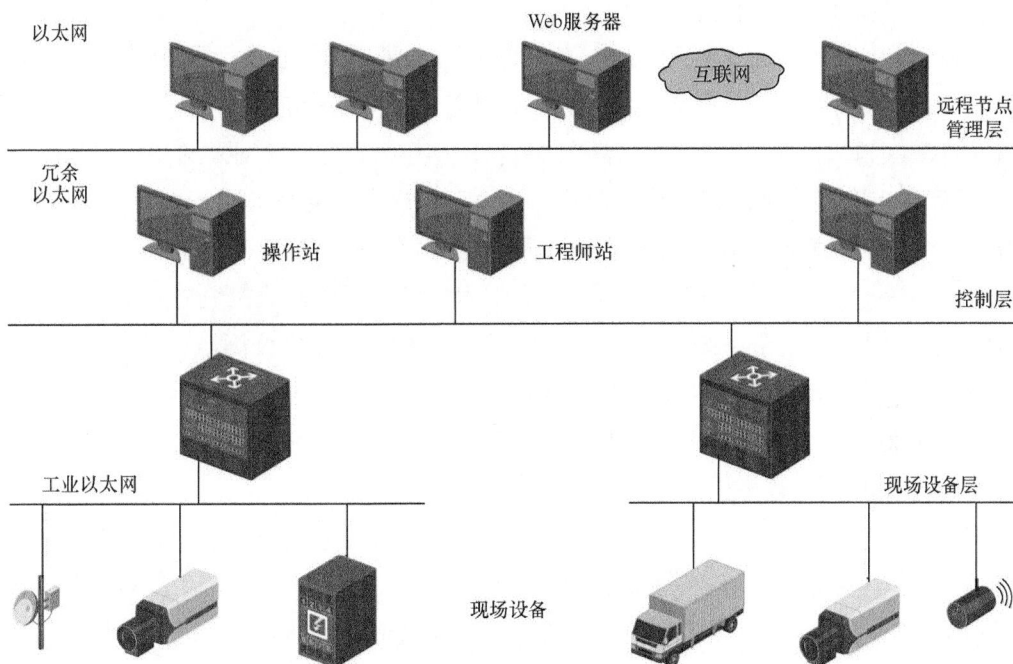

图 3-19　典型工业以太网基本结构

（1）工业以太网与以太网之间的区别

以太网是一种为办公自动化设计的网络协议，无法完全满足工业环境和标准的要求。相比之下，从 OSI 参考模型来看，工业以太网是现场总线网络，只实现第 1 层（物理层）、第 2 层（数据链路层）、第 7 层（应用层）。因为现场总线通常只包含一个网络段，所以不需要第 3 层（传输层）、第 4 层（网络层）、第 5 层（会话层）和第 6 层（描述层）。与传统以太网相比，工业以太网的缺陷主要体现在以下 3 个方面。

① 确定性

以太网的 MAC 层协议是 CSMA/CD，这种协议容易产生网络冲突，如果在工业网络中存在大量的冲突，则必须多次重发数据，这会极大地增加网络间通信的不确定性，从而导致系统控制性能变差。

② 实时性

工业控制系统需要在可以准确预测的时间范围内做出响应，因此对数据传输的实时性要求非常高，要求数据的更新只耗时数十毫秒。然而，以太网的 CSMA/CD 机制在发生网络冲突的情况下会重发数据 16 次，以时间为代价解决网络冲突。这种机制可能导致数据更新的耗时较长，无法满足工业对实时性的要求。此外，如果设备掉线，可能会造成严重的设备或人身安全事故。

③ 可靠性

以太网是为商业设计的，但当应用到工业现场时，面对恶劣的工作环境、严重的线间干扰，其可靠性不可避免地有所降低。

因此，工业网络要求高可靠性、高可恢复性和高可维护性。为了解决这些问题，工业以太网需要结合现有现场总线技术来修改以太网协议标准，以确保不仅能正确发送和接收特定的制造数据，而且在需要执行特定操作时，还能按时发送和接收数据。

尽管存在这些缺陷，但随着以太网通信速率的提高、全双工通信和交换技术等的发展，将以太网直接应用于现场设备层通信已成为一种趋势。在信息技术方面，以太网应用层包括 HTTP、FTP、SNMP 等常用协议；而在工业控制方面，应用层协议涉及实时通信、用于系统组态的对象和工程模型的应用协议等。目前，尚未统一的应用层协议有高速以太网（HSE）、Modbus-TCP/IP、Profinet、Ethernet/IP 和 Powerlink 等，但已经有相应产品被开发出来并得到广泛支持。

（2）主流的工业以太网协议

① HSE

2000 年，美国现场总线基金会发布了以太网规范，即 HSE，这是以太网协议 IEEE 802.3、TCP/IP 协议族和 FF H1 的结合体。HSE 的目标是实现控制网络与互联网的一体化。HSE 技术的核心部分是链接设备，它是 HSE 体系结构的关键组成部分，可以将 H1（31.25kbit/s）设备连接到 100Mbit/s 的 HSE 主干网络上，并具有桥接和网关功能。桥接功能可以连接多个 H1 总线网段，使同一 H1 网段上的 H1 设备之间进行对等通信而不受主机系统的干涉。网关功能允许 HSE 连接到其他工厂控制网络和信息网络上。HSE 链接设备不需要为 H1 子系统解释报文，而是集合从 H1 总线网段接收的报文数据，并将 H1 地址转换为 IP 地址。

② Modbus-TCP/IP

Modbus-TCP/IP 是由施耐德公司推出的协议，它将 Modbus 帧嵌入 TCP 帧，实现了 Modbus 与以太网、TCP/IP 的结合。该协议采用面向连接的方式，每次呼叫都需要一个应答，呼叫 / 应答的机制与 Modbus 的主从机制相协调，使得交换式以太网具有很高的确定性。使用 TCP/IP，可以将实时数据以网页的形式呈现，从而使用户界面更加友好。施耐德公司为 Modbus 注册了端口 502，可以将实时数据嵌入网页。此外，通过在设备中嵌入 Web 服务器，用户可以使用 Web 浏览器作为设备的操作终端，方便查看企业网络内部设备的运行情况。

③ Profinet

2001 年，德国西门子发布了 Profinet，旨在满足工业应用需求。该协议将原有的 Profibus 与互联网技术相结合，形成了 Profinet 的网络解决方案。该方案主要包括基于组件对象模型（COM）的分布式自动化系统，指定了 Profinet 现场总线和标准以太网之间的开放、透明通信，提供独立于制造商、包括设备层和系统层的系统模型。Profinet 采用标准"TCP/IP+ 以太网"作为连接媒介，采用标准的 TCP/IP 加上应用层的远程过程调用 / 分布式组件对象模型（RPC/DCOM）来完成节点之间的通信和网络寻址。它可以同时与传统 Profibus 系统和新型智能现场设备相连接。现有的 Profibus 网段可以通过代理设备连接到 Profinet 网络，使整个 Profibus 设备和协议可以完整地在 Profinet 中使用。传统的 Profibus 设备可以通过代理与 Profinet 上的组件对象模型通信，并通过对象链接与嵌入（OLE）的自动化接口在组件对象模型之间进行调用。

④ Ethernet/IP

Ethernet/IP 是一种专为工业自动化应用而设计的工业应用层协议，基于标准 UDP/IP 与 TCP/IP，使用固定的以太网硬件和软件。该协议定义了基于 CIP（通用工业协议）的应用层协议，用于配置、访问和控制工业自动化设备。Ethernet/IP 采用标准的 Ethernet 和 TCP/IP 技术传输 CIP 通信数据包，以保证网络上隐式（控制）实时 I/O 信息和显式信息（包括用于系统组态、参数设置、诊断等）的有效传输。通过通用且开放的应用层协议 CIP 与被广泛应用的 Ethernet、TCP/IP 共同构成，Ethernet/IP 的体系结构得以建立。

⑤ Powerlink

Powerlink 是由奥地利 B&R 公司开发的通信协议，用于构建基于以太网的现场总线系统，以满足运动控制的高实时性要求。Powerlink 对 TCP(UDP)/IP 协议栈进行了实时扩展，并增加了异步中间件和同步中间件，分别用于异步数据传输和用于快速、周期性的同步数据传输。Powerlink 利用时隙通信网络管理（SCNM）模块来控制网络上的数据流量。SCNM 采用主从调度，每个站只有在接收到主站请求时才能发送实时数据，从而保证实时通信。同时，Powerlink 采用 IEEE 1588 协议，实现高精度的时间同步。Powerlink 实时数据传输周期最短可达 200μs，抖动小于 1μs，确保高效、可靠的数据传输。

（3）工业以太网的优势

工业以太网技术具有价格低廉、稳定可靠、通信速率高、软硬件产品丰富、应用范围广及技术成熟等优点，已成为目前最受欢迎的通信网络之一。工业以太网符合工业自动化系统向分布式、智能化控制方向发展，满足开放的、透明的要求，其技术优势非常明显，具体如下。

① 以太网是一种完全开放的全数字网络。以太网允许来自不同供应商的设备根据网络协议轻松连接。

② 以太网可以实现工业控制网络与企业信息网络的无缝连接，形成企业管控一体化的全开放网络。

③ 以太网技术非常成熟，支持以太网的软硬件受到各供应商的高度重视和广泛支持，有各种软件开发环境和硬件设备供用户选择，因此软硬件成本低廉。

④ 快速的千兆以太网技术开始得到广泛应用。10Gbit/s 的以太网也在研究中，其速率比现场总线更快。

⑤ 一个快速而有效的通信管理网络将在很大程度上决定企业的生存和发展，信息技术和通信技术的发展将更加迅速、更加成熟，由此保证了以太网技术的不断发展，且具有可持续发展潜力。

目前，国际总线 / 工业以太网协议多达 40 余种，加上一些自动化控制企业直接使用私有协议来实现整个工业设备的信息交互，导致数据壁垒林立，数据通信受到很大的影响。为了解决这些问题，工业互联网需要实现信息的标准化，加强与云的连接，以及强调与现场级设备的交互。

首先，需要实现信息的标准化。为了满足工艺管理的基本需求，传统的工业控制系统将数据固化在明确的因果关系内。例如，在 PLC 的控制过程中，数据只在固定设备之间流动，有明确的固定处理对象。然而，工业互联网的数据处理主体更广泛，如利用大数据分析诊断设备是否故障，需要跨系统理解和集成数据。因此，实现信息的标准化是必要的，这要求数据的存储与传输更加通用化与标准化。

其次，加强与云的连接是必要的。借助云平台，可以利用专家经验共享和智能决策库，提高运维领域的设备管理水平并降低运营成本。此外，对数据集进行切分和规律查找，可以在人员投入和控制过程中实现节能、提效。这不仅可以利用大数据的分析结果为生产企业提供有针对性的营销、研发和智能维护保修等服务，还可以预测设备出现故障的时间并提供解决方案，以消除设备故障或停机，避免给客户造成损失。

最后，需要强调与现场级设备的交互。在传统的工业生产过程中，设备往往是独立运行的。然而，工业互联网智能工厂的核心是突破现场设备层，通过通信技术将智能设备有机连接，实现企业内部资源的纵向整合。因此，设备之间的通信与互联已成为一种大趋势。未来，设备之间或事物之间的连接数量将远远超过人与人之间的连接数量。

因此，为了满足数据互通的需求，业界进行了一系列努力，旨在建立一个统一的数据互通方式，仅使用一整套接口、属性和方法的标准集，便能实现工业互联网工厂系统中的各个系统、各个单元数据的无缝集成。目前，用于工业现场设备的 OPC 统一架构（OPC UA）、数据分发服务（DDS）及用于广泛数据采集的 oneM2M 等技术是业内的关注焦点，正逐步被工业企业接纳和采用。

4．时间敏感网络（TSN）

随着 IT 和 OT 的不断融合，工业通信技术的发展也在不断演进。从串行通信到现场总线技术，再到实时以太网技术，制造业对工业通信技术的要求不断提高。随着工业互联网的广泛应用，对工业通信技术的实时性、确定性和可靠性的需求变得更加紧迫。制造现场控制所需的实时性数据和生产管理与优化层所需的非实时性数据需要通过统一的网络进行集中，并在统一的数据平台上进行处理和分析，然后下发到各个控制器去执行。而一些全局优化的工作则不需要通过层级的控制器，而是直接到边缘侧或云端去处理。传统以太网已经不能满足越来越多的数据和广泛分布的网络需求，因此以 TSN 为代表的确定性网络技术应运而生。

TSN 是一套数据链路层协议规范，由 IEEE 802.1 任务组开发，旨在构建更可靠、低时延、小抖动的以太网，是当前业界积极推动的基于传统以太网的实时工业通信技术。TSN 利用时钟同步、数据调度、网络配置等机制，允许周期性与非周期性数据在同一网络中传输，提供确定性数据传输能力。TSN 的主要技术特点如下。

（1）全局时间同步

TSN 利用 IEEE 802.1AS 在各个时间感知系统之间传递同步消息，提供精确的时间同步，保证数据帧在各个设备中传输时隙的正确匹配，满足通信流的端到端确定性时延和无排队传输要求。

（2）确定性传输

TSN 通过对数据流量的整形、无缝冗余传输、过滤和基于优先级调度等，实现对关键数据的高可靠、低时延、零分组丢失的确定性传输，重视最坏情况下的数据传输时延。

（3）网络的动态配置

TSN 通过 IEEE 802.1Qcc 引入集中网络控制器和集中用户控制器来实现网络的动态配置，在网络运行时灵活地配置新的设备和数据流，避免了在网络停止运行期间进行网络配置的问题。

（4）兼容性

TSN 以传统以太网为基础，支持关键流量和尽力而为的流量共享同一网络基础设施，同时保证关键流量的传输不受干扰。TSN 是开放的以太网标准而非专用协议，来自不同供应商的支持 TSN 的设备都可以相互兼容，为用户提供了极大的便利。

（5）安全

TSN 利用 IEEE 802.1Qci 对输入交换机的数据进行筛选和管控，对不符合规范的数据帧进行阻拦，能及时隔断外来入侵数据，实时保护网络的安全，也能与其他安全协议协同使用，进一步提升网络的安全性能。

TSN 主要服务于时间敏感应用及系统，能够保证数据在确定的时间内以最小的时间抖动进行传输，具备以下价值。

① 提供微秒级确定性服务，满足各行业的实时性需求。TSN 可以达到 $10\mu s$ 级的周期性传输，性能优于主流的工业以太网。同时，TSN 面向音视频、工业、汽车等多种行业，将实时性延伸至更高的层次，为各行业提供高效的实时数据传输服务。

② 降低整个通信网络的复杂度，实现周期性数据和非周期性数据的同步传输。以工业为例，当前周期性数据使用工业以太网进行传输，非周期性数据使用标准以太网进行传输。TSN 通过其调度机制能够实现在同一网络中传输周期性数据和非周期性数据，进一步降低了整个通信网络的复杂性，同时降低了系统部署成本。

③ 统一网络传输，提高系统经济性。TSN 能够助力实现 IT 网络和 OT 网络的融合，统一的网络能够降低开发部署成本，缩短控制器等产品网络配置所需的工程时间，提高了整个系统的经济性。

3.1.5　工厂外网络

根据工业企业的不同业务需求，工厂外网络可以分为 3 种专线连接和 1 种上网连接，具体如下。

① 上网专线：用于实现智能工厂接入互联网，允许用户或出厂产品通过互联网访问智能工厂，是工业企业的基本专线需求。

② 互联专线：用于实现智能工厂与分支机构或上下游企业之间安全可靠的互联，是大中型企业的常见专线需求。

③ 上云专线：用于实现智能工厂与位于公有云的工业云平台的互联，近年来随着国家"百万企业上云"工程的推进，工业企业对上云专线的需求不断增加。

④ 上网连接：用于实现出厂产品接入互联网，与智能工厂或工业云平台互联，是工业企业实现制造业服务化的基础。

随着工业网络化、智能化的深入发展，工厂内的系统与应用逐步向外扩展，工业互联网工厂外网络的服务呈现普遍化、精细化、灵活化的发展趋势。

① 工厂外网络的服务普遍化。传统的工厂外网络主要提供企业信息的通信，而企业信息系统通常也被部署在工厂内网络上。此时，工厂外网络只有很少的连接对象和单一的服务。然而，随着云平台技术的发展，一些企业信息系统，如 ERP、客户关系管理（CRM）系统等，正逐步外网化。越来越多的 IT 软件也在互联网上提供基于云的服务。随着工业产品和设备的远程服务业务的快速发展，未来将开展基于工厂外网络的大型设备远程监控、维修、管理和优化。

② 工厂外网络的服务精细化。工业互联网的工厂外网络将实现整个产业链和价值

链的泛在互联，促进服务的精细化发展。一方面，复杂多样的互联场景促进了工厂外网络的建设和全覆盖业务的快速发展，满足了海量设备连接需求；另一方面，企业互联网接入需求向上云需求的转变，促进了专线业务的精细化，新的企业专线技术将为不同的应用场景提供细分服务，如企业互联网接入、业务系统上云、公有云与私有云交互等。

③ 工厂外网络的服务灵活化。随着网络虚拟化和软件化的不断发展，网络服务的灵活性也得到了提高。这使得工厂外网络能够根据企业需求快速开通服务、调整业务，更好地满足不同应用场景下的需求。同时，大量移动通信网络技术的应用，提高了网络接入的便捷性和部署速度，为企业实现广泛互联提供了更为灵活和多样化的选择。这些发展趋势将有助于推动工业互联网的进一步发展，实现更加高效、智能化的工业生产和服务。

3.2 标识解析体系

工业互联网的核心包括网络、平台和安全体系的建设，旨在提供生产与消费的全生命周期服务。工业互联网标识解析体系是工业互联网的重要组成部分，类似于互联网领域的域名系统（DNS）。标识解析体系利用标识编码技术和标识解析技术，建立工业互联网中的工业设备与标识、地址与标识、内容与标识之间的映射关系。通过对标识的控制，可以实现对工业设备的控制、工业数据的获取和处理，以及工业智能化的实现。

工业互联网标识将传统互联网中的主机延伸到物品、信息、机器、服务等资源，并将IP 地址延伸到不同主机、不同地点、不同结构的精细化信息集合。类似于传统互联网的DNS，工业互联网标识解析体系是工业互联网的入口，是连接工业网络的关键"神经系统"，是实现互联互通、资源调度、生产协调的重要基础设施。通过为各个对象分配标识，并借助工业互联网标识解析体系，可以实现地域、行业、企业之间的信息查询和信息共享。

工业互联网标识解析体系是我国工业互联网建设的重要任务之一。为了更好地理解工业互联网标识解析体系，本节将首先介绍互联网 DNS 的基本概念，在掌握相关知识后，将介绍主流的标识解析体系，然后在此基础上，详细介绍工业互联网标识解析体系的架构和关键技术。

3.2.1 互联网 DNS

1. DNS概述

计算机程序可以通过 IP 地址访问主机、电子邮箱、服务器等其他资源，但是 IP 地址难于记忆或会跟随内容迁移，因此引入了 DNS 解决这个问题。DNS 本质上是一种分层的、基于域的命名方案，采用分布式数据库系统实现域名和 IP 地址的相互映射。用户不需要记住机器直接读取的 IP 串，这样可以更方便地访问互联网。作为互联网的核心业务之一，DNS 已成为互联网的基础设施。

域名是互联网上某一台计算机或某一个计算机组的名称，它由一系列以点分隔的名称组成，用于在数据传输过程中标识计算机的电子位置。域名中的标号由英文字母和数字组成，每个标号不超过 63 个字符，标号中的英文字母不区分大小写。除连字符（–）外，在标号中不能使用其他标点符号。完整域名不能超过 255 个字符。将最低级别的域名写在最左边，将最高级别的域名写在最右边。

2. DNS域名空间

域名系统的逻辑结构呈倒置树形，自顶向下由根域名、顶级域名、二级域名和三级域名构成，如图 3-20 所示。树的叶节点表示不包含子域的域（它们仍然包含主机）。一个叶节点域可以只包含一台主机，也可以代表一个公司，从而包含几千台主机。域名空间采用层次化的基于域的命名方案，域之间用"."号分割。

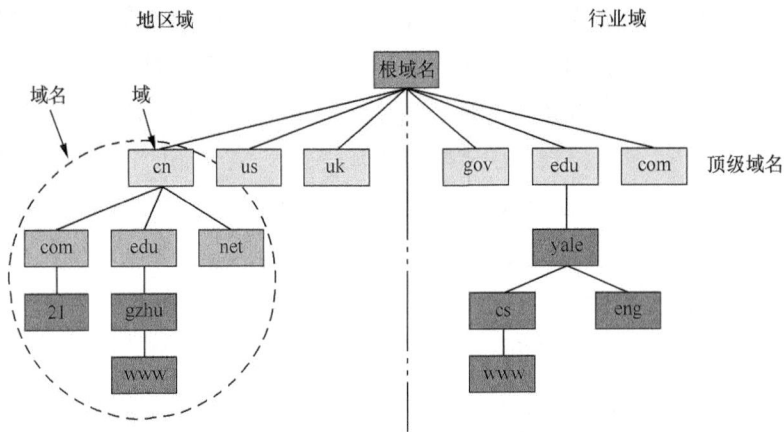

图 3-20　互联网域名空间的一部分

全球互联网域名和 IP 地址由互联网名称与数字地址分配机构（ICANN）负责管理。ICANN 是一个非营利性国际组织，汇聚了来自全球网络界的商业、技术及学术各领域的专家。ICANN 总部位于美国加利福尼亚州，负责 IP 地址的空间分配、协议标识符的分配、通用顶级域名及国家和地区顶级域名系统的管理，以及根服务器系统的管理。这些服务最初由美国因特网编号分配机构（IANA）和其他组织提供。1998 年后，ICANN 行使 IANA 的职能，由 IANA 和其他实体与美国政府达成协议，对其进行管理。

互联网域名根据不同级别可分为顶级域名、二级域名、三级域名等。

（1）顶级域名

顶级域名分为国家顶级域名和通用顶级域名。ISO 3166 标准为全球 200 多个国家或地区按照国家代码分配了由两个字母构成的国家顶级域名（nTLDs），如中国是"cn"，美国是"us"等。通用顶级域名（gTLD）由 3 个或 3 个以上的字母构成，如商业组织为".com"、教育机构或大学为".edu"、非营利性组织为".org"、网络服务机构为".net"、政府组织为".gov"等。在 2011 年以前，全球只有 22 个通用顶级域名。由于 ICANN 通过了新的顶级域名方案，任何公司、机构都可以向 ICANN 申请新的顶级域名。目前已开放了 400 多个顶级域名，包括".club"（俱乐部）、".city"（城市）、".berlin"（柏林）、".nyc"（纽约）等极具个性的后缀，为未来多样化的网络地址提供了更多可能性。

（2）二级域名

二级域名是指顶级域名之下的域名。在国际顶级域名下，它代表域名注册人的网上名称，例如".ibm"".Microsoft"等；在国家顶级域名下，它则代表注册企业类别的符号，例如".com"".top"".edu"".gov"".net"等。我国的顶级域名是".cn"，同时也是我国的一级域名。在顶级域名之下，我国的二级域名分为类别域名和行政区域名两类。共有 6 个类别域名，包括".ac"（用于科研机构）、".com"（用于工商金融企业）、".edu"（用于教育机构）、".gov"（用于政府部门）、".net"（用于中国互联网络信息中心和运行中心）和".org"（用于非营利组织）。行政区域名共有 34 个，分别对应我国各省、自治区和直辖市。

（3）三级域名

三级域名由字母（A ～ Z, a ～ z）、数字（0 ～ 9）和连接符（-）组成，用实点（.）连接各级域名。三级域名的长度不能超过 20 个字符。需要注意的是，域名中的字母不区分大小写，因此，IOT、IoT 和 iot 的含义相同。从每个域的名称向上到（未命名的）根节点的路径，用句点分开各个部分。域名可以是绝对的，也可以是相对的。绝对域名总是以句点为结束（如"ptpress.com.cn"），而相对域名必须在一定的上下文环境中被解释出来才有意义，从而唯一地确定其含义。绝对域名和相对域名都引用了域名树中的一个特定节点，以及它下面的所有节点。各组成部分的名称最多可以为 63 个字符，整个路径的名称长度不超过 255 个字符。

创建一个新的域需要得到该新域的上级域的许可，这样可以避免名字冲突。采用这种方式，上级域可以知道它所有的子域。一旦一个新的域已经被创建并注册，就可以在不需要域名树中任何上层域的许可的情况下创建子域。

3. DNS解析原理与过程

DNS 由解析服务器和域名服务器组成。域名服务器保存了该网络中所有主机的域名和对应的 IP 地址，具有将域名转换为 IP 地址的功能。域名服务器是客户机 / 服务器模式中的服务器端，采用主服务器和转发服务器两种方式。

DNS 的域名必须只对应一个 IP 地址，但是一个 IP 地址可以对应多个域名。当用户在应用程序中输入 DNS 名称时，DNS 服务可以将该名称解析为与之相关的 IP 地址。

DNS 是一个分层级的分散式名称对应系统，类似于计算机的目录树结构。在 DNS 中，顶部是一个"根"，然后再被细分为几个基本类别名称，如 com、org、edu 等；下面是组织名称，如 IBM、Microsoft、Intel 等；然后是主机名称，如 www、mail、ftp 等。

当 DNS 客户端需要查询程序中使用的名称时，它将查询本地 DNS 服务器以解析该名称。客户机发送的每条查询消息都包含 3 条信息，以指定服务器应该回答的问题。如果当前请求的服务器无法处理该请求，则将该请求提交到它的上级服务器处，直到成功解析为止。上述的 3 条信息包括如下内容。

（1）指定的 DNS 域名，表示为完全限定的域名。

（2）指定的查询类型，它可以按类型指定资源记录，也可以用作查询操作的专门类型。

（3）DNS 域名的指定类别。

指定的 DNS 域名可以是计算机完全合格的域名，如"www.ptpress.com.cn"，指定的查询类型用于根据该名称搜索地址资源记录，DNS 服务器总是指定为互联网类别。

DNS 查询有多种解析方式。本地 DNS 服务器可以使用自己的资源记录信息缓存来应答查询，也可以代表请求客户机来查询或联系其他 DNS 服务器以完全解析该名称，然后将应答返回给客户机，这个过程就是递归查询。客户机本身也可以尝试联系其他 DNS 服务器来解析名称。此时，客户机将使用基于服务器应答的独立和附加的查询，这个过程就是迭代查询，即递归查询是从客户机到本地 DNS 服务器的查询，迭代查询是 DNS 服务器之间的交互查询。

解析的过程如下。

① 客户机向 DNS 服务器提出查询项目，如在浏览器中输入域名。

② DNS 服务器在接收到查询请求后，首先检查本地的 Hosts 文件是否有该 URL 映射关系。如果有，它将直接调用这个 IP 地址映射，由此完成域名解析。

③ 如果查询的主机名称属于另外的域名，则检查在本地 DNS 解析器缓存中是否存在该 URL 映射。如果存在，则返回主机以完成域名解析。如果不存在，则检查缓存中是否有相关信息。如果要查询的域名不是由本地 DNS 服务器解析的，但该服务器已缓存了此 URL 映射关系，则调用 IP 地址映射完成域名解析，但这是不权威的解析。

④ 如果本地 DNS 服务器无法解析，则将查询转发到根 DNS 服务器进行查询。根 DNS 服务器会告知该域名下一层授权服务器的位置，返回一个负责该顶级域名的服务器的 IP 地址。

⑤ 本地 DNS 服务器向负责该顶级域名的服务器查询，并将这些服务器的列表存

储在缓存中以备将来使用。本地DNS服务器接收到IP信息并联系负责".cn"的服务器。

⑥ 负责".cn"的服务器在接收到查询请求后，如果自己无法解析，则会寻找一个管理".cn"的下一级 DNS 服务器的 IP 地址提供给本地 DNS 服务器。当本地 DNS 服务器接收到这个 IP 地址后，就会寻找域服务器，重复上述查询动作，直至找到目标主机为止。

⑦ 将查询结果发送给客户端，同时将结果存储在本地 DNS 服务器的缓存中。如果在存储过期之前再次接收到相同的查询请求，则使用缓存中的数据进行响应。

在步骤⑥中，如果本地 DNS 服务器使用转发模式，则将查询请求转发至上一级 DNS 服务器进行解析。如果上一级 DNS 服务器无法解析查询请求，则该 DNS 服务器会寻找根 DNS 服务器或转发请求至再上一级，以此循环。无论本地 DNS 服务器是转发还是根提示，最终都会将结果返回给本地 DNS 服务器，再由该 DNS 服务器返回给客户端。这个过程表明，没有任何一台 DNS 主机包含所有域名的 DNS 数据，数据都分散在各 DNS 服务器中。

总之，将 DNS 查询过程分为两部分。首先，名称查询从客户端开始，并通过解析程序进行解析。其次，如果无法完成解析查询，则可以查询其他 DNS 服务器以解析名称。DNS 查询过程如图 3-21 所示。

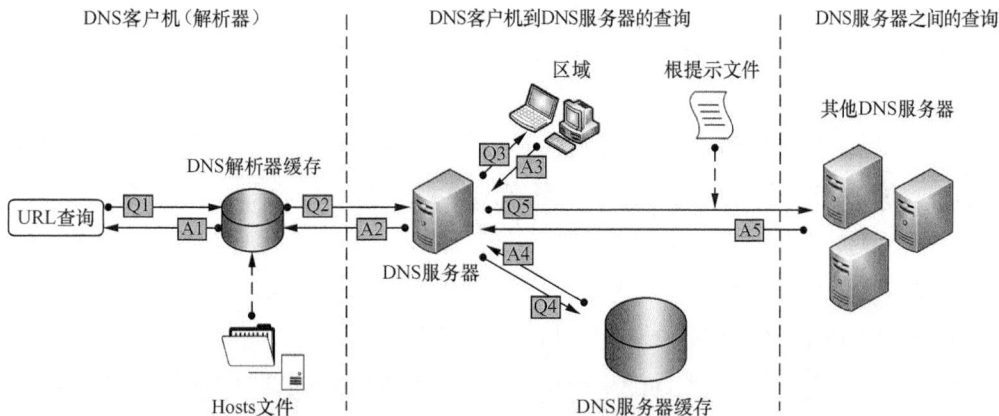

图 3-21　DNS 查询过程

在默认情况下，DNS 客户机要求 DNS 服务器在返回应答前使用递归解析过程来代表客户机完全名称的解析，如图 3-22 所示。

为了使 DNS 服务器正确执行，首先需要在 DNS 域名空间内存储一些有用的 DNS 服务器的联系信息。这些信息以根线索的形式提供，根线索是一份初步资源记录列表，可用于定位对 DNS 域名空间树的根域具有绝对控制权的 DNS 服务器。例如，根服务器对 DNS 域名空间树中的根域和顶级域具有绝对控制权。DNS 服务器可以使用根线索来搜索根服务器，从而完成递归解析过程。

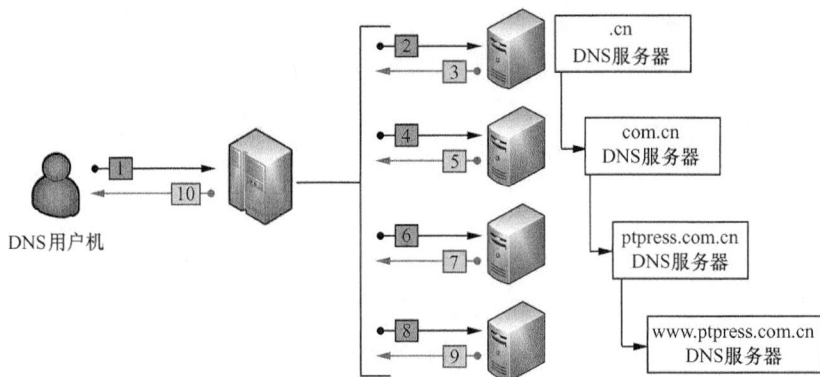

图 3-22 递归解析过程

3.2.2 主流标识解析体系

目前主流的标识解析体系主要包括 ONS、OID、Ecode、Handle 和 UID 等。这些体系的基本思路都是针对特定对象进行数字化标记，从而提供唯一标识和信息查询浏览功能，构建完整的数据信息架构。根据解决方案的不同，这些体系可大致分为两类，即基于 DNS 扩展的改良路径和可脱离 DNS 独立运行的革新路径。改良路径扩展了现有 DNS 架构，提供面向工业网络的标识解析服务，如 EPCglobal 体系和 OID 等；革新路径则提出了一套全新的标识解析体系，如 Handle、UID 等，可独立运行而不需要依赖 DNS。

改良路径基于互联网 DNS，通过对现有 DNS 的适当改进，实现标识解析。这种标识解析技术在 DNS 技术上叠加了一套标识服务，然后将标识 ID 和相关映射保存在 DNS 中。目前，OID、Ecode、ONS 三大体系都是基于改良路径实现的，这些工作已经在基础设施上开展。其中，应用较为广泛的是 GS1/EPCglobal 针对 EPC（电子产品代码）编码提出的 ONS 和 ISO/IEC、ITU 共同提出的 OID。

革新路径采用与 DNS 不同的标识解析技术，包括 Handle、UID（日本）及其他类型的标识解析体系。这些体系可独立运行，不需要依赖 DNS。本章将对基于改良路径实现的 ONS、OID 和基于变革路径实现的 Handle 进行分析和描述。

1. 对象名解析服务（ONS）

ONS 是建立在 DNS 基础之上的解析服务，专门用于解析 EPC 编码与货品信息。要理解 ONS，需要先了解 EPC 系统。EPC 系统是基于互联网和射频识别技术，采用 EPC 编码技术，可对各个实体对象进行唯一性编码，实现全球物品信息实时共享的系统。EPC 系统由 3 部分组成，分别为 EPC 编码体系、射频识别系统和信息网络系统。在射频识别系统中，我们使用 RFID 读写器扫描电子标签，读取标签内实体对象唯一的标识符——EPC 编码,完成数据采集。然后射频识别将 EPC 编码传输给与互联网相连的服务器,进行数据的存储与查询。一个完整的 EPC 系统由 EPC 编码标准、EPC 标签、射频识别读写器、神经网络软件服务器、ONS 服务器、物理标记语言(PML)服务器、互联网及多个数据库组成,如表 3-11 所见。

表 3-11 EPC 系统的组成

系统构成	对应名称	注释
EPC 编码体系	EPC 编码标准	提供所标识对象的全球唯一编码
射频识别系统	EPC 标签	在标签中存储 EPC 编码,将标签附在物品上
	射频识别读写器	读写存储在标签中的 EPC 编码
信息网络系统	神经网络软件服务器	处理标签或传感器数据流的中间件软件
	ONS 服务器	将 EPC 编码转化为指向 PML 服务器
	PML 服务器	基于 XML,描述物品的数据

EPC 编码体系是 EPC 系统中最为重要的组成部分之一。EPC 编码体系由国际物品编码组织(GS1)提出,具有存储量大、读写速度快、使用寿命长等优点。如表 3-12 所示,EPC 编码由 4 个字段组成,包括版本号、域名管理者代码、对象分类代码和序列号。版本号表示 EPC 编码体系的版本信息,而域名管理者代码是生产厂商的代码,对象分类代码表示生产厂商的产品类型。具体的编码规则由生产厂商自行制定,序列号则是对生产厂商的某一类产品的每一个货品进行唯一标识。EPC 编码有 3 种方案,分别是 EPC-64、EPC-96 和 EPC-256,每个方案又有不同的编码类型。

表 3-12 EPC 编码结构

编码方案	编码类型	版本号(bit)	域名管理者代码(bit)	对象分类代码(bit)	序列号(bit)
EPC-64	Type I	2	21	17	24
	Type II	2	15	13	34
	Type III	2	26	13	23
EPC-96	Type I	8	28	24	36
EPC-256	Type I	8	32	56	160
	Type II	8	64	56	128
	Type III	8	128	56	64

以 EPC-96(96 位编码)为例,其中 28 位的域名管理者代码可以提供 2.68 亿个具有唯一性的 EPC 编码,足以对行业内所有生产厂商进行唯一编码。此外,24 位的对象分类代码意味着每个生产厂商均可以生产 1600 万种不同类型的产品,并且每种类型的产品可以生产 680 亿个。这种 EPC 编码设计可以满足全球所有生产厂商为每一个具体产品分配独特的 EPC 编码的需求。

全球追溯网络提供了类似 DNS 的服务，它不仅将 EPC 编码存储在标签中，还将相应的产品信息与 EPC 编码相匹配。这个服务由 ONS 实现。ONS 服务器主要负责为用户提供查询服务，它将存储在标签中的 EPC 编码转换为名称权威指针（NAPTR）记录。通过该记录，用户可以获取 EPC 信息服务器（EPCIS）中的物理标记语言地址，随后获得产品信息。ONS 将 EPC 编码映射到一个或多个统一资源定位符（URL）中，利用 URL 在 EPCIS 中获得相应的产品信息。本质上，ONS 解决的是 EPC 编码与之相对应的 EPCIS 中的物理标记语言地址的映射管理和获取问题。

ONS 包括静态 ONS 和动态 ONS 两大类。静态 ONS 通过 EPC 编码查询供应商提供的这类商品的静态信息；动态 ONS 则通过 EPC 编码查询更加精确的商品信息，例如在供应链中的各个环节上所生成的信息。

（1）ONS 系统架构

如图 3-23 所示，ONS 系统架构是一个分布式的层次结构，它包括映射信息、ONS 服务器（根）、本地 ONS 服务器、本地 ONS 缓存和 ONS 解算器等。

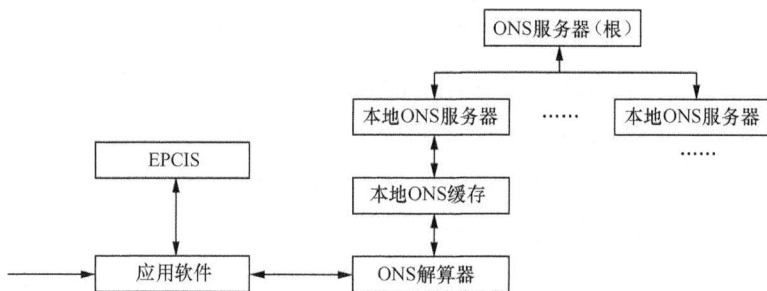

图 3-23　ONS 系统架构

① 映射信息指在 ONS 服务器中存储的 EPC 编码与对应的 EPCIS 中的 URL 之间的映射关系。

② ONS 服务器（根）是 ONS 系统中等级最高的域名，存储着 EPC 编码与它所在的 ONS 服务器地址之间的映射关系。当本地 ONS 服务器无法找到相关的 EPCIS 中的 URL 时，可以通过 ONS 服务器（根）找到 EPC 编码所对应的 ONS 服务器地址，然后再根据该 ONS 服务器地址去找 EPC 编码真正对应的 EPCIS 中的 URL。

③ ONS 服务器是 ONS 系统的基础，存储着 EPC 编码与其相对应的产品信息存储地址的映射，同时提供查询机制，可通过 EPC 编码查询到一个或多个 NAPTR 记录，ONS 从中获取产品信息所在的 EPCIS 地址。

④ 本地 ONS 缓存将最近一段时间在 ONS 服务器上查询到的映射数据缓存在本地，在查询相同信息时直接读取缓存，从而减少 ONS 服务器的查询次数，缓解查询压力。

⑤ ONS 解算器则负责格式化接收到的 EPC 编码，转化成一个完整的 EPC 域名，指向 ONS 服务器。

（2）ONS 查询流程

ONS 的工作原理和功能类似于 DNS，DNS 的作用是将一个域名映射到一个或多个 IP 地址，而 ONS 的功能是将一个 EPC 编码映射到一个或多个 EPC 编码对应的 EPCIS 中的 URL，通过 URL 找到 EPCIS，即可查找到产品的数据信息。ONS 的查询流程如下。

① 射频识别读写器读取存储在标签中的 EPC 编码，并将其发送给神经网络软件服务器。

② 神经网络软件服务器对接收到的 EPC 编码进行过滤后将其发送给本地 ONS 解算器。

③ 本地 ONS 解算器对接收到的 EPC 编码进行格式化，将 EPC 编码转换成 EPC 域名，并将其发送给本地 ONS 服务器，请求返回该域名所对应的 NAPTR。

④ 本地 ONS 服务器将查找到的 NAPTR 结果返回给本地 ONS 解算器。

⑤ 本地 ONS 解算器对返回的 NAPTR 结果进行解析，提取出 EPCIS 中的 URL，并将其返回给神经网络软件服务器。

⑥ 神经网络软件服务器根据 URL 找到对应的 EPCIS，并从中获取对应的产品数据信息。

在以上流程中，ONS 解决了 EPC 编码与相对应的 EPCIS 中的 URL 的映射管理和获取问题，从而实现了全球物品信息的实时共享。

（3）ONS 与 DNS 的比较

ONS 是一种基于 DNS 的专门用于解析 EPC 编码和产品信息的服务。在 ONS 的工作过程中，DNS 解析是非常重要的一环。在将 EPC 编码转换为 URL 格式后，客户端需要将其转换为标准域名，这一部分工作由 DNS 完成。DNS 使用递归解析或迭代解析，并将结果以 NAPTR 记录的格式返回给客户端，从而完成解析。

DNS 与 ONS 之间的主要区别在于输入和输出的内容不同。ONS 基于 DNS 进行 EPC 编码解析，因此其输入是 EPC 编码，而 DNS 用于域名解析，其输入则是域名。ONS 的返回结果是 NAPTR 格式，而 DNS 大多数的返回结果是查询的 IP 地址。

2. 对象标识符（OID）

随着物联网的发展，对于标识与载体技术分离的需求逐渐增加，各类机构对于标识管理的独立性也在增强。为此，ISO/IEC 和 ITU-T 等组织联合提出了一种 OID 机制，用于命名任何类型的对象，包括实体对象、虚拟对象和复合对象等。OID 采用分层树状结构进行命名，实现了全球范围内用正式的、无歧义的和精确的唯一标识机制来标识不同对象。

ISO/IEC 29168、ISO/IEC 29177、ISO/IEC 9834、ISO/IEC 8824、ISO/IEC 8825、ISO/IEC 15962、ISO/IEC 15963 系列国际标准对 OID 机制的命名规则、分配方案、传输编码、解析管理体系等内容进行了规范。OID 机制已逐渐取代一些传统的

编码技术，成为物联网中重要的对象标识技术。它具有全球唯一性、高效性和可扩展性等优点，可以有效地支持物联网中的标识管理。

（1）OID 的命名规范

OID 的命名规范类似于互联网 DNS 的树状结构，使用"."分隔不同层次，层数无限制。在标识对象时，标识符是由整个路径上的节点顺序组合而成的一个字符串。顶级 OID 分为 ISO、ITU-T 和 ISO 联合、ITU-T/ITU-R 节点，各国家/地区成员体负责内部 OID 的管理和注册。

OID 名称由数字或字母、数字的组合组成。由数字组成的名称的值是一个大于 0、小于 16000000 的正整数，而由字母和数字组成的名称的值是一个长度可变的字符串，长度为 1 ～ 100 个字符，并且在注册机构范围内是唯一的。

以中国电子技术标准化研究院为例，其 OID 为（1.2.156.5818），表示 ISO 分支（1）下的国家/地区成员分支（2）中的中国分支（156），以及中国电子技术标准化研究院（5818）。中国的 OID 分配由中国电子技术标准化研究院下属的国家 OID 注册中心负责管理。

OID 树如图 3-24 所示。

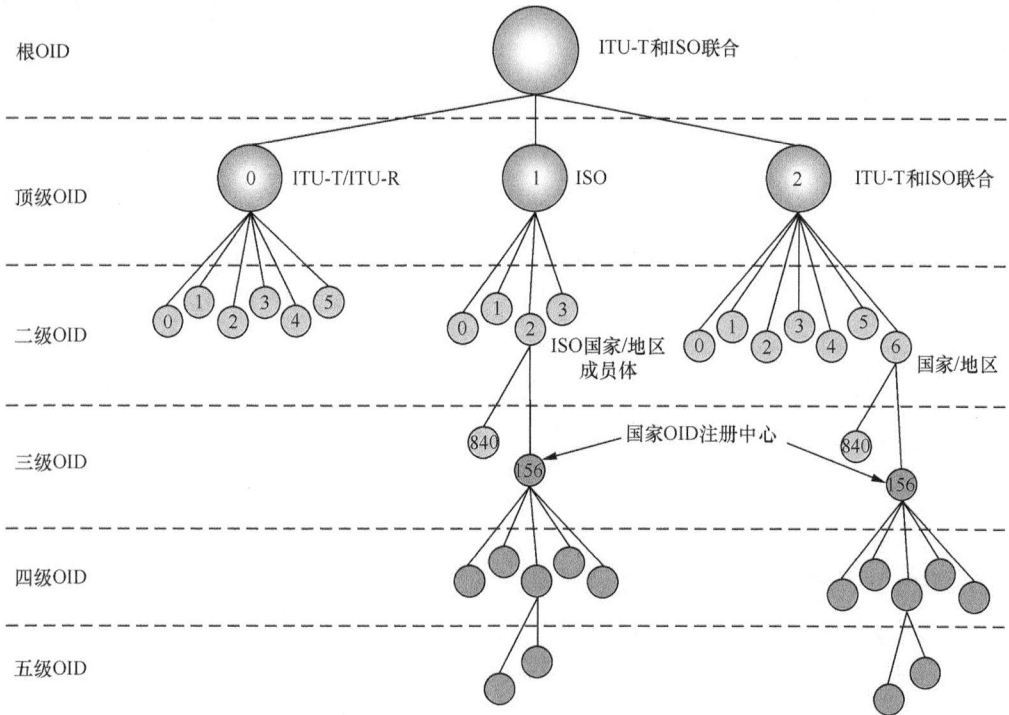

图 3-24　OID 树

（2）OID 的解析服务

OID 解析系统是面向公众用户、提供解析追溯服务的系统，可以提供多重解析服务，包括管理机构信息、对象信息、对象内容、子节点等。此外，OID支持二维码扫描和射频识别读取，通过便携式设备的软件，可以实现查询对象全部生命周期的信息解析。

OID解析系统可以精确标识大数据领域的核心要素，如数据元或数据结构等。在此基础上，OID还提供元数据注册功能和公开、规范的通用数据字典服务，为各个应用领域的信息系统建设、数据共享和数据交互提供科学依据。

（3）OID的技术优势

OID具有多个技术优势。首先，OID具有全球唯一性，由ISO/IEC和ITU共同推动，通过将分配的标识与对象的相关特性信息相关联，保证全球唯一性，具有权威性。其次，OID具有自主可控性，ISO/IEC负责维护顶层OID，各个国家/地区负责本国/地区分支下的OID分配、注册、解析等工作，实现自我管理和维护，不存在知识产权和注册费等方面的问题。最后，OID具有体系兼容性，提供多种系统对接方式，确保最大程度地兼容现有标识管理机制。

OID具有面向多种对象、关联性强、自主可控性、兼容性良好、分层灵活和可扩展性强等特点，是一种非常适合作为在现有应用之间进行交换的元标识机制。它已经发展成熟，被广泛应用于信息安全、电子医疗、网络管理、自动识别、传感网络等计算机、通信、信息处理等相关领域。由于OID具备全球唯一性、自主可控性和良好的兼容性，它具有极佳的应用基础和发展前景。

3. Handle

Handle是一个分布式信息系统，可为互联网提供高效、可扩展和安全的全局名称服务。Handle标识解析体系提供了一种安全可靠的互联网标识解析方案，为网络中的数字对象提供永久标识、动态链接和安全管理等基础服务。Handle系统包括开源协议、名称空间和协议的应用实现，这些协议使分布式计算机系统能够存储数字资源的名称或标识，并将这些Handle标识编码解析为定位、访问和以其他方式使用资源所需要的信息。

Handle标识编码由全球统一管理的Handle前缀和自定义编码（后缀）组成，是一种具有全球唯一性、可解析的数字对象标识符。用"/"分隔前缀和后缀，如86.1000/acqd1024，其中86表示中国，1000表示海尔，ac表示空调，qd表示青岛，1024表示序列号。

Handle标识解析体系由国际并联根节点（GHR）、辅根节点（ARS）、行业节点（LHS1）、下级的各授权节点（LHSn）、缓存/递归解析服务节点等要素构成，构成一个分层服务模型。在进行标识解析时，客户机向缓存解析服务器发起解析请求。如果在缓存解析服务器中存在能够提供相应解析服务的授权节点信息，则直接返回信息。

客户机与授权节点建立连接并发送解析请求，授权节点返回详细的标识解析结果。如果在缓存解析服务器中没有对应授权节点的信息，则从根节点开始逐级进行递归解析，获取对应的授权节点信息直到返回解析结果。这和 DNS 的递归解析类似。

　　Handle 系统架构是一种分布式存储和管理架构，它在世界范围内设置了多个根节点，这些根节点之间平等互通。用户可以通过 Handle 服务器在分布式存储和管理的环境下使用 Handle，快速搭建服务平台、对接不同的系统，支持各种应用，并且成本较低。Handle 由非营利性国际组织 DONA 进行运营管理，由多级最高授权管理者（MPA）建设和运营 Handle 系统的全球并联根节点，MPA 是由 DONA 授权和认证的。中国已经拥有自主可控的 Handle 根节点资源，由国家工业信息安全发展研究中心运营与管理。Handle 系统的另一个特点是提供部分用户自定义的编码能力，用户可以根据实际需求在编码体系的某些字段自定义编码规则。这些特点使得 Handle 系统架构成为受到各国重视的一种分布式存储和管理架构。

　　除上述优势外，Handle 系统还具有以下特点。

　　（1）唯一性

　　Handle 系统拥有一个全球解析系统和分段管理的运行维护机制，被设置为若干级区域性服务系统，可以提供特定区域、特定类型的标识管理，保证了 Handle 编码在全球范围内的唯一性。

　　（2）兼容性

　　Handle 系统可以通过恰当的标识和解析机制，兼容现有的标识方法和编码机制，例如 GS1、UID 等体系。

　　（3）永久性

　　Handle 系统能够维持 Handle 编码和其对应的实际对象间的指向，即使在实际对象的内容和位置发生变化时，引用 Handle 编码的用户也能感知到相应的变化，从而保证系统的永久性。

　　（4）可扩展性

　　通过向 Handle 系统申请一个 Handle 前缀，可以将本地命名空间纳入 Handle 系统体系，从而实现系统的扩展。系统间的交互针对 Handle 系统和元数据标准，当引入一条新信息、一个新系统时，只要符合相应的规范和标准，其他系统就不需要进行任何更改，从而提高了系统的可扩展性和灵活性。

　　目前 Handle 技术已经在智慧城市、产品溯源、药品信息管理，数字图书馆、工控安全管理等领域广泛应用。

　　对于其他标识解析技术，限于篇幅，这里不进行详细说明。随着工业互联网的发展，人们越来越意识到标识解析技术的重要性，它作为工业大数据、设备智能化等目标的基本支撑技术，可以解决"信息孤岛"问题，打破不同领域间的信息壁垒。因此，标识解析技术已经成为适用于工业互联网各个领域的基本共性支撑技术。

3.2.3　工业互联网标识解析体系

工业互联网产业联盟在《工业互联网标识解析——产品追溯白皮书》中指出，工业互联网标识类似于互联网域名，赋予每一个产品、零部件、机器设备唯一的"身份证"，实现资源区分和管理；工业互联网标识解析则类似于互联网域名解析，可以通过产品标识查询存储产品信息的服务器地址，或者直接查询产品信息及相关服务。

DNS 对资源名称的解析具有唯一性，只能解析符合完全域名格式的资源名称，无法兼容解析其他种类的资源名称。此外，DNS 域名是一种具有统一性和可知性的分级结构的资源名称。然而，由于工业互联网编码标准的多样性，即使是同一种编码标准也可能有许多不同的编码子类，这导致产品编码分级结构的分散性和未知性。虽然某个编码的结构对于相应的编码体系而言是可知的，但对于兼容多种编码体系的系统来说是未知的。因此，不能够直接使用 DNS 解析产品编码。所以需要构建一套异构兼容的工业互联网标识解析体系，打破不同标识解析体系之间的信息壁垒，实现更大范围的网络互联和数据互通。

1. 体系架构

工业互联网标识解析系统类似于 DNS，是实现资源互联互通的重要基础设施。该系统由 3 部分构成，分别为标识编码、标识解析和标识数据服务。标识编码为实体对象和虚拟对象赋予唯一身份标识，类似于机器和物品的身份证。标识解析可以根据标识编码查询目标对象的网络位置或相关信息，对机器和物品进行具有唯一性的定位和信息查询。标识数据服务则利用标识编码资源和工业互联网标识解析系统进行工业数据的管理、共享、共用。工业互联网标识解析系统是实现全球供应链系统和企业生产系统的精准对接、产品全生命周期管理和智能化服务的前提和基础。最初，该系统主要应用于企业供应链管理和产品追溯等应用场景，但随着工业互联网的发展，标识解析技术已从小范围、闭环、私有标识设计向大范围、开环的公共标识解析系统发展，利用公有标识对各类资源进行标准化编码已成为实现信息共享和推进工业智能化发展的基础。

目前，世界上只有一些应用于物联网的标识解析体系，还没有一个真正应用于工业互联网的标识解析体系。工业互联网产业联盟从功能和部署管理的角度提出了工业互联网标识解析体系的架构。

（1）功能架构

根据图 3-25 所示，从功能视角来看，工业互联网标识解析系统的整体架构可以进一步细分为 4 个层次，即标识编码层、标识采集层、标识解析层和信息共享层。相较于互联网 DNS，工业互联网标识解析系统的解析对象范围更广、解析对象粒度更加细化、解析功能更加丰富。对工业互联网标识解析系统的 4 个层次的具体描述如下。

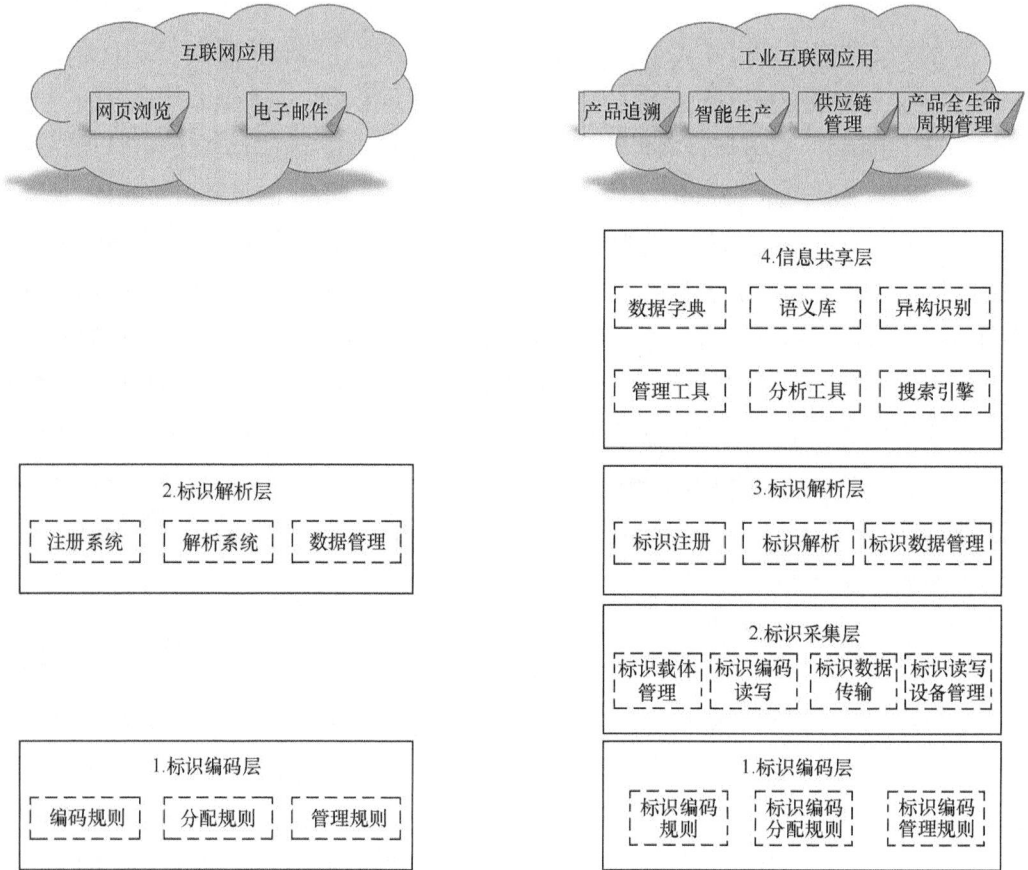

图 3-25　功能架构

① 标识编码层

该层定义了在工业制造中对各类对象进行数字化表示的相关管理规范，包括标识编码规则、标识编码分配规则和标识编码管理规则。标识编码管理主要指根据欲申请的标识编码体系，按照相应的标识编码规则生成符合规则的标识并向管理机构进行注册，保障标识编码的全局唯一性并可以被相应的软件解析。

② 标识采集层

该层是借助条码、二维码、射频识别电子标签等标识载体，通过非接触的读写方式根据特定的通信协议实现数据的传输，并在边缘端和平台端实现对采集设备的管理，包括标识载体管理、标识编码读写、标识数据传输和标识读写设备管理。

③ 标识解析层

该层定义了根据标识编码查询对象网络位置或者相关信息的服务，包括标识注册、标识解析和标识数据管理。标识注册是指申请标识编码，并将标识与产品信息（或者存储产品信息的位置）这一关联记录存储在特定地点的服务；标识解析是指通过产品标识查询存储产品信息的服务器地址，或者直接查询产品信息及相关服务；标识数据管理主要是数据清洗和数据关联，数据清洗主要指去除误读、漏读、错读等原因所造成的标识数据不准确、不完整，数据关联主要指将产品标识与其他产品信息相关联。

④ 信息共享层

该层指通过构建统一的语法数据模型，实现异构资源交互共享的服务，主要包括数据字典、语义库、异构识别、管理工具、分析工具及搜索引擎。借助数据字典和语义库等语义技术可以实现统一理解和利用异构的产品信息；异构识别指自主适配不同的标识编码规则，对特定标识体系采取预先指定的处理模式；标识的管理、分析和搜索是通过搜索引擎等查询多个不同来源的产品信息。

从实现角度来看，在工业互联网标识解析的流程中，标识采集层主要在硬件端，标识编码层主要在软件端，标识解析层及信息共享层主要在平台端。

① 硬件端

硬件端主要指产品信息采集终端，包括与标识载体进行标识数据交互的读写与感知设备，以及对上述标识载体、封装打印一体机、读写设备、感知设备的功能、性能、安全等指标进行检查和测试的设备。

② 软件端

软件端主要指产品信息处理软件，包括编码、解码软件及边缘端的数据处理软件，包括数据的清洗、关联和语义映射及异构的识别等。

③ 平台端

我国将逐步建成由国家标识解析中心、行业标识解析平台和企业标识解析系统所组成的三级工业互联网标识解析体系。通过平台端实现转发标识查询请求、查询标识映射信息的解析服务和信息共享。

工业互联网标识解析系统的应用范围包括产品追溯、智能生产、供应链管理和产品全生命周期管理等。相对于互联网 DNS 具有的相对简单的解析功能，工业互联网标识解析系统的应用范围更广，需要在硬件端、软件端和平台端进行多方面的技术支持和服务。

（2）管理架构

如图 3-26 所示，工业互联网标识解析体系采用分层、分级的部署管理模式。该体系包括国际根节点、国家 / 地区顶级节点、二级节点及公共递归解析节点。

国际根节点是该体系的最上层，是某一种标识体系管理的最高层级服务节点。

国家 / 地区顶级节点是该体系的关键，是一个国家或者地区内部顶级的标识解析服务节点，能够在全国范围内提供顶级标识编码注册和标识解析服务，以及标识备案、标识认证等管理能力。国家/地区顶级节点既是对外互联的国际关口，也是对内统筹的核心枢纽。

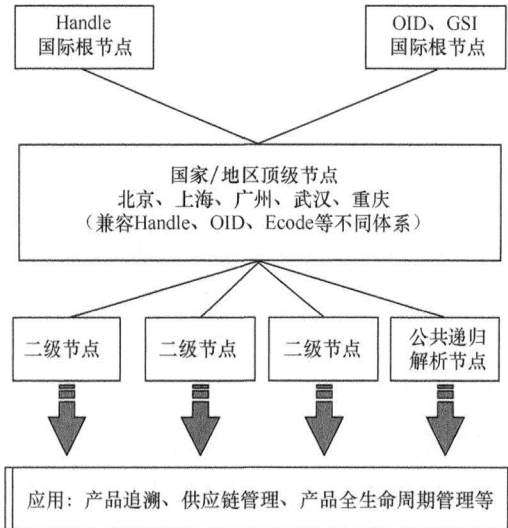

图 3-26　管理架构

国家/地区顶级节点向下与二级节点对接，二级节点面向行业/地区提供标识编码注册和标识解析服务。

最下层为企业内部标识解析系统节点。公共递归解析节点与顶级节点、二级节点和企业节点对接，提供递归查询服务，接收客户机发出的查询请求，通过缓存等技术手段整体提升工业互联网标识解析的服务能力。

2. 关键技术

传统互联网通过 DNS 将名称转换为 IP 地址以获取网络资源。在工业互联网中，也需要类似的服务来将产品身份编码标识转换为存储产品信息的服务器 IP 地址，以获取信息资源。然而，目前存在许多相互竞争的标识编码标准，在不同标识编码体系之间存在寻址冲突的问题。由于工业互联网具有复杂的应用场景和大量的被标识对象，因此利用单一编码系统来替代并存的多种标识编码系统代价大且技术难度大。因此，与现有工业互联网标识解析体系兼容的新型解决方案是当前工业互联网标识解析体系的主要研究方向。工业互联网标识解析体系的关键技术包括标识编码技术、解析寻址技术、标识数据服务技术和安全技术。

（1）标识编码技术

标识编码技术是工业互联网标识解析体系的研究重点之一。工业互联网通过唯一标识的物理实体或虚拟资源，连接人、机、物等资源，实现工业全要素、全产业链、全价值链的互联互通,有效提高工业生产效率。标识编码规则目前并不统一、零散混乱,导致工业行业"信息孤岛"问题严重,影响产业链上的数据交换和信息共享。标识编码结构决定了标识空间的大小,并与管理策略密切相关,直接影响标识解析系统的设计。因此,标识编码的目的要考虑唯一性、针对性、可用性、可扩展性和安全性等多方面的内容。目前,主流的标识编码方案有两种,分别为层级式的结构化标识编码方案和扁平化的随机数形式的标识编码方案。层级式的结构化标识编码方案有利于实现标识编码的分级查询和管理;扁平化的随机数形式的标识编码方案具有去中心化特性,在网络攻击和防御方面具有良好的表现。标识编码技术的研究与发展是工业互联网标识解析体系的重要组成部分。

（2）解析寻址技术

在工业互联网中,解析是指通过标识解析系统查找标识对应的 IP 地址或相关的元数据信息,实现端到端的访问。解析寻址技术主要分为经典的解析寻址技术、改进型的解析寻址技术和变革型的解析寻址技术 3 种类型。经典的解析寻址技术是通过 DNS 将域名解析为 IP 地址,然后通过 IP 地址找到 MAC 地址;改进型的解析寻址技术仍然是基于 DNS,通过局部的适当改进来满足工业互联网的需求;变革型的解析寻址技术是指从现有的互联网解析寻址技术中分离的新型解析寻址方案,同时能够与互联网 DNS 保持互联互通。例如,Handle 标识编码及其标识解析系统就是一种新型解析寻址技术,其优势在于技术创新空间较大,能够更好地满足工业互联网的发展需求,为打造新型网络治理格局提供了契机。解析寻址技术的不断发展和创新将推动工业互联网标识解析体系的不断完善和提升。

（3）标识数据服务技术

标识数据服务技术是指利用标识编码资源和标识解析系统,进行标识数据管理和跨企业、跨行业、跨地区和跨国家的数据共享服务。标识对象在不同行业、垂直领域的用途不同,导致数据具有不同的性质、不同的类型、不同的表达形式和不同的内容,难以完成数据的处理、关联、整合和描述。标识数据服务技术通过构建统一的语义、语法数据模型,有效整合异构资源,实现数据的互联互通。全球主要制造强国都开展了数据管理研究,尤其以德国工业 4.0 工作组提出的资产管理壳最为突出,资产管理壳以管理壳头部标识为索引,通过定义统一的数据描述规则,实现企业间异构数据的高效交换。

标识数据服务技术包含数据传输接口技术、数据建模技术和数据语义技术。数据传输接口技术通过规范数据接口格式、接口服务、传输协议和传输安全,实现多源数据采集和多平台下的数据连接。利用数据建模技术构建统一、多行业、多系统并行协作的层级模型,解决数据管理分散的问题,实现资源的汇聚共享。数据语义化技术借助数据描述框架和人工智能等数据分析技术,完成异构数据的处理、转换、映射等,规范数据的格式和属性描述，促进数据的相互理解。

（4）安全技术

为确保标识解析服务的安全性，新型工业互联网标识解析方案需要具备较强的安全保障机制和安全保障系统。由于工业互联网将企业数据、企业资产、现场人员连接在一起，相对于传统的互联网与物联网，其对安全性的要求更高。因此，需要构建多层次、全方位的标识解析安全保障机制及系统，提供多节点、多级别的身份鉴权能力，支持操作追溯、操作查证、数据保护、数据可控、数据防篡改等功能，从而提升标识解析系统的安全保障能力。

3.2.4 小结

互联网和工业的融合创新，不仅仅是网络互联互通层面的问题，更重要的是对网络所传递的信息的融合理解和开放应用。工业互联网和智能制造的核心推动力在于对工业互联网空间信息的采集和理解。标识解析体系是未来工业互联网、物联网和智慧城市基础信息设施的重要组成部分，也是支撑网络互联互通和信息共享共用的重要基础设施。工业互联网标识解析体系的价值主要在于协助工业数据的管理和共享共用，关键在于推动可标识的数据对象在企业内部网络或跨企业、跨行业、跨地区、跨国家的流动。目前，工业互联网标识解析系统已初具规模，初步具备了面向业务可灵活定义等特性，但在面向工业互联网信息空间的语义理解方面还有许多工作要完成，尤其是标准化方面，还需要面向制造企业的实际需求，制定开放共享的标准。

标识解析体系作为工业互联网的关键神经系统，是实现工业系统互联和工业数据传输交换的支撑基础。通过工业互联网标识解析系统，可以构建人、机、物全面互联的基础设施，实现工业设计、研发、生产、销售、服务等产业要素的全面互联，提升协作效率，对促进工业数据的开放流动与聚合、推动各类工业资源的优化集成与自由调度、支撑工业集成创新应用具有重要意义。

▌讨论与思考

❶ 计算机网络的通信模式有哪些？网络拓扑结构有哪些？

❷ 数据交换主要包括哪3种方式？其优缺点分别是什么？

❸ OSI参考模型包括哪几层？各层的功能分别是什么？

❹ TCP/IP参考模型包括哪几层？其与OSI参考模型的主要区别是什么？

❺ 举例说明TCP/IP参考模型各层的常见协议和典型硬件设备。

❻ 分析以太网的数据传输步骤。

⑦ 长距离、低功耗无线通信技术主要包括哪些？短距离无线通信技术主要包括哪些？

⑧ 现场总线的定义和作用是什么？其技术特点是什么？

⑨ 举例说明几种主流的现场总线技术。

⑩ 工业以太网与以太网之间的区别体现在哪些方面？工业以太网的主要优势是什么？

⑪ DNS的本质是什么？递归查询和迭代查询的含义分别是什么？两者有什么区别？

⑫ 工业互联网标识解析体系可分为哪两类？分别包括哪些主流标识解析体系？

⑬ 工业互联网标识解析系统的4个层次分别是什么？分别位于什么端？

⑭ 工业互联网标识解析体系的关键技术包括哪些？

参考文献

[1] 王兴玲，焦玲，刘鹏. 大学计算机应用基础[M]. 北京：清华大学出版社，2011.

[2] AndrewS. Tanenbaum. 计算机网络（第4版）[M]. 潘爱民，译. 北京：清华大学出版社，2004.

[3] 工业互联网产业联盟. 工业互联网网络连接白皮书（版本1.0）[R]. 2018.

[4] 楚俊生，游世林. 工业互联网网络技术标准化分析[J]. 电信网技术，2017（11）：37-43.

[5] 陈磊. 从现场总线到工业以太网的实时性问题研究[D]. 杭州：浙江大学，2004.

[6] 工业互联网产业联盟. 工业互联网体系架构（版本1.0）[R]. 2016.

[7] 方晓柯. 现场总线网络技术的研究[D]. 沈阳：东北大学，2005.

[8] ANONYMOUS. Serving Global Industrial Automation: IEC Publishes New Fieldbus Standards[J]. Assembly Automation，1980，28（3）：266-267.

[9] 胡毅，于东，刘明烈. 工业控制网络的研究现状及发展趋势[J]. 计算机科学，2010（1）：29-33，52.

[10] 许方敏，伍丽娇，杨帆，等. 时间敏感网络（TSN）及无线TSN技术[J]. 电信科学，2020，36（8）：81-91.

[11] 中国电子技术标准化研究院. 时间敏感网络白皮书[R]. 2020.

[12] 张云勇. 5G将全面使能工业互联网[J]. 电信科学，2019，35（1）：7-14.

[13] 尤肖虎，潘志文，高西奇，等. 5G移动通信发展趋势与若干关键技术[J]. 中国科学：信息科学，2014，44（5）：551-563.

[14] 工业互联网产业联盟. 工业互联网标识解析——产品追溯白皮书[R]. 2017.

[15] 任语铮，曾诗钦，霍如，等. 新型工业互联网标识解析体系探讨与实践[J]. 信息通信技术与政策，2019（8）.

[16] 淳娇. 基于EPC/RFID技术的肉制品电子溯源系统研究与实现[D]. 南京：南京农业大学，2016.

[17] 田晓芳. EPC物联网与信息共享技术的研究与实现[D]. 北京：中国地质大学，2005.

[18] 中国电子技术标准化研究院. 对象标识符（OID）白皮书[R]. 2015.

[19] 李世强，詹鑫毅，邱家才. 浅述Handle系统[J]. 信息系统工程，2019（12）：38-39.

[20] 刘阳. 工业互联网标识解析技术标准化进展与发展趋势[J]. 仪器仪表标准化与计量，2018（6）：17-19.

[21] 张钰雯，池程，朱斯语. 工业互联网标识解析体系发展趋势[J]. 电信网技术，2019（8）：43-46.

[22] 杨震，张东，李洁，等. 工业互联网中的标识解析技术[J]. 电信科学，2017（11）：140-146.

第 4 章
工业互联网平台

04

（1）了解工业互联网平台的定位；

（2）了解工业互联网平台的作用；

（3）了解工业互联网平台的技术架构；

（4）了解工业互联网平台的边缘层核心技术；

（5）了解工业互联网平台IaaS、PaaS、App层的核心技术；

（6）了解国外主要工业互联网平台；

（7）了解国内主要工业互联网平台；

（8）了解国内工业互联网平台的特点；

（9）了解国内工业互联网平台的发展情况。

工业互联网平台是工业全要素链接的枢纽和工业资源配置的核心，也是工业智能化的"神经中枢系统"。工业互联网的三大要素是平台、网络和安全，其中平台是核心。其特征包括对工业资源的泛在连接、弹性供给和高效配置，负责连接设备、软件、工厂、产品和人等工业要素，实现对工业产品的网络化制造，对海量工业数据进行采集、汇聚、分析，并提供服务。

4.1 工业互联网平台的架构

4.1.1 工业互联网平台的定位

工业互联网平台是现代化产业体系建设的重要支撑之一，它是不同领域、技术跨界融合和创新发展的结果，集智能传感、物联网、云计算、大数据、工业软件和工业技术等于一体。在新技术的推动下，正在构建以工业互联网平台为核心的现代化产业体系的新基础、新要素和新业态，以支撑现代化产业的高端化、智能化、绿色化和生态化。工业互联网平台的发展不仅促进了工业信息化水平的提升，也推动了产业结构的升级和转型。在未来的发展中，工业互联网平台将继续发挥重要作用，为现代化产业体系的建设提供更多的支撑和保障。

工业互联网平台具有以下几个基本定位。首先，工业互联网平台是传统的工业云平台不断迭代和升级的结果。成本驱动导向、集成应用导向、能力交易导向、创新引领导向和生态构建导向是工业云平台向工业互联网平台演进的 5 个必然阶段，实现了工业知识生产、传播和利用效率的大幅提升，并形成了海量开放的 App 与工业用户之间相互促进、双向迭代的生态体系。其次，工业互联网平台是新工业体系的"操作系统"，通过打破原有工业系统的封闭和壁垒，实现了高效的设备集成模块、强大的数据处理引擎、高速的数据传输网络、开放的开发环境和工具、组件化的工业知识微服务等方面的支撑。再次，工业互联网平台是资源集聚和共享的有效载体。各类工业企业、互联网企业、通信企业及第三方开发者等主体集聚于云端，推动主体、资源、知识的集聚和共享，形成社会协同化的生产方式和组织模式。最后，工业互联网平台将提升制造企业的竞争优势。当前工业互联网平台的发展正处于规模化扩张阶段，各国的领军企业为了巩固和强化自己在制造业的地位，也在不断推动工业互联网平台的发展。综上所述，工业互联网平台在推动现代化产业体系建设方面具有重要的作用和意义。

4.1.2　工业互联网平台的作用

工业互联网平台是一个能够对海量工业设备和系统数据进行高效集成的平台，能够实现资源和业务的智能化管理，从而促进知识和经验的积累和传承，并驱动应用和服务的开放创新。在传统的制造型企业向新型智能化企业转变的过程中，工业互联网平台发挥着重要的核心支撑作用，也是新型智能化制造企业的数字化"神经中枢"。工业互联网平台具有以下重要作用。

① 实现企业的智能化生产和管理。通过对生产现场的各类数据的全面采集和智能分析，能够及时发现生产瓶颈和产品缺陷的根本原因，并给出解决方案，从而不断提高企业的生产效率和产品质量。同时，综合分析企业的生产现场数据、计划资源和运营管理等数据，能够实现更精准的供应链管理和财务管理，降低企业的运营成本和风险。

② 实现企业的生产方式和服务的创新。通过工业互联网平台可以实现产品售后使用环节的数据打通，提供设备健康管理、产品增值服务等新型业务模式，实现从传统的卖产品到新型的卖服务的转变，提升产品价值。通过工业互联网平台的交互功能，企业还可以与用户进行更加充分的交互，了解用户的个性化需求，并有效地组织生产资源，利用个性化实现产品的更高附加值。

③ 实现互联网新模式和新业态。不同企业基于工业互联网平台可以开展信息交互，实现跨企业、跨行业、跨区域的资源和业务的聚集，打造更高效的协同设计、协同制造和协同服务体系。未来，工业互联网平台可能催生更多新的产业体系，这将催生一系列互联网新模式和新业态，如同移动互联网平台创造了应用开发、应用分发、线上线下等一系列新的产业环节和价值。

④ 实现企业的智能化运转。平台向下链接海量设备，自身承载工业经验与知识的模型，向上对接企业工业优化应用，是工业全要素链接的枢纽和工业资源配置的核心，驱动先进制造体系的智能化运转。

⑤ 实现以海量异构数据为驱动的网络化和智能化。平台依靠先进的网上大规模计算架构和高性能的云计算基础设施，实现对海量异构数据的集成、存储和计算，解决工业数据爆炸式增长与现有工业系统计算能力不匹配的问题，加快以数据为驱动的网络化、智能化发展进程。

4.1.3 工业互联网平台的技术架构

为了实现工业互联网平台的高效运转，需要解决一系列难题，包括多种异构工业设备网络的连接、多源数据的深度融合、海量数据的存储与治理、相关数据的建模与分析、工业应用的创新与集成，以及工业知识的积累与迭代。为了解决这些问题，需要采用八大类重要技术，包括数据集成和边缘计算技术、基础设施即服务（IaaS）技术、平台使能技术、数据治理技术、应用开发和微服务技术、工业数据建模与分析技术、信息安全技术及新一代信息技术。工业互联网平台技术架构如图 4-1 所示。

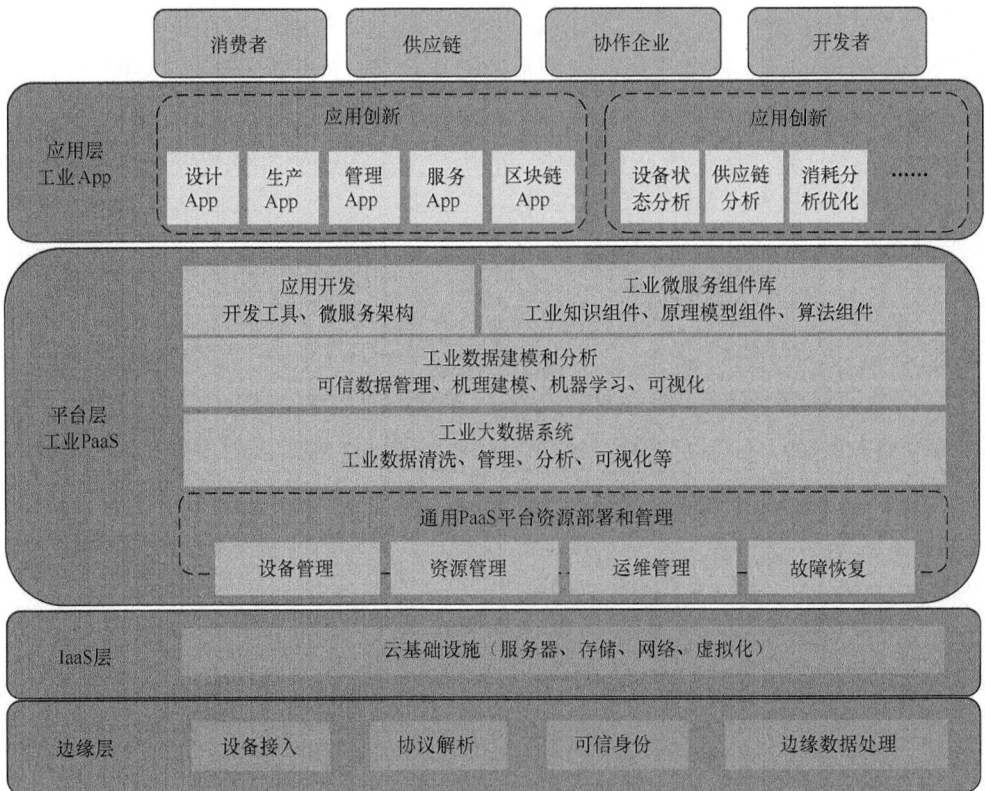

图 4-1　工业互联网平台技术架构

1. 数据集成和边缘计算技术

数据集成和边缘计算技术在物联网系统中扮演着重要的角色。设备接入可以分为 3 种不同的类别。第 1 类是基于通用协议，如以太网和光纤；第 2 类是基于工业通信协议，如工业以太网和工业总线；第 3 类是基于无线协议，如 4G/5G 和 NB-IoT。这些协议的使用确保了大量设备成功接入平台边缘层。协议转换是一项关键技术，它通过协议解析、中间件等技术来提高各种工业通信协议（如 Profibus、OPC、Modbus、CAN 等）与软件通信接口的兼容性，以统一数据格式，并通过 HTTP、MQTT 等协议采集数据，将数据从边缘侧传输到云端，最终实现数据的远程接入。边缘计算技术通过边缘分析算法和高性能计算芯片等硬件技术，实现数据的预处理、存储、智能分析和应用。这些技术可以在靠近设备或数据源头的网络边缘侧进行操作，并提升操作响应灵敏度，缓解网络拥塞。同时，边缘计算技术可以与云端分析协同工作，从而实现更加高效的数据分析和应用。数据集成和边缘计算技术的使用可以提高系统的性能和效率，并使得数据的处理和分析更加智能化。

2. IaaS技术

通过利用虚拟化技术分配资源和分布式存储提供的缓存支持，计算机资源池化管理得以实现。并行计算、负载均衡等技术也为网络、计算和存储资源的池化管理提供了支持。这种资源池化管理使得计算机资源能够按需分配，并保障了资源使用的安全性和隔离性。因此，用户可以获得更完善的云基础设施服务。

3. 平台使能技术

资源调度是指通过监测技术和相应的调度算法，可实时分析从云端获取的应用业务量，为应用程序分配相应的底层资源，以实现云端应用自适应业务量变化的目标。这种资源调度技术可以使得应用程序能够动态地获取所需的资源，从而更好地满足用户需求。

多租户管理是通过虚拟化、数据库隔离和容器等技术，实现不同租户应用和服务的隔离，以保障租户隐私和安全。这种技术可以有效地区分不同租户的资源使用情况，从而避免资源冲突和安全问题的发生。通过多租户管理技术，云服务提供商可以更好地满足不同租户的需求，提供更高效、更安全的云服务。

4. 数据治理技术

数据处理框架是指采用 Hadoop、Spark、Storm 等分布式处理架构，以满足海量数据批处理和流处理的计算需求。这些框架可以有效地处理大量数据，并提供高效的计算能力，以满足不同用户的需求。

数据预处理是指通过剔除冗余数据、数据异常检测、归一化等方法清洗原始数据，以保证后续用于存储、管理和分析的数据的质量。这种数据预处理技术可以有效地减少数据噪声和错误，提高数据的准确性和可靠性。

数据存储与治理是通过分布式文件系统、NoSQL 数据库、关系数据库、时序数据库等不同的数据管理引擎，对数据进行分区选择、存储、编目和索引等操作。利用这种数据存储和治理技术可以有效地管理和保护数据，并提供高效的数据查询和数据检索能力，以满足不同用户的需求。

5. 应用开发和微服务技术

"多语言多工具"是指拥有操作方便、效率更高的集成开发环境，支持 PHP、Python、JavaScript、Ruby 和 Java 等多种计算机编程语言，并提供 Eclipse Integration、JBoss Developer Studio、Git 和 Jenkins 等各类开发工具。这种"多语言多工具"的开发环境可以为不同类型的应用开发提供支持，从而提高开发效率和质量。

微服务架构是通过集合服务注册、服务发现、服务通信和服务调用功能的管理机制和运行环境，为基于微服务单元集成的"松耦合"应用的开发和部署提供支撑。这种架构可以有效地提高应用的可扩展性、可维护性和可重用性，从而提高应用的质量和效率。

图形化编程是指支持用户通过图形化编程工具，如 LabVIEW 等，实现对应用的创建、测试、扩展等操作的可视化，从而提高操作效率。图形化编程更直观、易用性更强，可提升用户的开发体验，从而提高应用的开发效率和质量。

6. 工业数据建模与分析技术

数据分析算法指以数学的概率统计为基础，编写机器学习和深度学习等人工智能算法，实现对历史数据、实时数据、时序数据的分类、聚类、关联和预测等各种分析。这种算法可以帮助用户更好地分析工业数据，从而提高数据的应用价值。

机理建模技术是指结合电子信息、机械自动化、物理等领域的专业知识与生产实践经验，在已知的工业机理上建立类型丰富的模型，实现数据分析的应用。这种建模技术可以帮助用户更好地理解工业机理。

通过数据分析算法和机理建模技术，用户可以更好地分析工业数据和理解工业机理，从而提高生产效率和质量。

7. 信息安全技术

数据接入安全是指采用工业防火墙技术、工业网闸技术、加密隧道传输技术等信息安全技术，实现数据防泄露、防劫持和防破坏，保障数据源头安全及数据传输安全。这种信息安全技术可以有效保护数据源头和数据传输过程，从而保障数据的完整性和可靠性。

平台安全是通过平台入侵实时检测、网络安全防御系统、恶意代码防护、网站威胁防护、网页防篡改等技术，实现工业互联网平台的代码安全、应用安全、数据安全和网站安全。这种信息安全技术可以有效地保护工业互联网平台，从而保障用户数据和应用的安全性。

访问安全是通过建立统一的访问机制，限制用户的访问权限和所能使用的计算资源和网络资源，实现对云平台重要资源的访问控制和管理，防止非法访问。这种访问安全技术可以有效地保护云平台。

8. 新一代信息技术

（1）人工智能技术

人工智能技术在各种领域中发挥着重要作用，包括计算机视听觉、智能语音处理、自然语言理解、新型人机交互、生物特征识别、复杂环境识别和智能决策控制等方面。利用人工智能技术，关键制造设备可以实现自我感知、自我学习、自我适应和自我控制。结合行业特点和大数据分析技术，采用机器学习、知识发现与知识工程、跨媒体智能等方法，使产品质量改进、产品缺陷检测、产品生产工艺与生产过程优化、设备健康管理、故障预测与诊断等关键环节具备人工智能技术特征。目标产品采用智能感知、模式识别、智能语义理解、智能分析决策等核心技术，能够实现复杂环境感知、智能人机交互、灵活精准控制和群体实时协同等功能。

（2）区块链技术

区块链技术是一种应用了分布式数据存储、点对点传输、共识机制、加密算法等计算机技术的新型技术。它包含 4 个主要的技术特征，分别为共享统一账本、灵活智能合约、达成机器共识及保护权限隐私。

共享统一账本是区块链技术的核心之一。通过链式结构完成数据存储，各个区块环环相扣，相邻区块相互串联，上一个区块的哈希是下一个区块的数据头。利用这种结构来存储交易资产状态，能够提高数据被泄露、破坏的难度。交易记录将被写入账本，交易发起方签名，由背书策略验证，并经过共识后写入。

灵活智能合约是区块链技术的另一个重要特征。灵活智能合约用于描述多方协作中的交易规则和流程，并以代码的形式部署在相关参与方的背书节点中。灵活智能合约由内外部事件驱动执行。

在分布式网络中，所接收到的交易经过代码逻辑、业务顺序和灵活智能合约来执行，并在账本中形成一种依赖机器和算法的共识，确保交易记录和交易结果全网一致。机器共识能够适应大规模机器类通信的去中心化架构，促进形成一种去中介化的应用新模式和商业新生态。

只有经过联盟授权的人、机、物和机构才能加入区块链网络。只有拥有授权的人才可以访问账本，进行交易操作和查看交易记录。这种机制使得交易具备真实可验性、可溯源性，同时无法狡辩及伪造。

八大类技术正在快速发展，对工业互联网平台的构建和发展产生深远影响。在平台层，PaaS 技术、新型集成技术和容器技术正在加速改变信息系统的构建方式和组织方式。在边缘层，边缘计算技术极大程度地拓展了平台收集数据和管理数据的范围和能力。在应用层，微服务等新型开发框架正在驱动工业软件开发方式的不断变革。同时，工业机理与数据科学的深度融合也正在引发工业应用的创新浪潮。

新一代信息技术如 5G、人工智能和区块链将进一步释放数据的生产潜力，从生产方式、组织管理方式和商业模式等多方面改造、发展制造业。这些技术不断创新变革，为制造产业不断向高端化、智能化、绿色化、生态化的方向发展提供源源不断的动力。

4.2　工业互联网平台的核心技术

工业互联网平台的技术架构可分为 4 层，分别为边缘层、工业 IaaS 层、工业 PaaS 层和工业 App 层。边缘层指与设备直接相连的物理网络层，主要包括工业现场设备、传感器、智能设备等。边缘层通过数据采集、数据存储、数据处理等技术，将数据传输到工业 IaaS 层进行处理和管理。工业 IaaS 层主要提供云计算、大数据、云存储等基础服务。该层通过数据分析、数据建模、数据存储等技术，对数据进行分析和处理，为工业 PaaS 层提供数据支持。工业 PaaS 层主要提供工业互联网平台的核心功能，如工业数据采集、数据分析、数据建模、数据可视化等。该层通过云端计算、大数据分析、人工智能等技术，为工业 App 层提供支持。工业 App 层是指应用程序层，主要提供工业应用程序和服务。该层通过工业云平台、移动终端等技术，为用户提供工业应用和服务，如生产调度、设备管理、能源管理等。这 4 层构成了工业互联网平台的技术架构，通过各自的技术手段，实现了工业设备、数据、应用的互联互通，为工业转型升级提供了有力支撑。

4.2.1　边缘层的核心技术

工业互联网边缘层是工业互联网平台的数据采集层，通过对大规模的深度数据的采集，以及异构数据的协议转换与边缘处理，构建工业互联网平台的数据基础。边缘层的实质是实时、高效的数据采集和数据的云端汇聚，其中数据对象是通过泛在感知技术所获得的设备、人、系统环境等各类信息。边缘层的体系架构如图 4-2 所示。

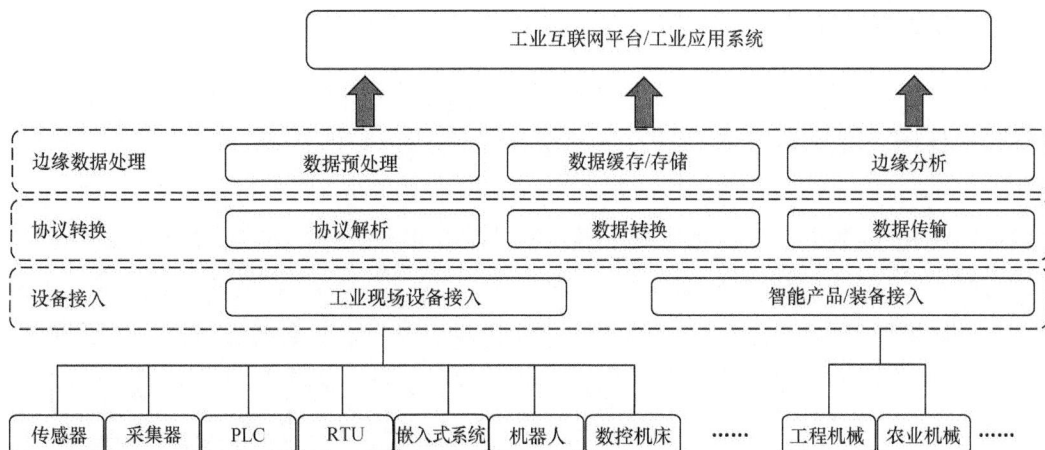

图 4-2　边缘层的体系架构

边缘层的发展受到多方面的限制，包括传感器部署工作不到位、设备智能化水平低、终端的数据采集不充分、数据深度和精度不够等问题，这些问题导致前期采集的数据无法满足后期数据的实时分析、智能决策和优化的需求。突破数据采集瓶颈的主要路径包括两个方面。①通过协议兼容、协议转换实现多源、异构系统的数据可采集、可传输和可交互。这需要构建兼容多种协议的技术产品体系，如 GE 的 Predix Machine 和西门子的 MindConnect Nano，以实现不同协议的互联互通。②通过边缘计算等技术在设备层进行数据预处理，提高数据的采集和传输效率，降低网络接入、存储和计算成本，提高现场反馈和控制的实时性。例如，SAP 正在推动 HANA 平台底层部署应用边缘计算产品，而思科在工业交换机上应用边缘计算技术。数量庞大的边缘计算节点将有效缓解网络传输和云端存储、计算的压力。数据采集的显性化可以为制造资源的优化提供海量数据源，是实时分析、科学决策的起点，也是当前制造业数字化和网络化的难点，还是建设基于工业互联网平台制造业生态的基础。

边缘层的核心技术包括如下几种。

1. 传感器技术

传感器是一种元器件或装置，具有感受和检测被测对象信息的功能，能够将这些信息按照一定规律转换成可输出信号，是实现智能测试和自动控制的重要环节。智能系统需要数据来发挥智能作用，而传感器就负责对原始信息进行捕获和转换。没有传感器，即使计算机性能再强大，也无法实现可靠的智能测试和自动控制。数字孪生完成了物理设备向数字系统的映射，要求每个物理设备都有设备标识。对于高价值的设备，除传统标识外，还需要配备物理级别的嵌入式身份证书，该证书由国家级的设备身份认证中心颁发。这些设备在向云端传输数据时，需要加上自己的标识，以便云端进行设备身份验证。因此，传感器是获取数据的重要器件，是工业互联网的"关键感官"。

2. 协议转换技术

在工业互联网平台中，传感器种类繁多，数据联网的协议兼容问题越来越突出，已成为平台顺利运行的重要掣肘之一。解决系统通信协议的转换和通信标准化问题具有重要意义。协议转换技术通过构建一个脱离具体硬件设备的接口通信服务平台，依据其开放的实时数据库，简化系统中异构协议转换和系统联网的过程。异构协议也可转换为标准协议并与其他系统联网，从而实现实时数据的采集和处理。该技术可实现串口、以太网、现场总线物理层的通信协议转换，数据链路层的通信协议相互转换，同时具备将非标准通信协议转化为标准通信协议的功能，具有开放性的标准化接口。这种技术的应用可以大大简化系统中的异构协议转换和系统联网的过程，为工业互联网平台提供更加高效、稳定和可靠的数据采集和处理服务。

3. 低功耗技术

在工业互联网平台的数据采集层，大量的嵌入式系统被广泛应用，这些系统一般借助电池来工作。因此，从系统整体上进行低功耗设计，降低传感器的功耗，有效延长电池供电时间，成为一个迫在眉睫的问题。微处理器是工业互联网处理数字信息的核心器件，如何降低芯片的功耗对整个边缘层系统来说非常关键。随着芯片集成度的进一步提高和算力的快速提升，芯片的功率密度在持续增加，芯片发热量的增加会导致芯片可靠性的下降。在边缘层，很多情况下工业界会选择牺牲部分芯片的性能来追求更低的功耗。因此，降低芯片功耗是提高边缘层系统可靠性和延长电池供电时间的关键。

4. 能量获取技术

新型能量获取技术与传统供电方式不同，它利用环境中的免费能源，如环境热量（温差电堆）、振动或应变（压电体）、光线（光电）和运动（线圈）等，不受限于有线供电。这些能源经过转化后，可以用于系统中电池的充电或补充，甚至在一些特定领域中可以完全取代电池。随着低功耗物联网感知和能量获取与管理技术的快速发展，无源能量获取系统得到了更广泛的应用。

5. 边缘计算技术

边缘计算技术作为物理世界和数字世界之间的连接桥梁，位于靠近物或数据源头的网络边缘侧。边缘计算平台是一个分布式开放平台，融合了网络、计算、存储和应用核心能力，就近提供边缘智能服务，以满足行业数字化在敏捷连接、实时业务、数据优化、智能应用、安全与隐私保护等方面的关键需求，因为它能够在边缘进行计算处理，从而提升网络服务的响应速度。在工业互联网平台中，边缘计算也扮演着重要的角色，特别是在 IT 系统和 OT 系统的融合方面。

4.2.2　工业 IaaS 层的核心技术

工业 IaaS 层把信息技术基础设施作为服务通过网络对外提供。具体而言，工业 IaaS 层利用虚拟化、分布式存储、并行计算、负载调度等技术，来实现网络、计算、存储等计算机资源的资源池管理。同时，工业 IaaS 层可以根据用户的需求适时调度资源，确保资源使用的安全性与隔离性，为客户提供云基础设施服务。其核心功能是将计算机资源虚拟化，形成一个资源池，以满足客户的需求。通过工业 IaaS 层，客户可以快速部署应用程序，享受灵活、高效、安全的云基础设施服务。工业 IaaS 层的核心技术包括以下几种。

1. 海量数据的分布式存储技术

海量数据采用分布式存储方式，使用分布式缓存系统对访问接口及本地数据进行缓存，从而缓解网络压力。这种存储方式具有高可扩展性、高并发性、高可用性等特点。海量数据的分布式存储主要分为 3 种类型。第 1 种是直连式存储（DAS），它与普通的 PC 存储结构相同，将外部存储设备直接挂接在服务器内部总线上，数据存储设备是整个服务器结构的一部分。第 2 种是网络接入存储（NAS），它采用单独为网络数据存储而开发的一种文件服务器来连接存储设备，形成一个网络，数据存储不再是服务器的附属，而是作为独立网络节点存在于网络中，所有网络用户都可以共享。第 3 种是存储区域网络（SAN），它顺应了计算机服务器体系架构的网络化趋势，最大的特点是将网络和设备的通信协议与传输物理介质相隔离，多种协议可在同一个物理连接上同时传输。这 3 种分布式存储方式，都可以满足海量数据的存储需求，具有各自的特点和适用场景。

2. 海量数据的管理技术

云计算的一大特点是能够高效处理海量数据。为了保证数据的存储和访问，云计算需要特定的数据管理技术来对海量数据进行检索和分析。其中，HBase 和 BT 是两种比较典型的大规模数据管理技术。HBase 是 Apache 的 Hadoop 项目的子项目，定位于分布式、面向列的开源数据库。作为具有高可靠性的分布式存储系统，HBase 在性能和可伸缩方面都有比较好的表现，可在廉价 PC 服务器上搭建大规模结构化存储集群。BT 是一种 NoSQL 数据库，是一个分布式的、具有数据持久化存储功能的多维度排序 Map，其设计目的是进行 PB 级别的数据的可靠处理，并且能够部署到上千台机器上。这两种技术都能够高效管理海量数据，提供高质量的数据服务。海量数据管理系统的一大优势是对外提供数据服务，该服务的实现方式包括 API 调用、订单服务和实时推送等。通常，大型海量数据存储管理系统会同时使用多种不同的数据服务模型，以达到更好的服务质量。系统会根据不同的业务情况，具体分析使用何种数据服务模型。

3. 虚拟化技术

虚拟化技术为云计算服务提供基础架构层面的支撑，也是云计算最重要的核心技术之一。利用虚拟化技术可以对计算机的各种物理资源（包括服务器、网络、内存和存储等）进行抽象、转换再呈现出来，打破实体结构间不可分割的障碍。这种资源管理技术可以让用户以比原本组态更好的方式来应用这些物理资源。同时，这些物理资源的新虚拟部分（通常包括计算能力和数据存储），可以不受现有资源的架设方式、地域或物理组态的限制。从技术上来说，虚拟化是一种在软件中仿真计算机硬件，以虚拟资源为用户提供服务的计算形式，不仅能够提高计算机资源的利用率，还能够提高服务质量。虚拟化技术的优点包括尽量避免出现过度提供服务器的情况、提高设备的利用率，减少IT的总体投资、提高IT环境的灵活性，甚至可以资源共享。虚拟化技术有两种形式，一种是将单个资源划分成多个虚拟资源的裂分模式，另一种是将多个资源整合成一个虚拟资源的聚合模式。从实现层次来进行分类，虚拟化技术可以划分为硬件虚拟化、操作系统虚拟化和应用程序虚拟化等。从应用领域来进行分类，虚拟化技术可以划分为服务器虚拟化、存储虚拟化、网络虚拟化、桌面虚拟化、CPU虚拟化和文件虚拟化等。

4. 云计算平台管理技术

在工业IaaS层，服务器的资源规模庞大、覆盖面广，同时也承载了上百种应用程序，因此高效管理这些服务器，确保整个系统可以高效、稳定地持续工作成为一大难题。云计算平台管理技术可以帮助用户方便地使用所有资源，包括处理、存储、网络和其他基本的计算资源。用户可以部署和运行任意软件，包括操作系统和应用程序，而不必管理或控制任何云计算基础设施。用户可以选择操作系统、存储空间、部署的应用，也有可能获得有限制的网络组件（如防火墙、负载均衡器等）的控制。这种方便的部署和开通新业务的方式，也使得系统故障的发现和系统的恢复更加迅速。通过自动化、智能化的手段实现大规模系统的可靠运营，是云计算平台管理技术的关键。

4.2.3　工业 PaaS 层的核心技术

工业PaaS层为企业提供必要的云服务中间件，分层的动态扩展机制及开发和运维等支撑能力，帮助企业快速构建面向工业行业的社会级服务，并与开发者、合作伙伴一起打造良性生态圈。数字化模型是工业PaaS的核心，而工业互联网平台必须将人、流程、数据和事物结合在一起，才能实现数字化模型的构建。因此，操作者必须具备足够的工业知识和经验，并将这些知识以数字化模型的形式沉淀到工业互联网平台，将工业行业的技术原理、行业知识、基础工艺和模型工具规则化、软件化和模块化，并封装为可重复使用的组件。工业 PaaS 层架构如图 4-3 所示。工业 PaaS 层的核心技术包括以下几种。

图 4-3　工业 PaaS 层架构

1. 数据建模分析技术

数据建模分析技术是一种用于定义和分析数据要求及其需要相应支持信息系统的过程，通过数学统计、机器学习和最新的人工智能算法，实现面向历史数据、实时数据和时序数据的聚类、关联和预测分析。数据分析是大数据价值链的重要阶段，是大数据价值的重要体现。数据分析能够提供论断建议或支持决策，包括数据挖掘、自然语言处理、全文检索等几个部分。数据建模分析技术使用模型算法管理和引擎调度，运用回归分析法、决策树算法、聚类分析和关联分析等方法，从数量庞大、不完全的含噪随机数据中挖掘出背后的信息。

2. 工业建模技术

工业建模技术主要包括机理建模技术和测试法建模技术。机理建模技术是在电子信息、机械自动化、物理等领域的专业知识和生产实践经验的基础上，结合已知的工业机理，建立类型丰富的模型，实现分析和应用。机理建模技术能够根据工业生产流程中的变化机理，建立相关的平衡方程，包括质量平衡方程、能量平衡方程、动量平衡方程，也包括反映流体流动、传热、传质和化学反应等基本规律的运动方程和物理参数方程及某些设备的特性方程，并从中获得所需的数学模型。机理建模技术要求生产过程的机理必须为人们所充分掌握，可以通过特定数学模型表达，同时要求数学模型尽量简单，以保证精度达标。当某些参数不确定或机理建模较为复杂时，可以改用测试法建模技术。测试法建模技术是根据工业过程的输入 / 输出实测数据进行数学处理后得到数学模型。测试法建模技术只要求从外部特性上测试和描述它的动态性质，相当于把被研究的工业过程看作一个黑匣子，忽略内部相关的机理。为了获得动态性质，必须向这个黑匣子施加激励，如一个阶跃扰动或脉冲扰动等。相对于机理建模技术，测试法建模技术更为简单、省力。因此，在两种方式都能达到目的的情况下，工业上会优先选择测试法建模技术。

3. 容器技术

传统软件架构的特点是单体应用，开发周期长，整个应用开发代码类型单一，调用众多公共库，各个组件紧耦合且版本复杂，部署需要人工操作且操作困难，时间管理成本居高不下。例如，以 Java 应用为代表的三层架构的部署模式，即使在虚拟机环境下，也需要先建立相应的操作系统和应用服务器，才能运行虚拟应用程序。

Docker(开源的应用容器引擎)是容器的代表性产品，它的出现是一个标志性节点。Docker 首次提出了"Build → Ship → Run"的概念，使用镜像方式将应用程序和其依赖的操作系统、类库及运行环境整体打包，统一交付，消除了传统应用程序对不同操作系统、生产厂商不同的应用服务器，甚至对于环境变量、基础函数库 API 调用的深度依赖。因此，容器可以在 Windows、Linux 等主流操作系统上运行，与底层所使用的平台无关，本质上是一种操作系统级别的虚拟化。一旦应用架构转换为容器并且迁移部署之后，就可以在任何云平台之间实现无缝迁移。因此，使用容器能够利用镜像方式快速部署运行服务，实现业务的快速交付，缩短业务的上线周期，极大地方便运维人员的上线部署工作。

与传统虚拟化相比，容器具有更细粒度的资源使用，可允许在一台设备上运行数百个容器服务，大大提升了服务器硬件资源的利用率。在流量较高的环境中，有容器的加持，可以有效地实现对业务负载的弹性扩容。反之，当流量降低时，容器平台可以自动缩容，适时腾出空间资源。

4. 微服务架构技术

微服务架构技术是一种在云环境中部署应用和服务的技术。许多大型公司，如亚马逊、eBay、Netflix 等，已经采用了微服务架构范式来解决问题。微服务是一组协作的架构约束，一个大型的应用程序可以由多个微服务组成。每个微服务都是一个独立的程序，可以通过轻量级设备和 HTTP 型 API 进行通信。每个微服务都专注于自身并高质量地完成一项任务，各微服务之间是松耦合的。微服务架构的目标是将复杂的应用程序拆分为不同的、功能指向性强的、互相关联的小型服务。每个微服务都是一个微型应用程序，可以实现某个特定的功能，具有自己的六边形架构、商业逻辑和各种接口。有些微服务通过开放 API 供其他微服务或应用客户端调用，而有些微服务则通过网页 UI（用户界面）实现复用。

5. 动态调度技术

动态调度技术可以采用多种方式对计算单元进行动态创建、分配，并将计算单元挂接到路由和均衡模块上。这些方式包括应用的 CPU 和内存的负荷、时间段和应用系统的优先级等。调度策略是一系列调度规则的集合，包括全局调度规则和应用系统级别的调度规则。调度策略需要一个偏实时的动态计算过程，而动态计算的输入则实时从各个计算单元中获得。调度策略根据运行数据和调度规则进行动态计算和调度。

6. 平台安全技术

平台安全技术是一种用于阻止非授权实体的识别、跟踪和访问的技术，提供非集中式的认证和信任模型，能够高效地实现数据加密和数据保护，保护异构设备间的隐私。平台安全主要包括工业设备控制、网络安全和数据安全。采用工业防火墙技术、工业网闸技术和加密隧道传输技术，实现数据的防泄露、防劫持和防破坏，保障数据源头的安全性及数据传输的安全性。通过平台入侵实时检测、网络安全防御系统、恶意代码防护、网络威胁防护和网页防篡改等技术，实现工业互联网平台的代码安全、应用安全、数据安全和网站安全，从而实现工业互联网平台安全。通过建立统一的访问机制，限制用户的访问权限和所能使用的计算资源及网络资源，实现对云平台重要资源的访问控制和管理，防止被非法访问，从而实现安全访问。

4.2.4　工业 App 层的核心技术

工业互联网平台为工业 App 提供了必要的接口、存储计算、开发组件和工具资源等环境支持。工业 App 是工业互联网的价值所在，是工业互联网智能化应用的支撑。用户可以通过调用工业 App，在不同的应用场景中实现对特定制造资源的优化配置，激发全社会资源，推动工业技术、经验、知识和最佳实践的模型化、软件化，再进行封装。然而，工业 App 面临着一系列问题，如传统的生产管理软件云化速度慢、专业工业 App 应用不足、工业 App 开发者数量不足、商业模式不成熟等。

工业 App 的总体发展思路是，一方面，加快对传统的 CAX（多元化计算机辅助技术集成）、ERP、MES 等研发设计工具和运营管理软件的云化改造，基于工业 PaaS 层实现云端部署、集成与应用，以满足企业分布式管理和远程协作的需求；另一方面，围绕多行业、多领域和多应用场景的云应用需求，通过对工业 PaaS 层微服务的调用、组合、封装和二次开发，开发出面向特定行业、特定应用场景的工业 App。工业 App 多采用 MVC 模式，即封装（Model）工业 App 数据，并定义操作和处理数据的逻辑规则；视图（View）将应用模型对象中的数据显示出来，并允许用户编辑数据；控制（Controller）负责用户视图和业务逻辑的协调控制。目前的工业 App 架构模型如图 4-4 所示，从工业维、技术维和软件维 3 个维度描述了工业 App。

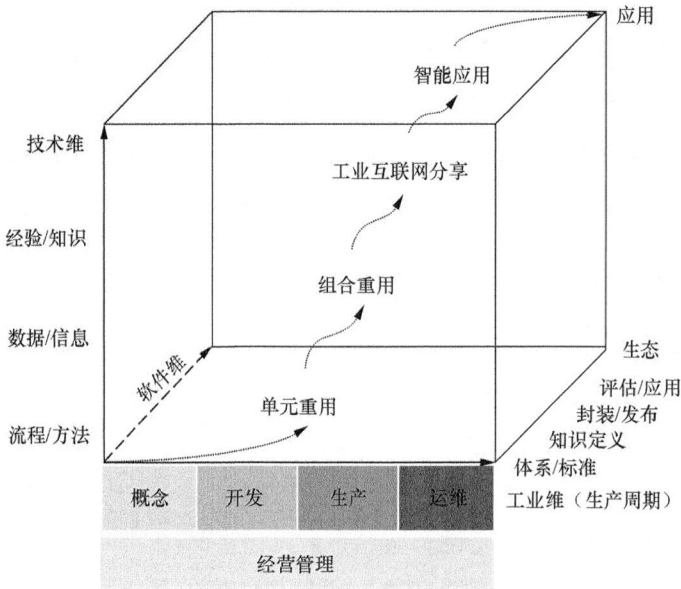

图 4-4　工业 App 架构模型

工业维和技术维是将工业 App 划分为不同的工业活动和层级结构的依据。工业维是根据工业产品及相关设施的完整生命周期来对工业 App 进行划分，将工业 App 分为研发设计、生产制造、运维服务和经营管理四大类工业活动。技术维则是根据开发各类工业产品需要不同层次的工业技术，映射形成工业 App 的 3 个层级结构。这 3 个层级结构的工业 App 包括基础共性 App（由物理、电子和化学等原理性基础工业技术形成）、行业通用 App（由航空、汽车和家电等各行业的行业通用工业技术形成）和工程专用 App（由企业和科研院所的具体产品等特有的工业技术形成）。软件维则是按照工业技术转换为工业 App 的开发过程及参考软件生命周期，将工业 App 分为体系规划、技术建模、开发测评和应用改进四大阶段的软件活动，每个软件活动可以细分为更具体的软件活动。

工业 App 的实现包含图形化编程技术、多租户技术（MTT）、应用系统集成技术和新型工业区块链应用技术等。

1. 图形化编程技术

图形化编程技术能够简化开发流程，它能够帮助那些对代码不熟悉的领域专家通过图形化编程工具快速生成应用程序。使用图形化编程工具，用户可以通过拖曳方式进行应用程序的创建、测试和扩展等应用程序的快速研发，同时能够自动生成指定计算机编程语言的应用程序代码，使得开发人员可以轻松地完成烦琐的编码工作。上述操作方式不仅降低了开发难度，还提高了研发效率。因此，图形化编程工具成为现代软件开发的重要工具之一。

2. 多租户技术

多租户技术是一种软件架构技术，它能够在多用户的环境下，让用户共用相同的系统和程序组件，同时保证用户的使用独立性。多租户技术能够降低环境配置成本，这对供应方来说意义重大。类似共享经济，多租户技术能够让多个租户共同承担硬件成本、操作系统与相关软件的授权成本。多租户技术还能够为不同的数据提供不同的隔离方式，从而帮助供应商节省维护成本。供应商可以在合理的授权范围内，对获取的数据进行分析并用来提高服务质量。多租户技术还能够大幅降低程序发布成本，当软件升级后再重新发布时，只发布一次就能够同时对所有用户生效。因此，多租户技术成为现代软件开发中不可或缺的一项技术。

3. 应用系统集成技术

应用系统集成是一种高度集成的系统，它根据客户的具体需求，给出相应的应用系统模式，以及详细的技术解决方案和运营方案。应用系统集成已经深入用户某一项业务和特定的应用层面，通常被称作行业信息化解决方案集成，可以说是系统集成的高级阶段。应用系统集成不仅是简单的系统集成，它还需要深入理解用户的业务需求，为用户提供定制化的解决方案。因此，应用系统集成需要具备高度专业化的技术和经验，能够为用户提供全方位、一站式的服务，帮助用户实现数字化转型和业务优化。

4. 新型工业区块链应用技术

工业互联网的分布式账本，除了具备防篡改、访问限制、智能合约等功能，还需要具备针对工业数据特点的账本快速读写功能和针对资产转移状态图迁移的快速读写功能，以便能够快速溯源。在图形化编程技术的加持下，区块链联盟成员可以轻松进行权限管理，并且能够实现智能合约的自动转化和部署，同时生成协同工作的 App。基于可信数据，相关参与方的数据、数据处理过程和规则通过智能合约入链后，会直接和相关参与者的数据链形成共享体系。数据跨链共享实现了相关参与方的价值交换，是相关参与方互利共赢的关键。同时，监管机构以区块链节点的身份参与基于产业联盟区块链的工业互联网基础设施，合规科技监管机制以智能合约的软件程序形式介入产业联盟的区块链系统，负责获取企业的可信生产和交易数据，并进行合规性审查，利用大数据分析技术进行分析，以把握整体工业的行业动态。因此，工业互联网的分布式账本是一个功能强大、安全可靠的工具，能够为工业企业提供全方位的数据管理和监管服务，助力企业实现数字化转型和业务创新。

4.3　国际工业互联网平台

4.3.1　国际工业互联网平台现状

随着工业互联网平台的理念和重要性被世界所理解和认识，国际上陆续推出了各式各样的工业互联网平台产品。根据国际咨询机构的统计数据，截至 2020 年，全球工业互联网平台超过 150 个，占物联网平台总数的 32%，是第一大细分平台类型。2013 年，GE 率先推出以 PaaS 为核心的 Predix 工业云平台，随后其他公司也纷纷加入。2015 年之后，跨国企业对工业互联网平台的布局速度明显加快，其中最具代表性的平台除 GE 的 Predix 外，还有 PTC 的 ThingWorx、西门子的 MindSphere、SAP 的 Leonardo 和瑞士 ABB 的 Ability 等。国际主要工业互联网平台和服务能力的进展如表 4-1 所示。工业互联网平台已经成为促进全球工业发展和提高生产效率的重要工具。

表 4-1　国际主要工业互联网平台和服务能力进展

平台	边缘层	IaaS	工业 PaaS	工业 App
Predix（GE）	Predix Machine 加载在传感器、控制器和网关上，实现协议的兼容和转换。Predix Ready 适合恶劣环境的数据采集	亚马逊的 AWS 和 Microsoft Azure	微服务组件——增加高端装备数据的异常检测、数据清洗与预处理、机器学习等经验，固化成原理性应用微服务；开发环境——基于 Pivotal Cloud Foundry 和 Mesosphere DC/OS	Predictivity：针对飞机发动机、医疗设备、能源设备等高端、复杂的设备，开发设备远程监控、预测性服务等 100 多种应用
ThingWorx（PTC）	通过 ThingWorx Edge 微服务实现轻量级嵌入式操作系统	亚马逊的 AWS	微服务组件：ThingWorx Marketplace，面向开发者提供物理建模、运动分析等工具包；开发环境：自行开发	支持 GE 等第三方数据服务，提供 CAX、PLX 等云化软件，以及预测分析等应用

续表

平台	边缘层	IaaS	工业 PaaS	工业 App
MindSphere（西门子）	MindConnect Nano/IoT 2040 实现协议兼容；MindConnect Software 实现协议转换、开发	亚马逊的 AWS 和 Microsoft Azure	微服务组件：提供制造工艺优化、能源管理等微服务；开发环境：基于 SAP HANA Cloud Foundry	与 SAP、IBM、埃森哲等厂商合作，面向流程行业已经开发了工业自动化、设备故障检测等 50 个工业 App
Leonardo（SAP）	通过 SAP Leonardo Edge 提供边缘端的协议转换、数据持久化和数据分析等一系列服务	亚马逊的 AWS 和 Microsoft Azure	微服务组件：SAP Leonardo Foundation 提供原始数据的接入能力、海量数据的处理能力、与业务系统的集成能力，并提供端到端的工业互联网应用开发工具集；开发环境：自行开发	首先是帮助瑞士最大的汽车经销商 AMAG 集团实现基于车载诊断系统（OBD）的车联网平台，其次是帮助维斯塔斯建立数字孪生并推动了服务转型，最后是帮助凯撒压缩机实现"智能空气战略"等

4.3.2　美国的主要工业互联网平台

1. GE的Predix

GE 成立于 1892 年，是世界上最大的装备制造与技术服务企业之一，业务范围广，包括安防、能源、交通、金融等多个领域。为了适应数字时代的发展模式，继续保持自己的领先地位，GE 在 2013 年推出了 Predix 工业云平台，计划成为工业互联网领域的领头羊。Predix 主要是根据统一的标准对各种数据进行规范化管理，并提供实时提取数据和分析数据的服务。该平台不仅为企业提供了高效、智能化的数据管理服务和数据分析服务，还为企业提供了全面的数字化解决方案，帮助企业实现数字化转型和业务优化。GE 作为工业互联网领域的领军企业，推出的 Predix 为全球工业企业提供了重要的技术支持和服务，推动了全球工业互联网的发展。

Predix 是一个面向工业互联网的 PaaS 平台，它采用了分布式计算、大数据分析、资产数据管理和 M2M 通信等领先技术。该平台可帮助企业将机器、数据与人连接，实现资产和业务的软件创新。此外，Predix 还能够在云端开发、部署和运维工业程序，并将其集成到企业内部的 IT 系统中，从而提高运营效率、防止意外宕机和增加资产产出等。此外，Predix 还对外开放，可以与其他合作伙伴进行"互操作"，将各种工业资产设备和供应商相互连接并接入云端，同时提供资产性能管理（APM）和运营优化服务。

Predix 整体架构分为 3 层，即边缘连接层、平台层和应用服务层，如图 4-5 所示。

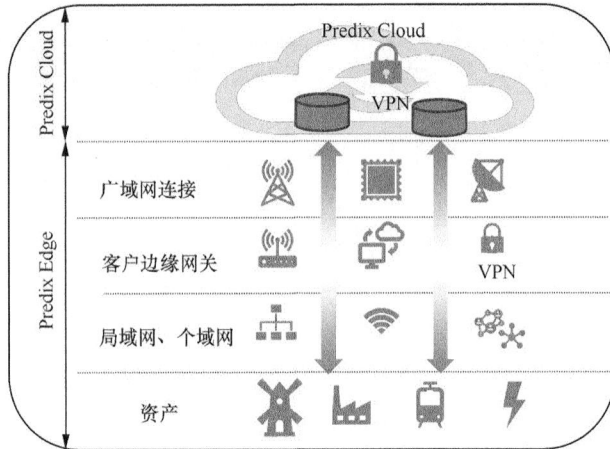

图 4-5　Predix 整体架构

（1）边缘连接层

边缘连接层主要负责将采集的数据输送到云端，其中包含两个要素，分别为 Predix Machine 和 Predix Connectify。Predix Machine 是一种能够嵌入工业控制系统或网络网关等设备中的软件栈，其主要职责是提供与工业资产之间安全的双向云连接并管理工业资产。为了满足工业连接要求，Predix Machine 支持通过不同工业标准协议（OPC UA、DDS 和 Modbus 等）连接多个边缘组件的多种网关解决方案，并可部署在网关、控制器和传感器节点上。而 Predix Connectify 则提供了从 Predix Machine 到 Predix Cloud 的快速、安全的云连接，主要应用于暂时没有接入互联网的场景中。在这种情况下，机器可以通过电话虚拟网、有线网或由卫星组成的虚拟网络与云端进行交流。Predix Machine 和 Predix Connectify 共同提供了使工业设备与云端之间即插即用、安全、可靠的连接。

（2）平台层

平台层主要负责提供基于全球安全的云基础架构，用于满足日常工业负载和监督的需求，其中包含 Predix Cloud 和 Predix IO 两个核心要素。Predix Cloud 是启用工业互联网的中心，提供工业优化工作负载和处理大规模工业数据的云基础设施，打破工业企业开发时难以扩展和代价昂贵的壁垒。而 Predix IO 则是一个自主服务的门户网站，开发人员可以通过它访问专门用于工业互联网应用程序的服务，是基于 Predix 构建工业应用的起点。这两个核心要素共同构成了平台层，为工业企业提供了一个安全、可靠的云基础设施，使其能够更加高效地处理工业数据和负载。

（3）应用服务层

应用服务层主要提供工业微服务框架，其主要职责是提供设计、测试和运行工业互联网应用程序的环境，并提供各种服务交互的框架和微服务市场，包括 Predix Services 和 Predix for Developers。

Predix Services 包含工业服务和运营服务两大类。工业服务提供工业互联网应用程序所需的核心功能，包括资产服务、数据服务、分析服务、运营服务和应用程序安全服务。其中，资产服务是基于导入数据构建资产模型的服务，数据服务是收集、清理、组合和存储数据的服务，分析服务是创建与编排分析的服务，是应用程序开发的基础，而运营服务则包括开发运维和业务运营，开发运维主要提供在云端开发和部署工业互联网应用程序的服务，业务运营主要提供为工业互联网应用程序增加透明度的服务，以保障开发者的利润。应用程序安全服务则是端到端的安全保障服务。Predix for Developers 则是为满足工业互联网应用程序的独特需求和要求而构建的，将工业互联网应用程序的开发与传统的 IT 应用程序区分开，以保证工业互联网应用程序能够在正确的时间，以正确的方式，为正确的用户提供正确的信息。这些服务共同构成了应用服务层，为工业互联网应用程序的设计、开发和运行提供了便利和保障。

下面介绍几个应用案例。

① 加拿大布鲁斯电力公司拥有 8 个核反应堆，每个核反应堆的产能为 800MW，承担了安大略省约 30% 的基础电力。但在电力生产过程中，存在效率不高、系统设备维护难、设备管理不完善、工程进度慢等问题，给布鲁斯电力公司带来了不小的压力。为解决这些问题，通过 Predix 的 APM 功能，GE 为布鲁斯电力公司提供了核电设备实时监控和故障反馈服务。该服务能够实现可视化数据管理，根据核电设备的生命周期模型分析参数提供合理的设备维护周期，并定期提醒进行设备维护。此外，当发现高风险设备时，该服务能够快速进入示警状态，使整个供电系统达到高等级的核电安全标准。Predix 提高了核电设备的运行效率，布鲁斯电力公司的一个核电设备连续运行 500 天可以为当地提供全年 15% 的电力，发电成本降低了 30%，设备的稳定性明显提升。这表明，Predix 的 APM 功能可以显著提高核电设备的工作效率和稳定性，并为布鲁斯电力公司带来实际的经济效益。

② 在航空领域，亚洲航空的飞行效率优化是 Predix 的一个成功应用案例。该公司部署了 GE 的飞行效率服务，不仅优化了空中交通流量管理，还优化了航空公司飞行序列管理和飞行路线设计。该服务效果显著，2017 年帮助亚洲航空节省了大约 3000 万美元（1 美元 ≈ 7.14 元人民币）的燃油费用。这表明，Predix 在航空领域中的应用可以显著提高航空公司的工作效率和经济效益，同时也有助于提高航空安全性。

③ 在化工行业，Predix 已成功应用于巴西的淡水河谷公司。该公司注意到 2011—2012 年的硝酸生产存在缺口，并发现是其中 3 台设备造成了主要的生产损失，包括 2 台弱酸冷凝器和 1 台压缩机排气冷却器，这些损失是由厚度不均、缺少备用冷凝器及壳体破裂造成的，且在 15 个月内，损失超过了 14000t，于是淡水河谷公司计划在 2015 年 8 月前将年损失减少 10000t。因此，该团队定义了两个关键绩效指标

（KPI），即弱酸冷凝器分解减少 90% 和保持弱酸流量超过 13m³/h。使用 Predix APM 软件的可靠性分析和资产完整性管理功能，淡水河谷公司进行了根本原因分析（RCA），找到了产生问题的原因，并实施了 15 项建议。最终，淡水河谷公司减少了生产损失，节省了生产成本，提高了产量和收入，降低了维护费用，延长了冷凝器的使用寿命等。

2. PTC的ThingWorx

PTC 是一家成立于 1985 年的美国公司，其主要提供产品生命周期管理（PLM）、计算机辅助设计（CAD）、应用程序生命周期管理（ALM）、供应链管理（SCM）及服务生命周期管理（SLM）等服务和解决方案。

ThingWorx 是一个端到端的技术平台，专为工业互联网应用程序的开发人员设计，主要是为了帮助他们快速地创建、部署及扩展企业级的工业互联网应用程序。

ThingWorx 包含多个组件，包括基于 Kepware OPC Server 的工作协议转换和数据采集、源于 Axeda 远程资产管理解决方案的 ThingWorx Utilities（提供设备管理服务）、基于机器学习的 ThingWorx Analytics（提供大数据分析服务）、基于 CAD 产品数字模型和 Vuforia 技术集成的 ThingWorx Studio 和数字孪生等服务。此外，平台还包括 EcoStruxure Control Advisor、ThingWorx Production Advisor、ThingWorx Asset Advisor 和 Navigate 等用于应用创新的功能模块。这些组件和功能模块都为开发人员提供了完整的工具集，使他们能够快速构建工业互联网应用程序，并轻松地对其进行扩展和定制。ThingWorx 架构如图 4-6 所示。

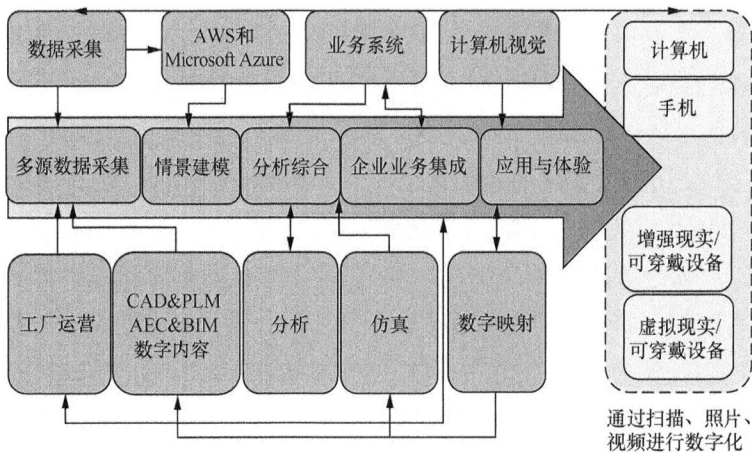

图 4-6　ThingWorx 架构

（1）连接和通信

ThingWorx 为跨网络连接传感器、装置和设备提供可扩展的、安全的、可嵌入且部署简便的通信机制。

（2）数据管理

通过 ThingWorx 的事件驱动执行引擎和 3D 存储技术，企业能够收集海量数据，并将这些数据转化为更有价值、更易于操作的形式。除此之外，通过对这些数据进行分析，企业还能够获得有效的业务指向，从而更好地理解和应对市场需求。

ThingWorx 为当今互联网提供了必要的连接、存储、分析、执行和协同功能。它能够轻松满足上百万台设备的连接扩展需求，并拥有可用于存储时间序列数据、结构化数据和社交数据的数据库引擎。与传统关系型数据库相比，ThingWorx 的存储速度更快，是传统关系型数据库存储速度的 10 倍以上。这些特性使得 ThingWorx 成为企业在处理大数据时的有力工具，能够帮助企业更好地管理和分析数据，并从中获得更多的价值。

（3）应用使能

ThingWorx 和"拖曳式"聚合页面构建器使得开发人员和业务用户不需要编写代码，便可以方便地创建丰富的因特网应用程序、实时 Dash boards、交互式工作区和移动用户界面等。

ThingWorx 为服务器组件和功能提供了一整套完整的可扩展模型。通过 ThingWorx，开发人员可以添加客户和第三方用户体验组件，客户端的组件可以使用较少的 JavaScript 编码来开发。此外，第三方或其他已创建好的功能、组件连接器等都可以从 Marketplace 下载并安装到 ThingWorx 上，从而为开发人员提供更多的工具和资源。

基于 ThingWorx 和聚合页面构建器的支持，开发人员和业务用户能够以一种简单、直观的方式创建应用程序，并将其部署到各种设备上。这些工具的使用使得应用程序的开发和部署变得更加容易和快速。

ThingWorx 是一个功能强大的平台，其主要特征如下。

① ThingWorx 提供了一个可扩展的、安全的、可嵌入并可轻松部署的设备连接层，支持在网络拓扑结构及通信情景中连接传感器、设备和装置。

② ThingWorx 采用基于模型的开发方法，支持"无代码"开发，开发人员可以创建物联网的服务、存储、事件、协作和关系的模型。这种方法实现了高效率和高重用率，并将开发速度提高了 5 ~ 10 倍。

③ ThingWorx 采用事件驱动的执行和 3D 存储引擎，支持对大量设备的规模化需求。与传统的关系数据库的存储速度相比，优化数据、统一的时序数据、结构化数据和社交数据存储速度快 10 倍，并与大数据分析系统双向连接。

④ ThingWorx 的"拖曳式"聚合页面构建器使开发人员和业务用户可以快速创建协作的应用程序、移动程序、移动 UI、分析工具和基于搜索的 BI，有助于更快地解决问题，获取机会。

⑤ ThingWorx 提供多种部署选项，包括云部署、内部部署和嵌入式部署，以满足不同用户的需求。

⑥ ThingWorx SQUEAL（搜索、查询和分析）基于搜索的智能化实现了运营智能环境的搜索，使每个用户都能"搜索他们所创设环境中的信息和物"。基于搜索的智能化使得 ThingWorx 变得更加智能化和易用。

应用案例如下。

① HIROTEC 公司在设备预测性维护方面采用了 ThingWorx。由于设备数据集成困难和设备故障等问题，该公司的国际自动化设备及零件的生产计划受到了不同程度的影响。为解决这些问题，HIROTEC 公司利用 ThingWorx 组件连接 OT 层和 IT 层，实现了计算机数控（CNC）机器运行数据与 ERP 系统数据的对接，并利用大数据服务对机器数据进行了挖掘和分析。使用 ThingWorx 帮助 HIROTEC 公司缩减了设备故障时间，提升了运营部门和生产部门之间的配合度，显著降低了企业运营成本。

② Diebold 公司采用 ThingWorx 解决了多个问题。如使用该平台将停机时间减少了 15%，同时将解决问题的时间从平均 3h 缩短到 30min 以内。此外，使用该平台还有 17% 的问题不需要现场解决，可以进行远程操作。通过使用 ThingWorx，Diebold 公司的 Opteva ATM 的总故障时间缩减了 15%。

③ Elekta 公司使用 ThingWorx 提供预防性维护服务。使用该服务，超过 20% 的服务请求可以进行远程处理。此外，使用该服务还可以降低出现系统故障的概率，从而提高病床周转率。通过对机器的可靠性数据进行分析，Elekta 公司还可以进行产品设计改进。

④ 久益环球（Joy Global）公司利用 ThingWorx 转型业务模型，以实现多个发展目标。首先，公司通过预测设备故障、提升响应速度和缩短设备停机时间等措施，提高了设备的可靠性。其次，久益环球公司采用新的分析方法，优化了采矿流程，从而降低了开采成本并提高了产量。最后，公司还帮助矿主监管整个采矿作业，以进一步提高生产效率并降低开采成本。

4.3.3 德国的主要工业互联网平台

1. 西门子的MindSphere

德国西门子股份公司成立于 1847 年，是全球电子电气工程领域的领先企业。公司的业务分布在工业、能源、基础设施、城市和医疗五大领域。2016 年 4 月，西门子股份公司推出了 MindSphere 西门子工业云平台。

MindSphere 是一个基于云的开放物联网操作系统。该平台通过传感器、控制器及各种信息系统向下采集工业现场数据，并向上将这些数据实时传输到云端。同时，MindSphere 还为企业提供大数据分析挖掘、工业 App 开发和智能应用增值服务等。该平台的总体架构如图 4-7 所示。

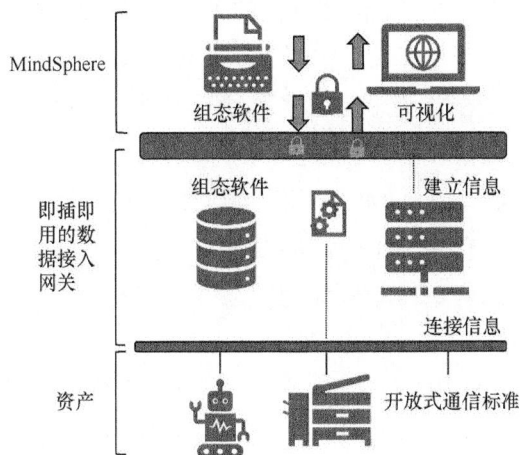

图 4-7　MindSphere 的总体架构

（1）边缘连接层

边缘连接层能够通过 MindConnect 将来自不同制造商的设备、工业控制系统和信息系统等安全实时数据传输到 MindSphere 上。该层的主要产品是 MindConnect Nano/IoT 2040。这两款产品都能够将工业设备的数据传输到 MindSphere 上，分别适用于小型生产场景和大型生产场景。

（2）开发运营层

开发运营层主要基于 SAP HANA Cloud Foundry，为用户提供大数据服务和工业 App 开发服务。大数据服务主要为用户提供分析、存储和共享设备数据的服务。工业 App 开发服务主要为用户提供相应的工业知识、开发工具、开发环境和 App 共享服务。用户可以在开发运营层通过分析工厂数据并结合相应的行业知识开发工业 App。此外，用户还可以在平台上售卖自己开发的工业 App 或者租赁其他的工业 App。

（3）应用服务层

应用服务层主要为用户提供基于 MindApp 和行业解决方案的智能应用服务，并与 IBM 和 SAP 展开深度合作。该层的服务包括设备预防性维护服务、工厂能耗分析服务、资源优化服务等。例如，MindApp Fleet Manager 可以利用数据帮助企业实现对资产的实时监控，主要功能包括查看、搜索、排序和过滤资产，而且用户可以自定义相关的资产管理规则。MindApp 已在北美和欧洲的 100 多家企业进行试用。

应用案例如下。

① 2017 年 4 月，西门子与埃森哲、Evosoft、SAP、微软、亚马逊和 Bluvision

等合作伙伴在德国汉诺威工业博览会上展示了6种微服务和约50种工业App。这些微服务和工业App旨在为用户提供更好的工业解决方案。例如，德国格林机床有限公司是一家全球性的磨削机械制造商，通过使用MindSphere对主要部件的状态参数进行收集、分析和测试，实现对刀具磨损状态的精确预测和及时修复。

② 近年来，西门子将工业互联网技术应用于医疗领域。利用MindSphere提供的工业互联网服务，西门子在监测患者生理数据的同时，结合机器诊断分析，提高了疾病诊断分析的准确性，初步形成了智能医疗的形式。

③ 在轨道交通领域，MindSphere可基于大数据技术为轨道交通运行提供安全监控、预防性维护等服务。利用该平台能够发现和分析铁路的安全问题，并结合西门子在工业自动化领域中的数字信息集成能力，及时、有效地发出指令，避免隐患，提高系统的可靠性和安全性。

④ 格林科技采用西门子S7技术，从机床产品中采集了6组数据。每30s采集一次，并将数据上传至MindSphere。通过这种方式，格林科技实现了故障报警等功能。

⑤ 物联网解决方案提供商Bluvision在可口可乐荷兰Dongen工厂的150个小电机上安装了传感器。这些传感器能够采集电机振动数据，并将数据上传至MindSphere。通过对这些数据进行分析，平台能够实现实时故障预测提醒，从而提高设备的可靠性和运行效率。

2. SAP HANA和SAP Leonardo

SAP成立于1972年，是全球最大的企业管理和协同化电子商务解决方案供应商，也是全球第三大独立软件供应商。SAP为工业设备打造了一套完整的服务体系，提供包括从注册到退出的设备全生命周期管理服务。此外，借助物联网通信协议，SAP实现了具有安全保障的远程连接，采集、分析和存储来自边缘端及云端的传感器数据。SAP还为企业应用提供了SAP云平台上的数据资源，以供其调用。

SAP于2011年推出了基于内存计算技术的高性能实时数据计算平台SAP HANA。该平台提供了用于多源异构系统数据采集的Data Services和Modeling Studio，并基于开发服务平台Hybris为开发人员提供了数以万计的通用算法模块。SAP HANA可以部署在私有云和公共云上。

SAP HANA的架构主要包括接入层、数据层和应用层。接入层通过Replication Server和Load Controller两个模块，将SAP NetWeaver、SAP Business Suite及其他第三方数据集成到数据层。数据层是整个HANA系统的核心部分，以SAP HANA数据库为核心，包括HANA Studio、HANA Client、SMD Agent等模块，实现对数据库的建模、配置、监控、报警和管理。应用层则基于SQL、MDX、BICS接口访问商务智能（BI）分析、数据复制等应用程序。SAP HANA架构如图4-8所示。

图 4-8　SAP HANA 架构

SAP Leonardo 是 SAP 在 2017 年推出的旗舰产品，是一套数字化创新系统。该系统包含了物联网，并嵌入了机器学习、人工智能和区块链等新技术，结合 SAP 多年的经验，为客户提供更智能化、更便捷的服务。

SAP Leonardo 旨在将全球最先进的科学技术和最优秀的服务集成在同一个智能化平台上。它是具有先进产品和先进技术的组合包，能够将大数据、机器学习、物联网等各种新技术集成到 SAP 云平台上，并将这些技术和平台应用于各类应用开发，帮助企业开发新的业务，助力企业向数字化高新技术类转型。SAP Leonardo 架构如图 4-9 所示。

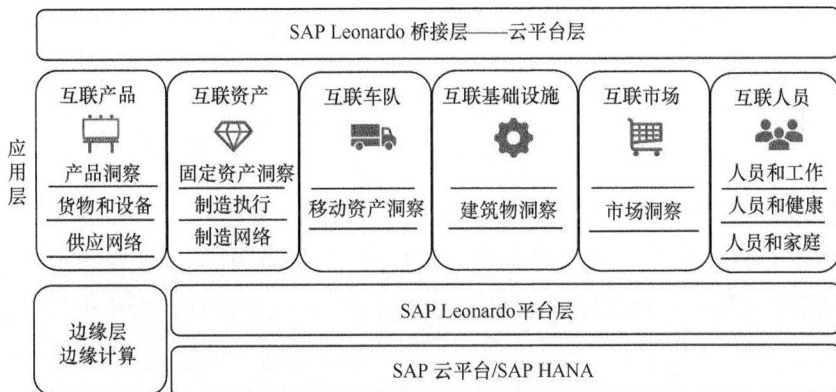

图 4-9　SAP Leonardo 架构

SAP Leonardo 的架构被分为边缘层、平台层、应用层和桥接层（云平台层）。

（1）边缘层

SAP Leonardo Edge 是边缘层产品，提供了协议转换、数据持久化、数据分析等一系列边缘服务。该产品可以将数据发送到云端，并支持在边缘执行关键业务流程。

（2）平台层

SAP Leonardo Foundation 是平台层产品，提供对原始数据的访问、海量数据的处理、与业务系统的集成等服务，并提供端到端的工业互联网应用开发工具集。该产品可以帮助企业进行数据处理与业务系统的集成，并提供工业互联网应用的开发工具，以支持企业的数字化转型。

（3）应用层

SAP Leonardo Applications 是应用层产品，涵盖了六大领域的应用。该产品可以实现不同领域的互联，包括互联产品、互联资产、互联车队、互联基础设施、互联市场及互联人员。

（4）桥接层

SAP Leonardo Bridge 是桥接层产品，提供了一个可配置的基于岗位的业务场景，建立业务数据与工业互联网应用数据的关联，实现智能化的业务解决方案。该产品可以帮助企业建立业务数据与工业互联网应用数据之间的关联，实现智能化的业务解决方案。

其中 SAP Leonardo Foundation 和 SAP Leonardo Bridge 都是基于 SAP 云平台的技术。

应用案例如下。

① 华为技术有限公司与 SAP HANA 合作搭建了实时业务平台。该平台借助 SAP HANA 这一高性能平台，可以简化内部系统，提升性能，方便管理大量数据。该平台实现了生产可视化和数据透明化，明显增强了业务处理和决策能力，同时提升了财政预算报表生成和其他主要业务完成的速度，达到事半功倍的效果。此外，华为和 SAP HANA 还共同创新研发高性能一体机设备，为全球企业客户提供强有力的基础架构解决方案。

② NBA 网站借助 SAP HANA 这一高性能平台的支持，可以实现千万级别用户的同时搜索和数以万计的实时数据发送请求。比赛结束 5min 后，就可以上传更新赛事数据，这些技术点上的改进对广大 NBA 球迷来说非常有吸引力。SAP HANA 开启了 NBA 的大数据之旅，球迷可以通过回放，仔细观看一支球队在比赛中的表现。

③ 在医疗行业中，SAP Leonardo 可以利用物联网、机器学习和人工智能技术，更好地提升治疗效果和患者对治疗、服务的满意度。利用该平台可实现智能化的远程监护、个性化的诊断和治疗，以及基于大数据的预防和干预等功能。通过这些技术，医疗行业可以更好地监测患者的健康状况、提供更加精确的治疗方案，以及预防和干预患者可能出现的问题。这些功能的实现将大大提高医疗行业的工作效率和工作质量，使患者得到更好的医疗服务。

④ Proximus 集团是一家总部位于布鲁塞尔的国际电信公司，为了实现网络基础设施的现代化，需要采用一种更好的方法来跟踪用于此目的的电缆卷筒。然而，该公司的物流部门大部分缺乏有关电缆卷筒的运输地点或项目需要使用多少电缆的准确信

息，这导致了库存成本的增加、逾期罚款和项目延误等问题，尤其是在承包商延迟归还卷筒时。因此，Proximus 集团、SAP 和 Ordina 合作开发了一个基于传感器的应用程序。该应用程序可以跟踪从仓库到安装现场的电缆卷筒，以解决这些问题。

在这个应用程序的开发过程中，SAP Leonardo IoT 起到了至关重要的作用。通过使用 SAP Leonardo IoT，Proximus 集团可以将其物联网设备与其后端系统集成在一起，从而跟踪其分散的库存，这种集成使得该公司能够更好地管理库存，避免了库存成本的增加和逾期罚款等问题。此外，该应用程序还可以提供实时的卷筒位置信息，使得该公司能够更好地控制项目进度和减少延误风险。

4.3.4　其他国家的主要工业互联网平台

1. 瑞士ABB Ability

ABB 是当前机械制造和自动化技术领域的领军企业，其产品线包括电力设备、工业机器人、传感器、实时控制和优化系统等。为了更好地适应数字化时代的发展趋势，ABB 在 2017 年推出了 ABB Ability 这一行业互联网平台。该平台将数字技术与 ABB 在电气自动化设备制造等领域中的专业优势相结合，以实现 ABB 向工业互联网公司的转型。

ABB Ability 提供了各种工具和服务，包括云计算、物联网、人工智能和机器学习等技术，以帮助企业更好地管理生产过程并提高生产效率。ABB Ability 还具有开放性和可扩展性，可以与现有的企业系统和设备进行集成，以实现更高的智能化和自动化水平。通过这些功能，ABB Ability 可以帮助企业实现数字化转型，提高企业的生产效率和盈利能力。

ABB Ability 是由 Ability Edge 和 Ability Cloud 两部分组成的。其中，ABB Ability Edge 主要用于数据采集，包括设备和生产控制系统［数据采集与监控系统（SCADA）、集散型控制系统（DCS）］的数据。通过内置的数据模型进行预处理，并将数据传输到云端。而 ABB Ability Cloud 则是基于 Microsoft Azure 云基础设施及其应用服务构建的。通过对数据的综合管理和大数据分析，形成智能决策和服务应用。

ABB Ability 目前主要应用于采矿、石化、电力、食品、水务、航运等领域。ABB 计划在其超过 7000 万个连接设备和 7 万套控制系统的库存基础上，继续扩大 ABB Ability 的使用。ABB Ability 架构如图 4-10 所示。

应用案例如下。

① 美国电力公司（AEP）采用 ABB Ability 实现设备的预测性维护。在过去，该公司进行设备诊断时需要进行现场勘察，时间成本高，甚至面临高压危险。同时，公

司主要依据产品手册对零配件进行定期更换，难以进行预测性维护。为了解决这些问题，ABB Ability 通过在设备及其零配件上安装不同的传感器，对设备数据进行采集、诊断和分析，并为美国电力公司提供了一套智能化的设备管理方案。

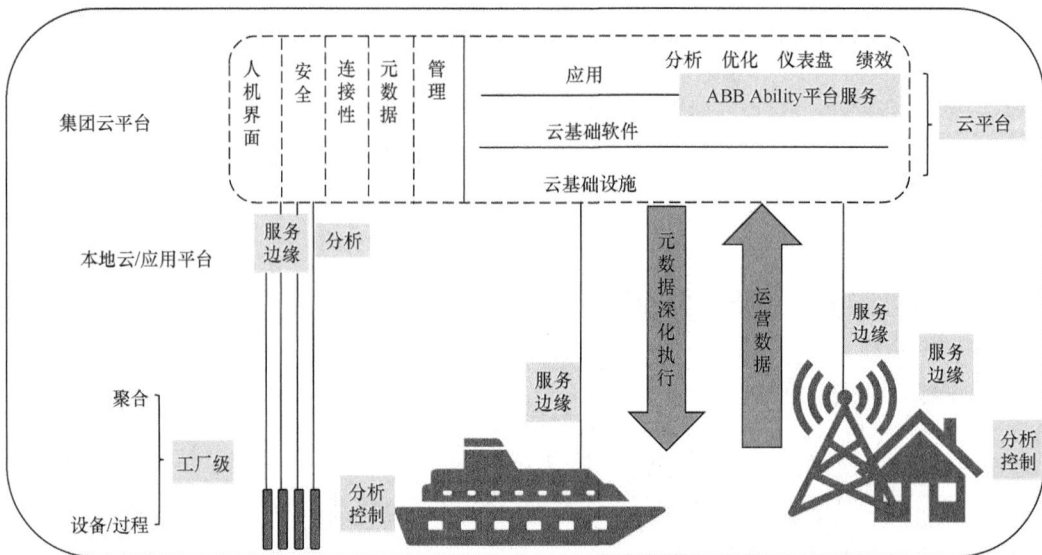

图 4-10　ABB Ability 架构

ABB Ability 对汇集的数据进行统计、经验分析、模型参考、大数据计算等，并借助多功能智能仪表盘给出变压器状态、故障概率分析和维修行动建议。通过 ABB Ability，美国电力公司可以实时监测设备参数，进行预测性维护。实施后，高压设备的运维风险降低了 15%，设备寿命延长了 3 年，设备维护成本降低了 2.7%，设备维护效率提高了 4%，维护策略效果提高了 8%。

ABB Ability 为美国电力公司提供了一种高效、智能化的设备管理方案，不仅提高了设备维护效率，还降低了设备维护成本和设备运维风险。这种应用为电力行业的数字化转型提供了有益的参考和借鉴。

② ABB Ability 配电控制系统——芯 -Vision 是一个创新的云计算平台，用于监控、优化和控制低压电气系统。该平台由 ABB 和微软联合开发，拥有世界级的云架构，可以实现快速、可靠、高效的数据存储、数据分析和数据处理。通过即插即用的集成架构，客户可以通过断路器实现云连接，在任意时间、任意地点远程监控电气设备。此外，该平台还可以优化电源管理策略，减少电费支出，提高工作效率，提升项目整体价值。

通过试验，该解决方案已经帮助客户节省了 30% 左右的运营成本。这种解决方案的优势在于其具有高效、可靠和灵活的特性。该平台具有先进的云计算技术，可快速处理大量数据并生成实时报告。

③ ABB Ability 的远程状态智能监控方案使成千上万的低压电机能够连入互联网并对它们进行实时监控。该方案利用电机上的传感器收集并传输电机振动、温度、负载和能耗等关键数据到云端。一旦任何一个参数偏离标准值，传感器就会提醒操作者，防止事故发生。通过优化，客户能够将电机的停机时间缩短至原来的 30%，同时将电机的寿命延长了 30%，能源消耗也降低了近 10%。

2. 日本FANUC FIELD系统

FANUC 公司是世界上最强大的数控系统和机器人制造商之一，其主要产品包括 FA、智能机器人和智能机器设备。通过 FIELD 系统，该公司与思科、罗克韦尔自动化和其他公司合作，建立了机床、机器人、外围设备和传感器之间的连接。该系统提供高级的数据分析，以提高生产的质量、效率和设备的可靠性、可管理性，从而提高整体生产效率和生产效益。此外，FIELD 系统还实现了先进的机器学习和深度学习能力。

FIELD 系统可为用户和应用程序开发人员提供出色的机器学习和人工智能功能，以提高生产力和效率。利用这些先进技术，FANUC 公司实现了机器人的散堆拾取、生产异常检测和故障预测等功能。FIELD 系统将人工智能和最先进的计算机技术相结合，实现了分布式学习。此外，FIELD 系统还能够实现各个设备的运行数据的实时分析与处理，实现多设备之间的智能化复杂协调生产。

应用案例如下。

① FIELD 系统与思科云技术、物联网数据收集软件和点对点安全通信相结合，实现了零停机的系统。该系统通过与罗克韦尔自动化推出的工业以太网交换机连接，再连接思科的 UCS 服务器，最终在 FANUC 和思科的 ZDT 数据采集软件上运行。用户将此系统应用于汽车行业，成功地缩减了停机时间，节约了成本。

② FANUC 公司将机器人应用于机械加工行业，旨在减少人工操作的危险和减轻重复工作的负担，解决人手不足的问题，以节省人力，实现自动化，并提高生产效率和质量。

③ 在食品行业，机器人主要用于拣选、包装、码垛等工作，旨在减轻操作简单、要求苛刻的工作的负担，解决劳动力短缺问题，节省人工成本。FANUC 公司拥有广泛的机器人阵容，从紧凑型到高速型，再到高度便携型，可应用于食品和饮料行业的所有工作。这些机器人均能保证高卫生标准，这是食品和饮料行业最注重的事情之一。使用机器人不仅可以提高生产效率，还可以保障产品的安全性。

3. 印度Flutura

Flutura 是一家总部位于印度班加罗尔的工业人工智能和物联网公司，专门为制造、能源和工程行业提供基于数据的解决方案。该公司通过创新的人工智能技术，为工业领域带来了高价值的运营成果。

Cerebra 是 Flutura 推出的一款专为工业互联网设计的人工智能软件平台，能够支持资产密集型和流程密集型行业的各种用例，例如制造、能源和工程行业等。该平台的主要功能包括设备故障预测、能源优化、质量检测和安全监控等。

设备故障预测功能通过分析设备的运行数据，预测设备的故障风险和剩余寿命，从而提前安排设备维修计划，避免停机损失。

能源优化功能通过分析能源消耗数据，优化能源使用效率，从而降低成本和碳排放。

质量检测功能通过分析生产过程数据，检测产品质量异常，提高产品合格率和客户满意度。

安全监控功能通过分析员工行为数据，监控员工的安全状况，评估安全风险，减少事故和伤害。

应用案例如下。

① 某公司主营业务为提供液化天然气（LNG）运输和存储系统。该公司提供热线应急援助和紧急响应服务（HEARS），船主和船员可以随时联系专家，报告发生的任何事故并获得援助。然而，现有的 HEARS 是手动、耗时和被动的，无法及时发现和处理故障，这影响了船舶的安全性和工作效率。为了解决这一问题，Cerebra 为该公司提供了 HEARS 2.0 的数字化和主动化的紧急响应服务。通过实时监测和分析船舶上的关键设备，HEAR 2.0 可以预测设备故障、优化设备维护、提高工作效率和质量。

② 某制造液压装卸机的公司存在以下两个问题。一是该公司的售后团队对自己设备的可视性信息缺乏了解，例如设备的位置、性能、维护计划等。二是不熟练的操作员滥用设备，导致了维修成本的增加。为了解决这些问题，Cerebra 为客户提供了一个数字化双模块。该平台可以轻松地配置与扩展设备，并提供地理围栏功能的地理空间视图。Cerebra 通过集成 Pricol、Vodafone 和 Microsoft Azure 实现了数据的采集、传输和存储。这些功能让售后团队能够更好地了解设备的位置、性能和维护计划等信息，从而提高售后服务的效率和质量。此外，数字化双模块还可以帮助监测设备的使用情况和操作员的行为，从而避免设备滥用，降低维修成本。

③ 某企业拥有 100 多个水电站，该企业每年产生超过 400 亿 kW·h 的电力。但水轮机经常出现故障，停机给企业带来很大的损失。该企业缺乏对水轮机的实时监测和分析能力，无法及时发现和预防故障，也无法优化水轮机的性能和工作效率。为了解决这个问题，Cerebra 为该企业提供了一个智能诊断模块，该模块可以实时监测发电机的参数，如有功功率、发电机冷却水温度和发电机轴承温度。同时，该智能诊断模块还配置了神经网络技术和自底而上的层次聚类方法，以识别预警信号。这样，该企业就能够及时发现和预防水轮机故障，并优化水轮机的性能和工作效率。

4.4　国内工业互联网平台

4.4.1　国内工业互联网平台发展现状

目前，我国工业互联网平台发展情况整体上和国际同步，在平台建设、应用程序开发、平台应用和联盟生态等方面取得了初步进展。其中，建设了一批面向垂直细分市场的工业互联网平台，这些工业互联网平台的能力和价值显著提升。同时，许多平台公司和初创公司均开发了新的工业应用，并将其商业化。此外，中小企业正在加速采用工业互联网平台，并且工业互联网平台已经成为地方政府完成企业整体上云的关键着力点。这些进展充分说明，我国工业互联网平台正在迅速发展，并且为行业提供了更多的机会和发展空间。

我国工业互联网平台的发展前景广阔。通信技术企业、制造企业、装备与自动化企业等不同的建设主体，基于在各领域的技术沉淀与经验积累，积极打造各具特色的工业互联网平台。同时，产业联盟的快速发展加快了工业互联网平台生态系统的形成。例如，工业互联网产业联盟已拥有会员 800 余家，发布了一系列研究成果，形成了一批试验台和应用案例，不断推动产业互联网平台的技术创新和应用推广。随着跨系统、跨企业互联交互需求的增加，全球工业互联网产业生态系统已初现雏形。工业互联网产业生态系统主要指制造体系中与数据采集、数据传输、数据处理、数据反馈等相关的工业环节，包括制造环节中的信息系统集成、工业网络互联、工业云和服务、工业互联网安全等方面。这些方面的发展将进一步促进我国工业互联网平台的发展和成熟，但我国工业互联网平台仍然存在许多亟待改善的地方。

1. 工业系统集成

国内的工业系统集成行业集中了全球所有重要的集成企业，但高端市场基本被国外巨头垄断，国内集成企业的产业发展环境相对恶劣，中低端市场竞争激烈。此外，由于工业系统集成业务大多为非标准化的，国内很多企业缺乏有代表性的核心技术，难以开拓多元市场。因此，尽管国内集成企业数量众多，规模却不大。同时，在一些关键芯片和核心软件环节，国内集成企业仍然依赖国外产品。这些问题都制约了国内工业系统集成行业的发展，需要进一步加强技术研发和市场拓展，提高自主创新能力，以提高国内集成企业的核心竞争力。

2. 工业网络互联

工业网络互联分为工厂内部网络和外部网络两大网络。目前，中国在工厂外部网络相关产业方面已具备扎实的基础；在工厂内部网络方面，EPA、WIN-PA 等自主知识产权技术已被纳入网络国际标准，形成了较好的技术基础。随着工业互联网中无线技术的应用拓展，未来面向无线化、IP 化的网络互联技术和产品标准将成为关键点。同时，资源标识和寻址技术是实现资源管理、信息交换、设备设施互联的基础，二者都是不可偏废的。这些技术的发展和应用将进一步促进工业互联网的发展，实现工业互联网的普及和推广。

3. 工业云和服务

我国云计算和数据服务领域已经形成了一定的发展基础，出现了一批高水平的服务企业及自主研发的云平台解决方案，在大数据平台服务器、NoSQL 数据库和数据仓库等产品方面有所积累。但在工业云服务方面，我国仍处于探索期。与国外相比，在工业领域算法和模型、基于多种云架构的 PaaS 平台、以大数据分析能力为核心的开放平台等方面存在巨大差距。因此，需要在数据规范、云平台和云服务方面进行标准化，以推动我国工业云服务的发展和创新，只有这样才能更好地适应工业互联网的发展趋势，为工业领域提供更加高效、更智能的云服务。

4. 工业互联网安全

目前，工业互联网安全保护系统和业界对产业的服务支持系统的发展尚未成熟。工业互联网将继续使工业生产过程更具灵活性和弹性，公司、用户和产品三者将高度协调，实现开放和共享，但工业网络的安全边界变得越来越模糊，攻击面将继续扩大。因此，未来安全性的甄别将集中在设备和数据上，因此有必要从技术、管理和服务等多个角度协调构建工业网络安全发展环境。只有这样才能更好地保护工业网络，提高工业互联网的可靠性和安全性，为工业互联网创造一个安全、稳定的发展环境。

4.4.2 国内主要的工业互联网平台

2018 年底，工业和信息化部信息化和软件服务业司组织对全国范围内近 600 家工业互联网领域企业的平台进行了摸底调查，并在此基础上重点对基本符合工业互联网平台体系架构的 75 家企业的平台的建设情况和应用推广情况进行了分析研究。这项调查为深入了解我国工业互联网平台的发展状况提供了重要依据。根据调查结果，可以更好地把握我国工业互联网平台的发展趋势，为我国工业互联网的发展提供更加有针对性的支持和指导。当前，国内主流工业互联网平台主要有以下几个。

1. 三一集团的根云工业互联网平台

于 1989 年创立的三一集团是全球领先的工程机械企业之一。在 2016 年，三一集团投资孵化了树根互联技术有限公司（简称"树根互联"）。树根互联利用物联网、大数据、云计算、机器学习、人工智能等新技术，开发了根云工业互联网平台。该平台以根云平台为核心，建设开放、共建、共享的工业互联网产业生态。目前，根云工业互联网平台已接入约 69 万台不同类型的工业设备，包括工程机械、纺织设备、农业机械、港航设备、注塑设备等。该平台实时采集设备参数，构建了一个普遍适用于中国制造的工业互联网平台。

　　树根互联是一家平台公司，通过发挥其行业集成能力，围绕云存储物联通信、工业应用软件开发、产业链金融等各个环节，拓展战略合作伙伴。该公司与腾讯、华为、联通、用友、久隆财产保险等一批生态链企业建立了合作关系，共同为客户提供端到端、即插即用的服务，并在提升工业企业智能制造水平、提高设备全生命周期管理效率、引导企业拓展新业务模式等方面取得了显著成效。树根互联的根云工业互联网平台架构如图 4-11 所示。

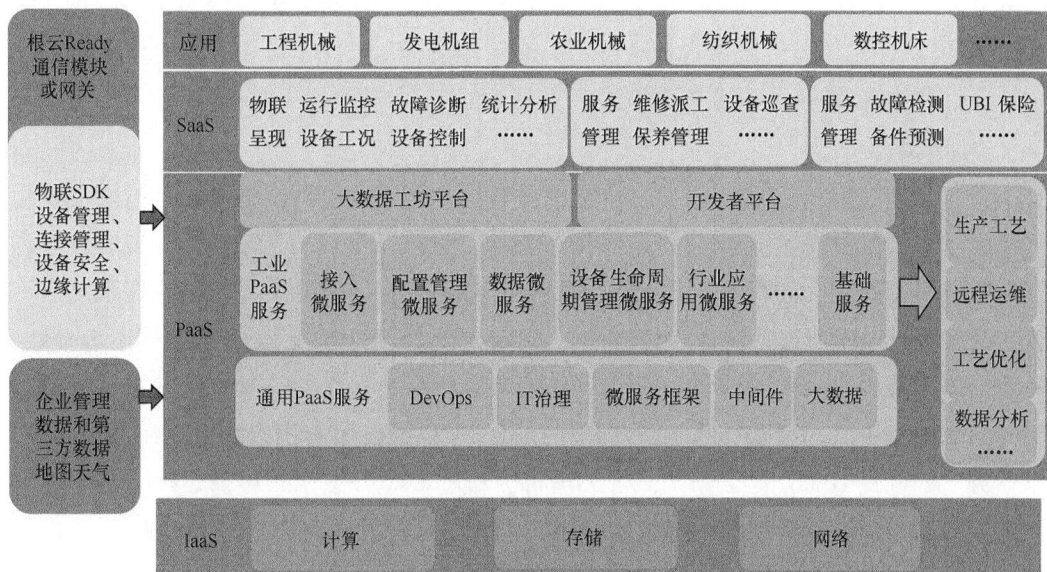

图 4-11　树根互联的根云工业互联网平台架构

　　（1）边缘层

　　根云工业互联网平台可以同时接入生产控制类软件和运营管理类软件。树根互联遵循 OPC UA 标准，并自行开发协议转换解析模块，具备数据清洗、数据缓存和数据实时分析的功能。此外，树根互联还集成了旋思科技、微铭科技、繁易科技及紫清科技等第三方解决方案，并拥有自主开发的软件网关的连接协议和硬件网关。

　　（2）工业 IaaS 层

　　树根互联的业务覆盖了 70 个行业，接入了分布于全球的 30 万台设备。该公司拥有约 5 万左右的活跃用户和约 2000 个开发者用户。此外，树根互联采集了近 1 万个运行参数，并存储了超过 1300TB 的数据。利用云计算和大数据技术，该公司可以远程管理庞大设备群的运行状况。

（3）工业 PaaS 层

在基础架构选型方面，该平台采用了 Kubernetes 容器技术及虚拟机（VM）的混合架构。在服务管理方式方面，该平台采用微服务、API 网关模式。目前，该平台具有服务类微服务组件 21 个。此外，在机理模型提供方面，该平台具有装备行业的机理模型 11 种。在通用分析算法方面，该平台引入了分类算法、聚类算法、回归分析、关联规则、文本分析和深度学习等数据建模和分析算法，具备工业数据的处理、建模和分析能力。

（4）工业 App 层

就应用场景而言，工业 App 已经涵盖了包括研发设计、生产制造、经营管理、售后服务的整个生产制造流程。目前，工业 App 的总量达到了 630，其中包括 24 个生产类工业 App、137 个管理类工业 App、228 个服务类工业 App 及 241 个其他类工业 App。在服务行业，工业 App 开始向制造业普及。其中跨行业通用 App 有 87 个，装备行业 App 有 517 个，汽车行业 App 有 2 个，电子行业 App 有 2 个，冶金行业 App 有 1 个，石化行业 App 有 1 个，轻工业 App 有 4 个。

应用案例如下。

① 工业互联网平台实时采集并分析海量数据，使银行能够全方位追踪抵押品，随时获取供应链的上游企业和下游企业的生产经营状况。此外，保险公司也能够了解客户产品及车辆驾驶员的行车习惯等信息，从而完成公平的保险产品定价。树根互联与久隆财产保险、三湘银行合作，将产业互联网和大数据分析应用于金融、保险等领域，并推出相关服务。基于平台，一方面，以挖掘的数据和维修换件数据为基础，完成数据的评估和分析，针对设备的使用情况与设备的故障维修情况进行大数据挖掘与建模，建立数据挖掘设备质量评估指数。另一方面，根据模型开发用于精算定价与风险选择的数据产品，为保险公司提供技术支持和数据支持，帮助久隆财产保险完成 UBI 产品和延保产品的定价，并在用户使用场景、风险管理方面提供指导。

通过与树根互联的合作，久隆财产保险可以从保费规模、利润和被保险汽车数量等方面入手，确定适合该业务的设备。然后，通过对设备维护的成本和利润率进行分析和排序，获得每个保险的正确定价。

② 三一集团利用树根的根云工业互联网平台的大数据分析技术，实现了对设备的智能调度和优化，从而提高了设备的利用率和工作效率。此外，该技术还能够降低设备的油耗和排放，进一步提高客户的满意度。

2. 美的 M.IoT

美的是一家业务遍布全球的高科技集团，其业务核心主要在家用电器、暖通空调、机器人及自动化系统、智能供应链（物流）等方面。其中，暖通空调业务包括家用空调、中央空调、供暖及通风系统等业务。机器人及工业自动化系统业务则包括与德国库卡

（KUKA）、日本安川电机有限公司合资成立机器人等核心业务。智能供应链业务主要是以安得智联为集成解决方案的服务平台。基于多年的制造实践经验，美的开始建设独立自主的工业互联网平台——M.IoT。该平台旨在实现工业设备的互联互通，提高生产效率，降低生产成本，推动智能制造的发展。美的 M.IoT 架构如图 4-12 所示。

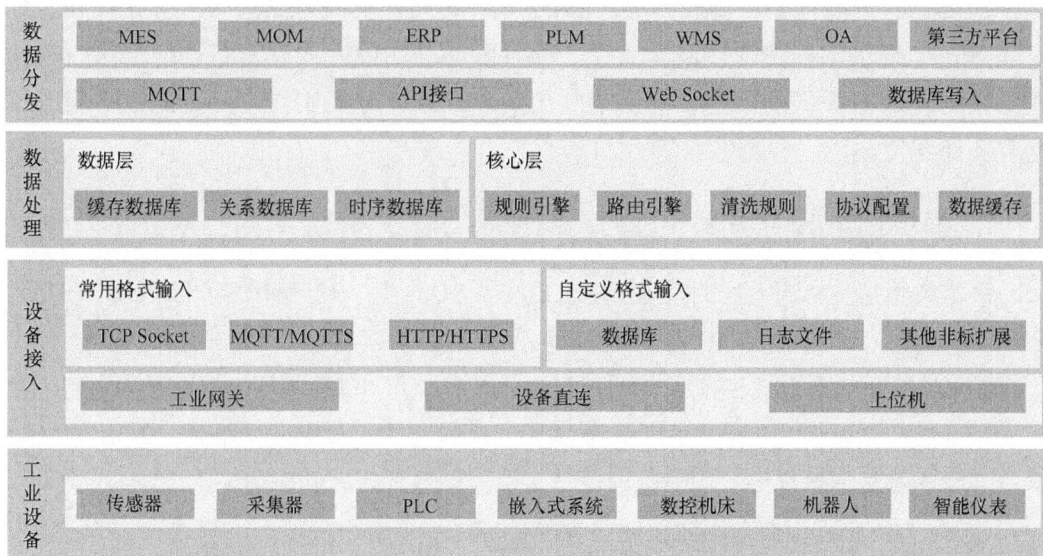

图 4-12　美的 M.IoT 架构

（1）数据采集层

该层支持 DCS、PLC、直接数字控制（DDC）、现场总线、智能仪表等多种设备的通信协议。

（2）工业 PaaS 层

该层由 3 个部分组成，分别为云开发平台 CDP、持续交付平台 CICD 和运维监控平台 OVO。它不仅支持 SaaS 应用的建设，还支持传统单体应用的建设。

（3）工业 App

该层开发部署了多种智能应用，其中包括云端 MES 服务、企业间协作服务、数据服务和电子商务服务等。这些应用都是智能化的，能够为企业提供高效的服务支持。

应用案例如下。

① 美的 M.IoT 采用人工智能技术，并将该技术应用于注塑工厂的质量检测。该平台还对美的整个企业的全价值链各个环节、各个工序进行了改进。通过使用视觉和声音人工智能技术代替人工检查，M.IoT 成功地节省了近一半的检测成本，并提高了 80% 的检测精度。试点结果表明，M.IoT 的应用取得了显著的成效，渠道库存下降约 1/3，试制周期缩短近一半，零部件通用性提高 96%，排产效率提升 83%，原材料、在制品库存下降 31%，产品品质指标提升 17%，综合效率提升 15%，客户满意度从

95.1% 提高到了 97%。

② 美的 M.IoT 也被广泛应用于家电行业。在空调方面,美的 M.IoT 利用物联网、人工智能和云计算技术,实现了远程控制、语音交互、场景联动等功能。此外,它还根据用户的使用偏好和使用习惯,提供定制化的温度和湿度控制方案,提高了空调的智能化和节能性。在冰箱方面,美的 M.IoT 同样利用物联网、人工智能和云计算技术,实现了远程控制、语音交互、场景联动等功能。此外,它还根据用户冰箱中的食材和用户提供的菜谱,提供定制化的冷藏和冷冻控制方案,提高了冰箱的智能化和保鲜性。

3. 海尔的COSMOPlat

海尔集团是一家超大型的家电企业,成立于 1984 年,在全球拥有 10 个研发中心、24 个工业园、108 个制造工厂。目前,海尔集团通过互联网工厂模式为广大企业提供了全套解决方案,帮助它们实现转型升级。此外,COSMOPlat 是海尔集团面向制造企业转型升级、结合自身工业技术软件化探索经验构建的工业互联网平台。COSMOPlat 为产业智能领域世界级资源的建设创造了条件,创造了互惠共赢的生态系统。

COSMOPlat 是以服务海尔集团自身制造工厂的平台为基础,进行重构、扩展,不断提高面向社会化服务的支撑能力,为企业提供全流程的智能制造解决方案,该平台形成了包括协同创新、众包众创、柔性制造、供应链协同及分布式调度等一系列新模式。通过快速实施大规模定制升级,COSMOPlat 以构建新的工业生态为主要目标,包括互联网工厂的简化、软化和云化,形成以用户为中心的社区经济新产业生态。该平台整合了用户资源、研发资源、供应商和创客资源,形成了共创共赢的生态。目前,该平台已聚集了数亿用户资源和 300 多万生态资源,实现了 19 类非家电产品的创新设计,并为近 100 家外部企业提供创新设计服务。COSMOPlat 架构如图 4-13 所示。

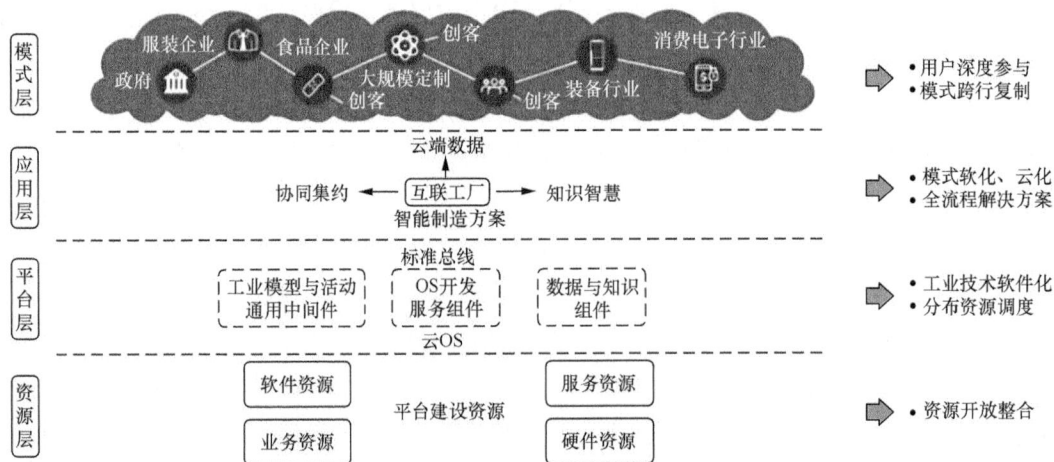

图 4-13　COSMOPlat 架构

（1）边缘层

在数据源接入方面，该系统支持新建工厂的工业设备 100% 接入，老旧工厂改造升级后 85% 接入。除生产设备外，工厂使用的可通信设备也可以接入。在协议兼容方面，该系统兼容 80% 以上的市场常用的硬件及协议。在边缘数据处理方面，该系统正在试点应用，主要应用在现场端的质量分析上，如噪声检测、视觉检测等。在数据采集解决方案方面，该系统已经形成完整的解决方案，可以应对不同应用场景，针对集团级、工厂级、产线级、设备级均有相应的解决方案及产品。

（2）工业 IaaS 层

COSMOPlat 采用海尔集团自建的私有云。该私有云拥有 100TB 的存储能力、3200 核的 CPU 和大小为 25TB 的内存。此外，该平台拥有双线接入大于 50Mbit/s 的宽带，为网络服务提供了支撑。

（3）工业 PaaS 层

COSMOPlat 的工业 PaaS 层是以工业为中心的云计算新模式，提供工业互联网应用的完整生命周期，具有如下优势：针对工业互联网业务的特点设计的普适性应用架构原则和最佳实践的微服务；用最小化的代价帮助工业企业互联网业务开发进入高效的协作模式的 DevOps；获得持续迭代的创新交付能力和永久可用的业务连续性的持续创新；将传统的基础架构一步带入谷歌级别的云化数据中心时代的自动运维；即时的用户反馈和精准的用户画像，让数据驱动产品运营和创新。工业 PaaS 层为开发模式带来了革命性的升级，对接代码仓库，自动化测试和构建，加速研发交付流程，让代码承载业务的脉动，快速推向市场。

（4）工业 App 层

COSMOPlat 共部署了包括传统应用软件云化后的和基于平台资源开发的工业 App125 个。这些工业 App 涵盖了设计、仿真、生产、管理、服务和其他类别。其中，设计类工业 App 和仿真类工业 App 各有 4 个和 3 个，生产类工业 App 有 63 个，管理类工业 App 有 33 个，服务类工业 App 有 17 个，其他类工业 App 有 5 个。此外，海尔工业 App 的行业覆盖范围广泛，包括跨行业通用 App、装备行业 App、汽车行业 App、电子行业 App 和轻工业 App。其中，跨行业通用 App 有 125 个，装备行业 App 有 37 个，汽车行业 App 有 2 个，电子行业 App 有 42 个，轻工业 App 有 46 个。

应用案例如下。

① 根据用户对洗衣机的使用反馈，现有的洗衣机产品内桶清洗周期短且清洁困难，用户希望获得具有方便清洗功能的新型洗衣机。为了满足用户的个性化需求，基于海尔 COSMOPlat，用户在众创汇平台上进行了交互，共有 990 万用户参与了新型产品的创意设计，57 个设计资源应用于新型产品。随后，这些创意得到立项，并借助开放平台引入了 26 个外部专业团队，共同进行产品研发、攻克技术难题。得到经过认证的

产品样机后，利用 26 个网络营销资源和 558 个商圈进行产品的预约销售。在用户下单后，模块采购和智能制造启动，并在 125 个模块商资源和 16 个制造商资源的参与下，实现了产品的按需定制和柔性生产。产品下线后，通过涵盖 9 万辆"车小微"和 18 万"服务兵"的智慧物流网络，将产品及时送达用户家中并同步安装。用户在使用产品的过程中，可以通过社群在免清洗的基础上持续交互，这也催生了净水洗和无水洗（筒间）系列产品。

② 海尔 COSMOPlat 在医疗行业中的应用主要分为以下三个方面。第一方面是提高医疗设备的性能和可靠性，这可以通过远程监控、预测性维护、智能诊断和定制化设备来实现。第二方面是提高医疗服务的质量和效率，这可以通过医疗数据的采集、分析、共享和定制化服务来实现。第三方面是提高医疗创新的速度且增强医疗创新能力，这可以通过医疗知识的挖掘、传播、应用和持续更新来实现。这些方面的应用可以使医疗行业更高效、更智能，为人们提供更好的医疗服务。

③ 海尔 COSMOPlat 推出了 Haiyouhe 品牌，这是一个集智慧农业和健康生活于一体的农业物联网生态平台。该平台通过物联网技术赋能农业产业链，实现了田间到餐桌的零距离，吸引了各方利益相关者共同参与创造一个安全、高效、可持续的农业生态。Haiyouhe 通过物联网、大数据和云计算技术，实现了对农产品的溯源、监控、检测等，保证了农产品的品质和安全性。同时，根据用户的偏好和需求，提供定制化的农产品，满足了用户的个性化消费需求。此外，该平台还实现了对农业产业链的链接、协调、优化等，提高了农业产业链的效率和效益。同时，它为用户提供了从种植、加工、配送、售卖到回收的一站式服务。这些特点使得 Haiyouhe 创建了一个安全、高效、可持续的农业生态，为用户提供了更好的消费体验。

4. 中国航天科工集团的INDICS

中国航天科工集团于 2015 年 6 月启动中国工业互联网平台——INDICS 的建设，目前该平台已在广西、北京、广东、成都和南京等区域实现落地并持续向全国推广。INDICS 已开发了英语、俄语、德语、波斯语等多个语言版本，打造了 INDICS 国际云平台。此外，INDICS 在德国和伊朗落地，建立了国际工业云生态系统，并初步实现了"企业有组织、资源无国界"生产资源的全球化配置。这些措施和取得的成果表明INDICS 已经具备国际化的发展能力，为中国工业互联网的全球推广和应用提供了有力支持。

INDICS 于 2017 年 6 月 15 日正式向全球发布，并逐渐被应用到各大领域。至今，该平台已经正常运行 6 年多，平台注册企业达 80 万家。同时，该平台还提供了 126 款大型高端工业软件、1.37 万项专利、3.58 万份标准、由上百位专家构成的线上资源池，接入了超过 1 万台的线下设备，打造了工业基础件数控加工柔性生产线、电缆接插连接柔性装配线、家具制造和汽车冲压模具智能制造生产线等智能制造样板工程，为近百家企业提供了基于云平台的智能工厂整体解决方案，推动了智能制造的发展和应用。INDICS 架构如图 4-14 所示。

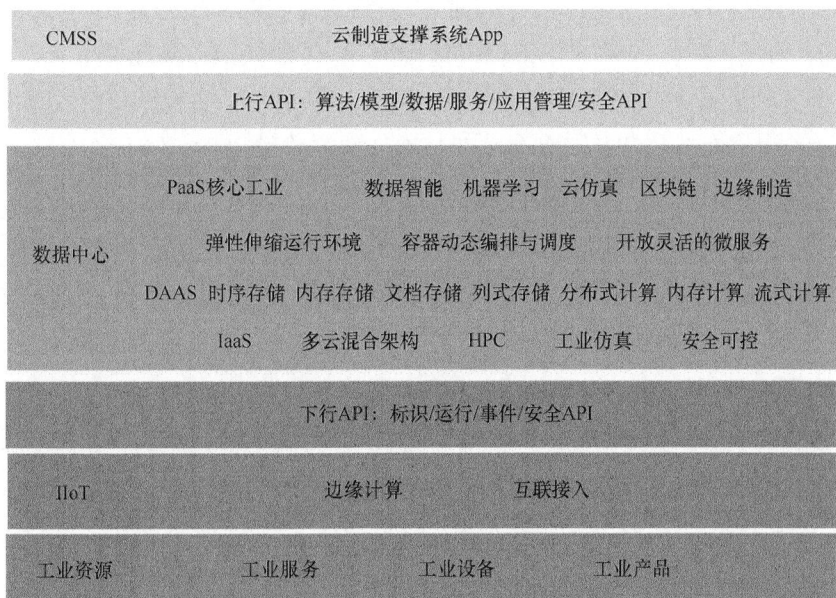

CMSS	云制造支撑系统App

上行API：算法/模型/数据/服务/应用管理/安全API

数据中心	PaaS核心工业　　数据智能　机器学习　云仿真　区块链　边缘制造 弹性伸缩运行环境　容器动态编排与调度　开放灵活的微服务 DAAS　时序存储　内存存储　文档存储　列式存储　分布式计算　内存计算　流式计算 IaaS　　多云混合架构　　HPC　　工业仿真　　安全可控

下行API：标识/运行/事件/安全API

IIoT	边缘计算　　　　互联接入

工业资源	工业服务	工业设备	工业产品

图 4-14　INDICS 架构

（1）边缘层

在数据源接入方面，INDICS 已经接入了 21 类、100 万台工业设备，并且接入了 100 万个数据点。同时，该平台还接入了研发设计类、生产控制类和运营管理类的应用软件。在协议兼容性方面，INDICS 不仅遵循 OPC UA，还自行开发了 1 个协议转换解析模块。在边缘计算方面，INDICS 拥有 500 个边缘计算节点，这些节点具有数据清洗、数据缓存、数据实时分析等功能。这使得 INDICS 拥有了强大的数据接入和处理能力，能够为企业提供更加精细化、智能化的工业互联网解决方案。

在数据采集解决方案方面，INDICS 集成了华为、西门子、研华、固高和龙腾蓝天等第三方厂商提供的解决方案。此外，INDICS 还自主开发了软件网关和硬件网关，连接协议数量为 10 个。这使得INDICS 在数据采集方面具有较高的灵活性和可定制性，能够满足不同企业的数据采集需求。

（2）工业 IaaS 层

INDICS 采用了自建云的方式来部署 IaaS 基础设施。该平台具备私有计算能力，包括 198000 核的 CPU 和大小为 350TB 的内存。

（3）工业 PaaS 层

在基础架构选型方面，INDICS 采用了 Cloud Foundry 成熟的开源架构体系。在服务管理方式方面，该平台采用微服务、API 网关模式，以支持用户敏捷开发和个性化应用的部署。目前，该平台提供了 20 个设计类微服务组件、1 个仿真类微服务组件、2 个生产类微服务组件、15 个管理类微服务组件及 12 个服务类微服务组件。此外，该平台提供了 35 种装备行业机理模型、23 种汽车行业机理模型、15 种电子行业机理模型、8 种冶金行业机理模型、5 种石化行业机理模型及 12 种轻工业机理模型。在通用分析算法方面，该平台引入了聚类算法、分类算法、回归分析、关联规则、文本分析和深度学习等数据建模和分析算法，具备工业数据处理、建模和分析能力。

（4）工业 App 层

INDICS 上的工业 App 已基本覆盖了从开发设计到生产制造、产品销售到售后服务管理的产品生命周期全流程。其中，设计类工业 App 有 80 个，仿真类工业 App 有 120 个，生产类工业 App 有 45 个，管理类工业 App 有 120 个，服务类工业 App 有 90 个，其他类工业 App 有 117 个。

从服务行业来看，INDICS 上的工业 App 已经实现了全行业覆盖，这种趋势日益明显。跨行业通用 App 有 125 个，装备行业 App 有 168 个，汽车行业 App 有 12 个，电子行业 App 有 38 个，冶金行业 App 有 25 个，石化行业 App 有 16 个，轻工业 App 有 21 个。

应用案例如下。

河南航天液压气动技术有限公司是中国航天科工集团的高端液压气动元件制造商，但其传统生产模式存在工作重复、工作效率低、产品设计周期长及无法保证产品质量的问题。

为解决这些问题，河南航天液压气动技术有限公司与航天云网合作，首先采用 INDICS 来设计、研究包含复杂产品的虚拟系统，实现复杂产品设计的学科优化。其次，公司与总设计部门和装配厂合作进行项目的协作研发和项目设计。最后，公司实现了创业计划和产品生产，从 ERP 总计划到 CRP 技能计划再到 CMES 运营计划的全过程控制，实现对计划进度的收集和产品质量的收集、分析、反馈。

通过 INDICS，河南航天液压气动技术有限公司成功缩短了 35% 的产品开发和设计周期，提高了 30% 的资源效率，生产效率也提高了 40%，并且大大提高了产品质量的一致性。

5. 阿里巴巴的阿里云工业互联网平台

1999 年创立的阿里巴巴网络技术有限公司阿里云平台已成为全球第三、国内第一的公共云计算服务平台，是承载"阿里云工业互联网平台"的基础设施。阿里云工业互联网平台依托自身规模最大的公共云计算平台，借助底层通用化的计算调度、数据管理、应用支撑界面，整合了一系列产品和服务能力，包括阿里云 ET 工业大脑、

AliOS Things（面向物联网领域的轻量级开源物联网嵌入式操作系统）、物联网工业PaaS、边缘计算平台、企业互联网架构 Aliware、淘工厂、云市场、阿里应用分发开放平台等，为推动制造业企业的数字化、网络化、智能化转型提供全方面的工业互联网服务。阿里云工业互联网平台架构如图 4-15 所示。

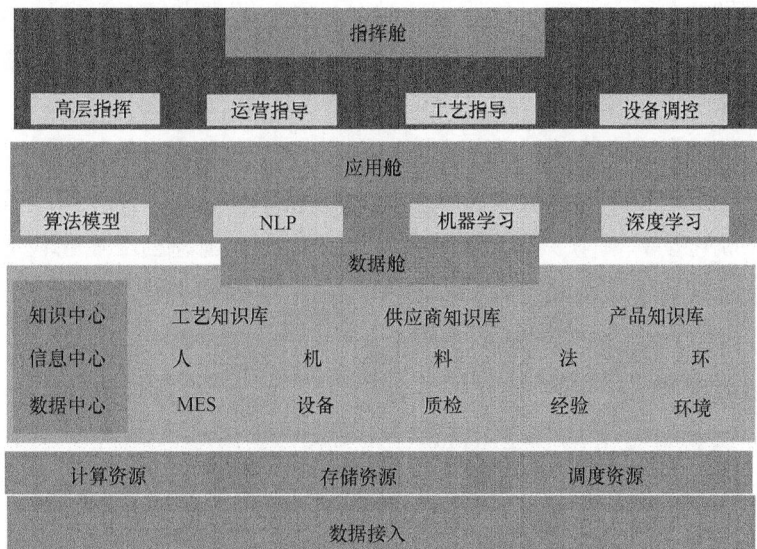

图 4-15　阿里云工业互联网平台架构

（1）边缘层

在数据源接入方面，边缘层支持多种主流协议的接入，以适应不同的工业场景，同时能够实现实时接入和处理多源异构数据，包括文本文件、日志文件、消息流及工业对象链接与嵌入的过程控制（OPC）协议数据等。

在协议兼容方面，边缘层支持多种协议数据采集，包括 OPC 协议数据、OPC UA协议数据、Modbus 协议数据等。在边缘数据处理方面，提供数据清洗、数据缓存和数据实时分析功能，以满足不同场景下的需求。此外，数据采集解决方案也很出色，支持关系型数据库同步、日志文件同步及实时数据上云等操作，为用户提供全面的数据采集服务。

（2）工业 IaaS 层

阿里云工业互联网平台是由阿里巴巴投资建设的，由阿里云平台承载。该平台自建存储能力达到 100PB 以上，拥有大于 100000 核的 CPU 和大于 10TB 的内存，具备强大的计算能力。此外，阿里云工业互联网平台还拥有双线接入大于 100Gbit/s 的宽带，为网络服务提供了可靠的支撑。这些优势使得阿里云工业互联网平台成为一个具有高性能、高可靠性、高扩展性和高安全性的平台，为工业互联网的应用提供了强有力的支持。

（3）工业 PaaS 层

在业务功能组件方面，阿里巴巴构建了通用类、工具类和面向工业场景类的业务功能组件。这些组件包括阿里云企业级分布式应用服务（EDAS）、阿里云消息队列（MQ）和消息队列遥测传输（MQTT）服务等，可以满足不同业务场景的需求。

在大数据处理和分析方面，阿里云工业互联网平台提供行业机理模型，包括纯物理、化学等知识固化后的机理模型和融合工业经验和数据科学后的机理模型。这些机理模型以通用算法引擎为基础，通过应用系统提供的多维全链路数据分析，为供、研、产、销、能、环等各个业务场景提供服务。此外，阿里云工业互联网平台还提供通用分析算法，从阿里机器学习平台上数十种机器学习算法中适配合适的算法，包括梯度提升决策树（GBDT）、随机森林和深度学习等。另外，阿里云工业互联网平台还提供数据的存储与管理，支持关系型数据库服务（RDS）、对象存储服务（OSS）等，为用户提供全面的数据存储和管理服务。

（4）工业 App 层

阿里巴巴部署的工业 App 包括传统应用软件云化后的 App 和基于平台资源开发的 App。这些 App 可以满足不同行业和应用场景的需求。目前，已有超过 3000 家服务商入驻阿里云市场，提供 10000 多种相应服务，涵盖设计、管理等方面。阿里云市场采取开放式服务架构，服务企业客户数量已经超过 100 万，分布在 40 余个行业。这些优势使得阿里云工业互联网平台成为一个高效、开放、多样化的平台，为企业客户提供了全方位的服务和支持。

应用案例如下。

自 2016 年起，阿里云工业互联网平台以"企业上云"为起点，以"工业智能"为牵引，在支持浙江省"十万企业上云"工程、工业和信息化部"国家工业智能公共服务云平台"建设等方面，发挥了关键作用。此过程涌现出了一批成功案例，如中策橡胶、天合光能、恒逸石化、盾安风电等。通过使用阿里云工业互联网平台，这些企业实现了工业互联网的应用和转型，提高了生产效率和质量，实现了智能化转型和可持续发展。阿里云工业互联网平台在工业互联网领域的探索和实践，为企业上云和工业智能化转型提供了有力的支持和推动。

作为一家全球领先的光伏产品供应商，天合光能在产品的生产过程中一直面临着产品质量问题。为了解决这一问题，天合光能借助阿里云 ET 工业大脑平台的支持，实现了对光伏电池材料数据、生产设备参数和 MES 数据等的全方位掌握。通过对这些数据进行挖掘和关联性分析，天合光能可以对影响电池质量的环节进行相应的高效优化。通过在实际生产线上进行反复试验和对比调试，天合光能实现了对关键环节的优化，这一优化措施帮助天合光能实现了电池片生产良品率增加 5%，有效地提升了天合光能的整体产品质量。

6. 华为的FusionPlant

华为技术有限公司成立于 1987 年，于 2018 年推出了 FusionPlant 工业互联网平台。该平台以"云+连接+EI"为核心能力，形成了通用的赋能能力。通过赋能行业平台、联合行业解决方案提供伙伴和具备行业 Know-How 能力的科研院所，华为工业互联网平台为工业企业提供从研发设计、生产制造、经营管理、仓储物流到维护服务的端到端的解决方案。华为工业互联网架构如图 4-16 所示。

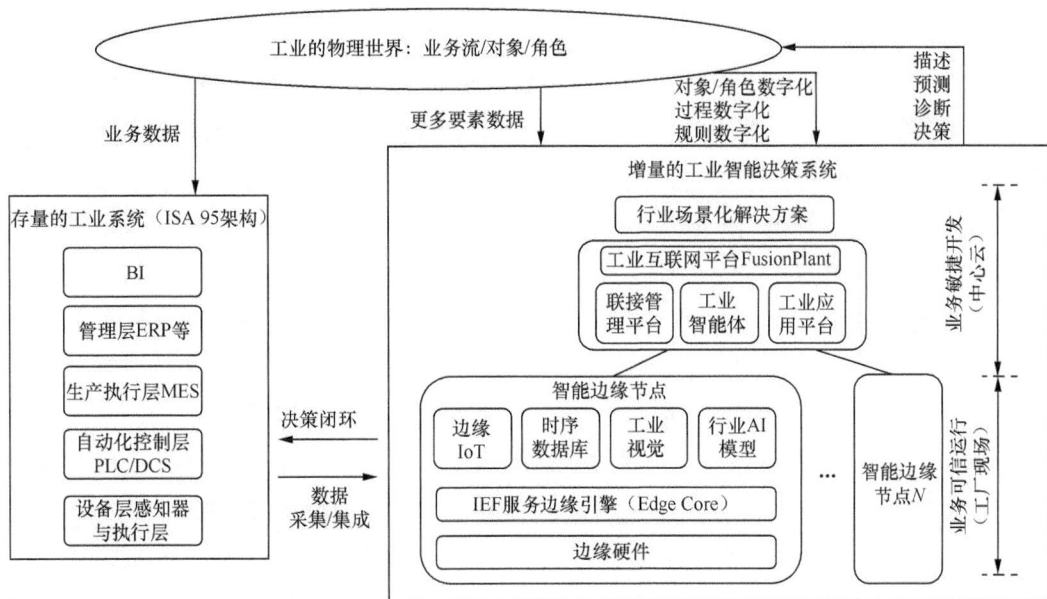

图 4-16　华为工业互联网架构

（1）边缘层

华为工业互联网平台 FusionPlant 具备数据清洗和数据实时分析能力。在数据源介入方面，该平台通过硬件的工业网关连接了上万台规模的多个领先电梯厂商的电梯产品；在协议兼容方面，该平台通过合作伙伴的协议转换器产品支持 OPC UA，同时自研的物联网平台也支持 OPC UA；在边缘数据处理方面，该平台规划了边缘计算软件框架，支持将公有云服务下沉到边缘，包括支持运行容器、实时计算、Serverless 事件处理、机器学习模型预测等；在数据采集解决方案方面，该平台通过硬件网关的 AR 系列支持工业以太网、RS-485、DIDO 等硬件接口，通过软件网关的 IoT Agent 支持 HTTP、MQTT、受限应用协议（CoAP）。

（2）工业 IaaS 层

FusionPlant 同时运行自建的私有云和租用的华为公有云，因此 FusionPlant 具备私有和租用的存储和计算能力。FusionPlant 拥有大于 1000Mbit/s 的双线接入网络带宽服务，为存储和计算提供了充分的支撑。

（3）工业 PaaS 层

在业务功能组件方面，FusionPlant 构建了通用类和工具类业务功能组件。通用类业务功能组件包括微服务引擎、应用编排、应用性能监控、软件仓库、性能压测服务、MQ、分布式缓存、分布式数据库、API 网关；工具类业务功能组件具有可视化展示工具，包括函数服务、函数编排服务、云容器引擎及微服务云应用平台，即有 13 个 PaaS 功能组件可以提供界面操作。

在大数据处理和分析方面，FusionPlant 提供涵盖了智能物流、故障诊断、状态预测及维修决策的行业机理模型。其中，智能物流包括路径规划、智能装车、智能检测、OCR；故障诊断包括统计诊断法、人工智能诊断法、集成化诊断法等；状态预测包括时序模型预测法、灰色模型预测法、神经网络预测法、支持向量回归预测法等；维修决策包括贝叶斯网络法和智能维修决策法等。这些行业机理模型主要用于实时和非实时的各类工业数据的处理和建模。

FusionPlant 提供了多种通用分析算法，涵盖了回归算法、异常检测算法、聚类算法、模型评估算法、数据预处理算法及图关系分析算法等。其中，回归算法主要包括线性回归算法和支持向量回归（SVR）算法，并且还推荐了其他算法如交替最小二乘（ALS）算法、基于域的分解（FFM）算法、神经网络算法。异常检测算法包括主成分分析（PCA）算法和一类支持向量机算法（Oneclass SVM），并且还提供了多种算法如梯度提升决策树（GBDT）算法、逻辑回归算法、随机决策森林（RDF）算法、向量机、线性分类算法、K 最近邻（KNN）算法、华为随机决策算法、随机森林优化版（Inforsight RF）、XGBoost 算法、多粒度级联森林（GcForest）算法等。聚类算法包括 K 均值算法、基于密度的聚集算法 DDBSCAN（DBSCAN 的改进）、特征选择算法、华为 K 均值优化算法，以及 GBDT 特征重要性，GBDT 过滤式特征选择，RF 特征重要性、特征编码、特征异常平滑等。模型评估算法包括复合模型评估算法、基本统计法、一维统计法和二维统计法。数据预处理算法包括缺失值处理算法。图关系分析算法包括最短路径算法、K 跳算法（K-hop）、基于聚类系数的算法、三角计数算法、中心性算法、最大连通子图、Degree Correlation K-core 算法、标签传播算法、社团发现算法、PPR 算法、关系预测算法、传播模型等。

FusionPlant 提供了多种数据存储与管理的解决方案。其中，包括了 Hadoop、HDFS、HBase、MPPDB、MySQL、MongoDB、远程字典服务（Redis）、SQL Server、对象存储及网盘等多种存储方式。Hadoop 是一种分布式计算框架，可以处理大规模数据；HDFS 是 Hadoop 的分布式文件系统；HBase 是一种面向列存储的 NoSQL 数据库；MPPDB 是一种高性能的分布式数据库；MySQL 是一种关系型数据库；MongoDB 是一种面向文档的 NoSQL 数据库；Redis 是一种内存型的键值存储数据库；SQL Server 是一种关系型数据库管理系统；对象存储是一种基于云的存储方式，可以存储大规模的非结构化数据；网盘是一种在线存储服务，用户可以将文件上传至云端进行备份和共享。用户可以根据不同的业务需求对这些存储方式进行选择和组合，以满足不同应用场景的数据存储和数据管理需求。

（4）工业 App 层

华为部署了 54 个工业 App，涵盖传统应用软件云化后的 App 和基于平台资源开发的 App。这些工业 App 面向的应用场景包括研发设计、生产制造、市场营销、经营管理、增值服务、网络互联和系统集成，覆盖电子、先进装备制造、新能源、家电和汽车等行业。其中，有 4 个设计类工业 App，有 4 个仿真类工业 App，有 15 个生产类工业 App（包括 1 个能耗管理 App、7 个工艺优化 App 和 7 个生产资源调度管理优化 App），有 16 个管理类工业 App（包括 5 个客户关系管理 App、3 个供应链管理 App、2 个人力资源管理 App、3 个移动办公 App 和 3 个资产管理 App）。此外，还有 2 个数据采集 App、1 个仓储管理 App、2 个电商与全渠道 App、2 个大数据应用 App、2 个产品智能化连接 App、2 个设备智能化连接 App 和 1 个企业智能化 App 等其他类工业 App。

应用案例如下。

华为提供了全栈、全场景的人工智能解决方案，支持物联网和人工智能等多个技术领域，是优秀的系统集成伙伴。华为云 EI 工业智能体可以释放产线柔性化能力，帮助纤维生产企业能更好地应对下游企业的个性化需求。基于边缘计算解决方案，可以提升纤维质检效率，通过人工智能技术对丝饼的条干、染色性等物性指标进行预测。数字化生产流程，使生产线生产过程的关键参数和指标透明化、可视化，让质量"有参数可循"。模型训练更新频率从月提升到小时，并经过前期测试，有效提升 28.5% 的下游企业需求匹配率。此外，该方案还替代了传统人工抽检方式，提升了 80% 的检测效率。综上所述，华为的人工智能解决方案非常优秀，可以在多个领域发挥重要作用。

新日电动车采用华为云的制造协同平台、ROMA 和 WeLink 解决方案，建立了供应链协同平台，成功解决了供应链黑盒难题。该平台实现了订单自动下发，全流程透明生产，实时进度反馈和实时质量监控，从而提升了上下游供应链协同能力。这一改进将帮助新日电动车提高 20% 的供应交期准确率，并将交付质量达成率提高 15%。

4.4.3　国内工业互联网平台的特点

我国工业互联网平台在多个方面取得了初步成效，包括数据采集、工业 IaaS 基础设施部署、工业 PaaS 平台建设、工业 App 培育和开发者生态构建等方面。这些成果表明，我国工业互联网平台在多个领域都有了很大的发展。其中，数据采集方面取得的进展为平台提供了重要支持，工业 IaaS 基础设施部署的实施为企业提供了更为灵活的 IT 资源，工业 PaaS 平台建设为企业提供了强大的开发支持，工业 App 培育的推进为企业提供了更多的应用场景，开发者生态构建为平台提供了更加丰富的技术资源。

1. 边缘层数据采集的分析能力普遍提升

为了解决当前工业现场数据采集量不足、数据类型较少、数据精度不高等问题，各平台企业积极提升数据采集能力。在协议支持方面，超过 50% 的平台支持多种数据采集协议，64% 的平台采用通用协议 OPC UA，同时近 50% 的平台还采用自主开发协议转换解析模块，协议的兼容能力相对较强。在解决方案方面，超过 80% 的平台具有自主开发软件、硬件网关或集成第三方解决方案的能力。此外，近 40% 的平台通过部署边缘计算模块，实现了数据清洗、数据缓存及在生产场景中的轻量级数据运算和数据实时分析，如图 4-17 所示。综上所述，各平台企业在数据采集解决方案方面取得了显著进展，为企业提供了更多的数据支持，进一步推进了工业互联网的发展。

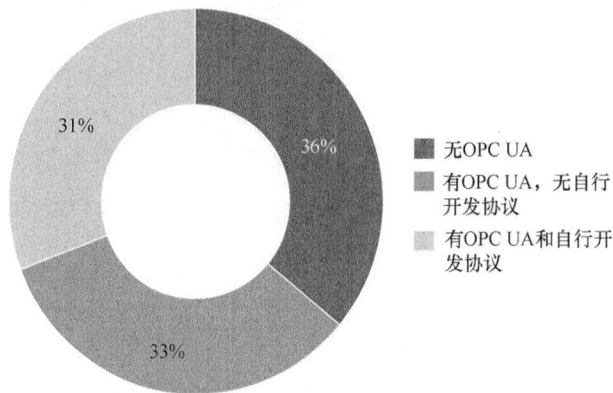

图 4-17　工业互联网平台协议兼容分布情况

2. 工业IaaS基础设施部署主要采取自建云方式

IaaS 基础设施是工业互联网存储和计算资源的关键载体，也是各工业互联网平台建设的重点。从建设方式来看，59% 的平台采用自建云方式部署 IaaS 基础设施，29% 的平台采用租用公有云方式部署 IaaS 基础设施，主要选择的云服务商包括阿里云、腾讯云、华为云、Microsoft Azure 和亚马逊的 AWS 等。此外，11% 的平台兼用自建云和租用公有云两种方式部署 IaaS 基础设施，而仅有 1% 的平台两种方式皆不采用。从建设主体来看，在采用租用公有云方式的企业中，73.3% 的企业是 ICT 企业，而制造企业则大多数采用自建云方式，这是基于企业知识产权、商业机密保护和业务系统安全等方面的考虑。目前，MindSphere 和 Predix 已与 AWS 和 Microsoft Azure 两家云服务商达成合作协议，采用租用公有云方式成为工业互联网平台部署和应用推广的可行选择，如图 4-18 所示。综上所述，IaaS 基础设施是工业互联网平台建设的重要组成部分，采用自建云和租用公有云两种方式都各有优劣，企业应根据自身情况进行选择。

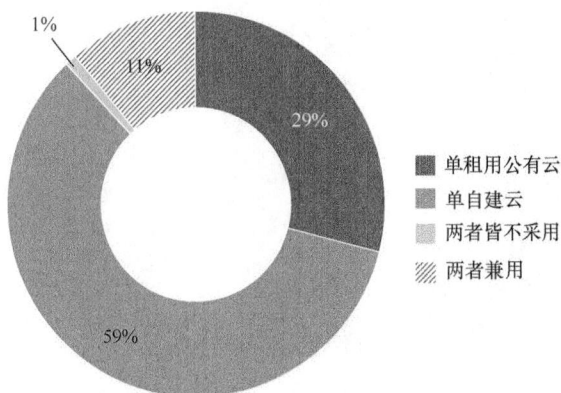

图 4-18　工业互联网配套 IaaS 基础设施的部署方式分布情况

3. 工业PaaS平台建设路径日益清晰

工业 PaaS 平台建设尚处于起步阶段，但建设路径逐渐清晰，为 SaaS 赋能的能力日益增强。在基础架构选型方面，近六成的平台企业采用自主研发架构，其余的则采用 Cloud Foundry、OpenShift 等国外成熟的开源架构体系，如图 4-19 所示。这些开源架构体系具有成熟的技术和丰富的社区支持，可以帮助平台企业更快地建设工业 PaaS 平台。此外，工业 PaaS 平台的建设还需要考虑数据安全性、可靠性、可扩展性和开放性等多个方面的问题，因此平台企业需要充分考虑各方面的因素，制定出全面、可行的工业 PaaS 平台建设方案。综上所述，工业 PaaS 平台的建设虽然还处于起步阶段，但是随着技术的不断发展和完善，其在 SaaS 方面的能力将不断增强。

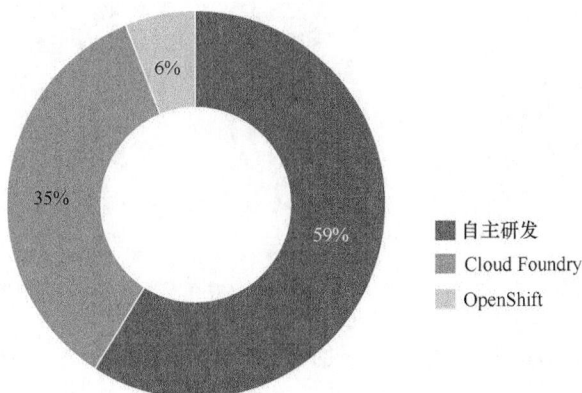

图 4-19　各类通用 PaaS 平台的基础架构类型

在服务管理方式方面，超过六成的工业互联网平台采用微服务模式，微服务模式能够有效地支持用户敏捷开发和个性化应用的部署，如图 4-20 所示。采用微服务模式可以将应用拆分为多个小型服务，从而提高系统的可维护性、可扩展性和可重用性。

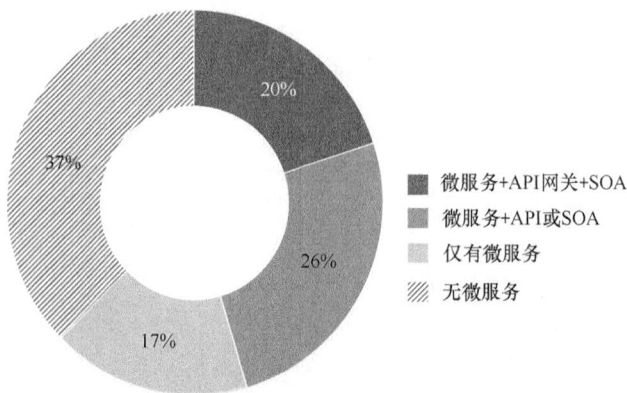

图 4-20　各类平台提供的服务管理方式分布情况

　　从不同工具类业务功能组件的角度来看，建模类工具和可视化展示类工具是当前制造业在设计研发和决策展示等相关环节中需求最大的工具，使用率超过 50%。从不同服务领域的平台来看，不同平台在业务功能组件的部署上各有优势，反映了各类平台的应用需求各有侧重。面向装备行业的平台在建模类工具、可视化展示类工具、仿真分析类工具和知识管理类工具等各种业务功能组件的部署数量上均超过其他行业平台。面向电子行业的平台在建模类工具、可视化展示类工具和知识管理类工具的部署数量上仅次于面向装备行业的平台。面向原材料行业的平台在建模类工具和可视化展示类工具的部署数量上排在第 3 位，如图 4-21 所示。

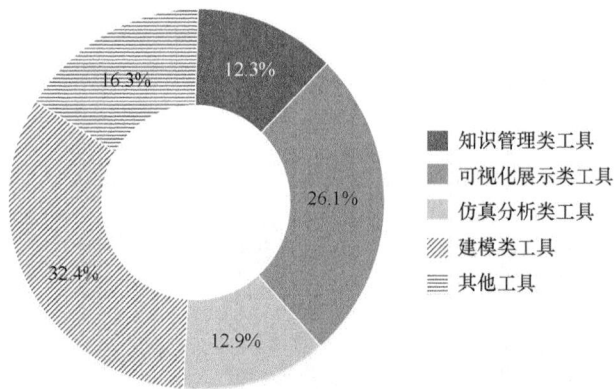

图 4-21　各类平台部署工具类业务功能组件类型分布情况

　　从行业机理模型储备的角度来看，各类机理模型分布不均，主要集中在装备类机理模型，约占全类别总数的一半，达到 43.57%。其次是其他类机理模型和石化类机理模型，分别占 20.18% 和 17.72%，而轻工类和电子类机理模型则占据最少，只有 2.29% 和 3.72%。装备类机理模型数量最多，主要因为装备行业的数字化发展成为大势所趋，数据层面的技术成熟度较高、设备端和平台端的协同程度较高、业务系统集成云化水平较高。然而，从整体上看，全行业机理模型类型不足，且无任何机理模型的平台占比接近 30%，这是目前工业 PaaS 平台建设的主要短板，如图 4-22 所示。

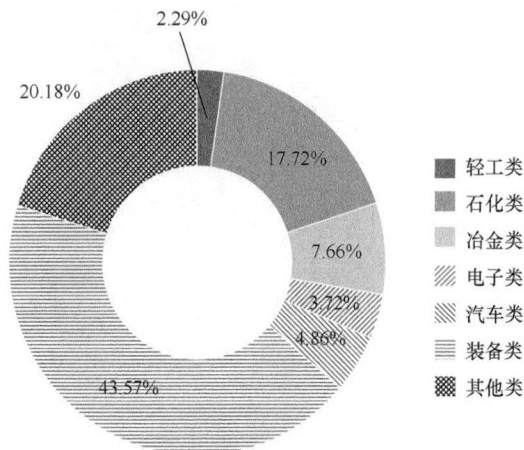

图 4-22　行业机理模型覆盖领域分布情况

　　为了满足海量工业数据的挖掘需求，各类平台引入了聚类算法、分类算法、回归分析算法、关联规则算法、文本分析算法等大数据处理分析技术或工具。据统计，仅有 6 家平台还不具备大数据分析能力，占比仅为 8%。从大数据处理分析能力来看，引入了深度学习算法工具的平台的占比达到 45%，这显著提升了平台的数据分析、预测、优化和决策能力。随着行业机理的不断沉淀，深度学习等人工智能算法将有可能更加普及，以支撑越来越复杂的融合型数据分析任务。

　　第三方专业的数据存储和管理服务已成为行业发展的主要方向，采购第三方服务的平台占比达到 64%，比自主研发平台多出 28%。这与平台采购基础设施服务的发展趋势保持一致。

4．工业App培育和应用全面展开

　　工业 App 的应用已经扩展到制造业的各个方面，在制造业环节中起着重要作用。在应用场景中，工业 App 基本参与了研发设计、生产制造、经营管理、售后服务等生产制造全过程。其中，生产制造类 App 总数最多，占比约为 35.8%。若将生产制造类 App 更细分，用于设备运维监控和产品质量管理优化的生产制造类 App 总数最多，约占所有生产制造类 App 的 45.1% 和 19.5%，如图 4-23 所示。其次是营销服务类 App，占比约为 18.8%。若将营销服务类 App 更细分，产品远程监控的营销服务类 App 占比超过营销服务类 App 总数的一半，约占 60.3%；而用于产品故障检测分析的营销服务类 App 和用于产品预测性维护的营销服务类 App，分别占 27.3% 和 12.4%，如图 4-24 所示。

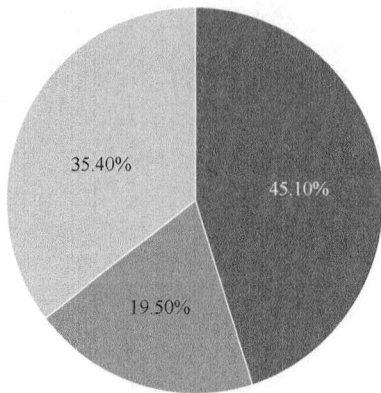

■ 设备运维监控类　■ 产品质量管理优化类　■ 其他

图 4-23　生产制造类 App 细分占比情况

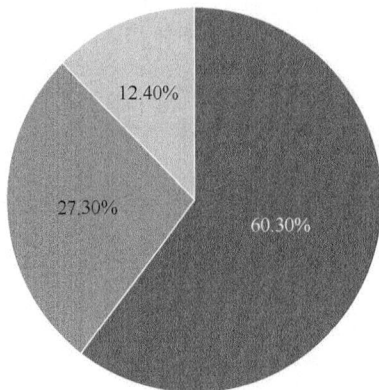

■ 产品监控类　■ 产品故障检测分析类　■ 产品预测性维护类

图 4-24　营销服务类 App 细分占比情况

从服务行业的角度来看，工业 App 在装备行业中占比最高，高达 44.03%。其次是跨行业通用工业 App 和石化行业中的工业 App，占比分别为 18.93% 和 14.73%。其中，跨行业通用工业 App 的使用主要受益于传统的通用软件，开发难度和部署复杂度都相对较低。装备行业和石化行业都是行业机理模型占比最高的行业，从侧面说明行业机理模型对工业 App 的开发、应用十分重要。两者将共同决定着工业互联网平台的核心能力和竞争优势，如图 4-25 所示。

5. 开发者生态构建仍处于萌芽状态

企业对工业互联网平台价值的认识日益增强，这也促使各类平台积极培育强化开发者生态并建设开发者社区。然而，PaaS 平台的建设费用高昂，技术能力受限，开发程度不足，开发者社区建设模型单一、共享机制不完善、运营模式不成熟，导致平台缺乏流量，活力不足。

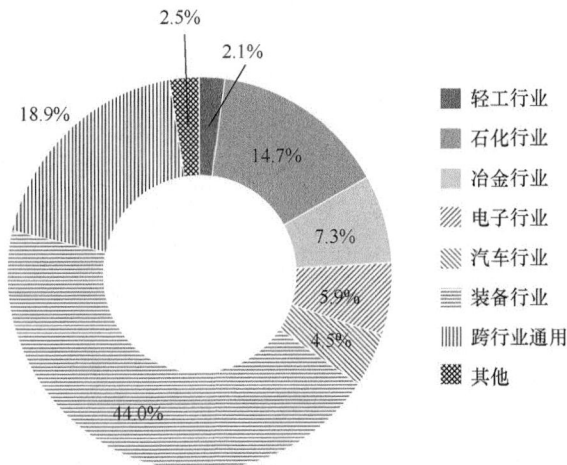

图 4-25　工业 App 行业分布情况

从开发环境的建设来看，提供的开发工具类型对于开发者决定是否入驻平台具有重要作用。例如，有 24% 的平台同时提供 C++、Java/Objective-C、Ruby/PHP 等多种开发工具，开发工具支持情况如图 4-26 所示。

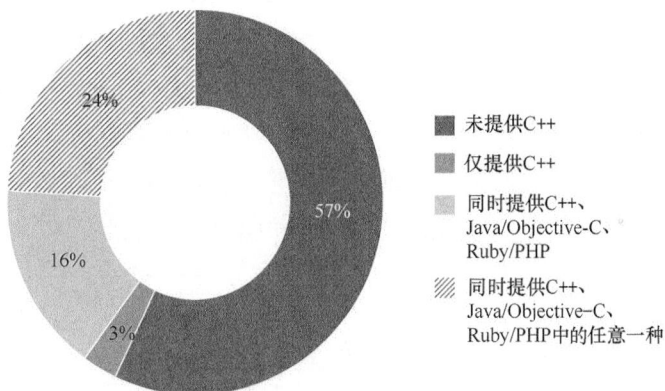

图 4-26　开发工具支持情况

从开发者社区的建设来看，超过 50% 的平台企业已经建立或正在筹备建设开发者社区。其中，用友精智工业互联网平台、阿里云、航天云网 3 家平台的开发者数量超过 10 万，前两家平台的月平均活跃开发者数量均超过 1 万。

4.4.4　国内工业互联网平台的发展

1. 跨行业、跨领域的平台构建能力薄弱

跨国巨头普遍认为，构建跨行业、跨领域的工业互联网平台是巩固其产业垄断地位的必要手段。只有综合实力较强的龙头企业，才能基于平台向下整合多种类型的工

业设备，向上承载海量工业应用的开发，从而打造产业新生态，抢占竞争制高点。但国内缺乏像 GE、西门子等产业巨头一样的企业。目前，只有航天云网、东方国信、树根互联等少数几家企业初步具备了建设跨行业、跨领域工业互联网平台的能力。但是，这些平台的跨行业、跨产业链布局和协同水平不高，因此尚不具备整合控制系统、通信协议、生产装备、执行系统、管理工具、专业软件等各类资源的能力。

2. 平台建设技术的支撑能力有待增强

工业互联网平台是一个复杂的体系，涉及工业技术和信息技术的多个方面，包括边缘层、工业 IaaS、工业 PaaS、SaaS 应用等。目前国内企业在一些关键技术环节仍然存在薄弱之处，表现在以下三个方面。

一是数据采集和边缘计算能力欠缺。大多数平台的数据采集类型不够丰富，数据采集困难且互联能力不足。64% 的平台缺乏完整的数据采集集成解决方案，超过半数的平台数据库或数据点不足 1000 个。

二是工业 PaaS 服务能力受限。工业领域的行业机理、工艺流程、模型方法经验沉淀不够，算法库、模型库和知识库等微服务提供能力不足。近 30% 的受调查平台没有形成任何行业机理模型，平台在功能完整性、模型组件多样性、专业化服务等方面发展滞后。

三是平台标准体系至今仍不统一。许多平台是根据各自的技术系统构建的，平台的系统结构、协议、运行服务、系统的互操作性等方面的标准基本不统一。36% 的工业互联网平台没有通用的 OPC UA 协议，因此很难转换和统一行业中不同的数据形式。只有 35% 的平台采用 Cloud Foundry 的通用开放架构，这限制了工业 PaaS 平台的多功能性、开放性和灵活性。

3. 面向新型工业App的开发生态尚未建立

工业 App 是基于工业互联网平台，提供专业的工业知识经验和技术，满足某一个用户对应需求的应用软件，是工业技术软件化的关键。现阶段工业 App 的供给能力仍然不足，开发人才匮乏，主要表现在以下四个方面。

一是工业 App 统计分类标准尚不明确。从企业填报数据存在前后逻辑不一致、盲报、错报等现象来看，产业界暂未明确工业 App 的内涵界限和发展方向。

二是工业 App 的质量尚有待提升。用于多行业、多领域、多应用场景的工业 App 数量不足，工业 App 的估值体系还未成熟。

三是开发者社区建设技术欠缺。开发者社区活力不足，多数平台的用户数和月均流量均低于 1000，与拥有 50000 余名开发者的 Predix.io 相比差距较大，工业 App 的开发与工业用户相互促进、双向迭代的双边市场生态远未形成。

四是随着边缘计算、区块链和新一代人工智能等新兴科学技术的不断出现和发展，工业技术体系持续完善。同时，互联网上的工业联合生产、柔性化生产、定制适应和其他云计算新生产模式在制造企业中得到了越来越广泛的应用，并不断延伸到制造产业链，塑造生产生态系统，同时更新了传统生产模式并促进了全球化产业转型。

4. 工业互联网技术体系不断完善

工业互联网技术从一开始就是一门跨学科技术和集成技术。随着工业互联网的发展，工业互联网技术的发展趋势是继续与边缘计算、区块链和新一代人工智能等新兴科学技术相融合，以不断改善工业互联网技术体系。这种融合将会带来更高效的工业生产方式，更加智能化的工业设备，更加安全的数据传输方式和数据存储方式。因此，工业互联网技术的发展将继续推动工业互联网体系的完善，为制造业的数字化转型和智能化升级提供支持。

（1）边缘计算技术带动工业现场智能化

在万物互联的信息时代，新兴技术如雨后春笋般出现并被广泛应用。边缘设备不仅仅是单一的数据消费者，同时还兼顾了数据生产和数据消费两方面。此外，网络边缘设备具备处理数据的计算能力，可以进行决策判断、本地文件传输、智能化处理等应用。在边缘计算中，计算资源更接近数据源头，可以实现数据的本地预处理、本地加密，并将预处理后的数据发送至数据中心，从而减小对骨干网络的传输压力，降低终端敏感数据隐私泄露的风险。

与云计算不同，边缘计算使用终端侧设备（如移动手机、智能音箱等）和边缘设备（如网关、路由器、基站）来完成源头数据加密、本地数据通信和数据源决策。对于整个网络，不同地点的用户请求优先在本地进行处理，并进行分布式边缘计算。相对于集中式架构，边缘计算具有以下优点。①对于时延敏感业务在本地完成决策，避免产生网络传输时延。②本地决策和数据压缩，减小网络传输的数据体量，减少网络拥塞。③本地进行数据加密，提升数据安全性。④在出现网络故障时，保证本地的基本功能可用。

边缘计算与云计算相互补充，使得物联网设备具备了一定的数据处理能力。在选择计算方案时，需要考虑计算任务的紧急度、复杂度和安全性。随着人工智能算法的不断演进和智能硬件的普及，边缘计算将成为实现万物智联的核心要素之一。

（2）区块链技术打造更加安全、智能化的工业互联网平台

区块链技术具备去中心化、公私钥数据加密等特性，并且能够实现公共数据的共享和不易篡改。将区块链技术应用于工业互联网平台，可以将公共数据分布存储在各参与者的节点上，从而提高平台的数据安全性，避免因单个数据中心遭受攻击而导致的数据丢失和篡改。使用公私钥加密功能，工业互联网平台可以实现公开透明的数据共享，并确保商业信息的机密性、公司数据的安全性和智能设备的访问权限独立性。

区块链智能协商技术可以解决工业互联网平台中的"人对人""机对机"的通信问题，并以便捷、合理和安全的方式在工业互联网平台上实现各种业务场景。区块链技术已经在金融和其他领域中得到了相对成熟的应用，并且在物联网领域中不断进行技术创新。

（3）新一代人工智能技术深度介入工业互联网

当前，人工智能技术的发展已经进入新一代人工智能阶段，其主要特征包括数据驱动下的深度强化学习的直觉感知、基于网络的群体智能、人机和脑机交互的混合智能和跨媒体推理等。由于智能化是工业互联网后续的发展重点之一，新一代人工智能技术必将与工业互联网深度融合，不断促进工业互联网系统总体技术、平台技术和制造全产业链应用技术的快速发展。特别是智能设计、智能生产、智能仿真试验、智能服务等技术的快速发展，增强制造企业的竞争力，让全球制造业受益于人工智能技术的不断发展。

讨论与思考

❶ 什么是工业互联网平台，工业互联网平台的主要作用有哪些？

❷ 边缘层的核心技术有哪些？

❸ 如何利用多租户技术来提高软件服务的质量和效率？

❹ PTC的ThingWorx平台有哪些特征？

❺ 简述SAP HANA平台的架构。每一层架构的作用是什么？

❻ 国内工业互联网平台目前还存在哪些不足？

❼ 简述树根互联的根云工业互联网平台的架构。每一层架构的作用是什么？

❽ 华为工业互联网平台提供了哪些通用分析算法？

❾ 国内工业互联网平台有哪些特点？

❿ 如何解决工业互联网平台建设技术支撑能力不足的问题？

参考文献

[1] 工业互联网产业联盟. 工业互联网平台白皮书[R]. 2017.

[2] 工业互联网产业联盟. 工业互联网平台标准化白皮书[R]. 2018.

[3] 工业互联网产业联盟. 工业互联网平台白皮书[R]. 2019.

[4] 杨立春，孙会峰. 工业互联网创新实践[M]. 北京：电子工业出版社，2019: 29-76.

[5] 王建伟. 赢在平台——解锁工业互联网的动力密码[M]. 北京：人民邮电出版社，2018: 3-48.

[6] 魏毅寅，柴旭东. 工业互联网技术与实践[M]. 北京：电子工业出版社，2017: 160-239.

[7] 李颖，尹丽波. 虚实之间——工业互联网平台兴起[M]. 北京：电子工业出版社，2019: 155-244.

[8] 夏志杰. 工业互联网体系与技术[M]. 北京：机械工业出版社，2017: 173-236.

[9] 王建伟. 工业赋能——深度剖析工业互联网时代的机遇和挑战[M]. 北京：人民邮电出版社，2018: 63-145.

[10] 通用电气公司. 工业互联网——打破智慧与机器的边界[M]. 北京：机械工业出版社，2015: 123-132.

[11] 杨青峰. 未来制造——人工智能与工业互联网驱动的制造范式革命[M]. 北京：电子工业出版社，2018: 155-158.

[12] 彭俊松. 智慧企业工业互联网平台开发与创新[M]. 北京：机械工业出版社，2019: 46-68.

[13] 安筱鹏. 工业互联网平台建设的出发点、切入点和着力点[J]. 电力设备管理，2018, 8: 17-20.

[14] MUTA，Y. Industrial Internet for the Power Industry. Kami-pa-gi-kyō-shi，2018，72（3）: 271-276.

[15] CHAI X，HOU B，ZOU P，et al. INDICS: An Industrial Internet Platform[C]//2018 IEEE SmartWorld，Ubiquitous Intelligence & Computing，Advanced & Trusted Computing，Scalable Computing & Communications，Cloud & Big Data Computing，Internet of People and Smart City Innovation (SmartWorld/SCALCOM/UIC/ATC/CBDCom/IOP/SCI). IEEE，2018: 1824-1828.

[16] WANG J，XU C，ZHANG J，et al. A Collaborative Architecture of the Industrial Internet Platform for Manufacturing Systems[J]. Robotics and Computer-Integrated Manufacturing，2019. DOI:10.1016/j.rcim.2019.101854.

[17] WANG C，SONG L，LI S. The Industrial Internet Platform: Trend and Challenges[J]. Strategic Study of Chinese Academy of Engineering，2018，20（2）: 15-19.

第 5 章
工业互联网安全

05

学习目标

（1）了解工业互联网安全的整体框架；

（2）了解常见的针对工业互联网的安全威胁；

（3）了解工业互联网控制安全的概念及相关技术；

（4）了解工业互联网数据安全的概念及相关技术；

（5）了解工业互联网设备安全的概念及相关技术；

（6）了解工业互联网应用安全的概念及相关技术；

（7）了解工业互联网安全和传统网络安全的异同。

近年来，随着工业控制系统从封闭迈向开放，工业控制安全事件频发，工业控制系统的安全防护能力严重不足的问题日益凸显，各国对工业互联网安全的重视程度逐步提高，我国也陆续出台了相关政策，推进工业互联网安全建设，增强工业互联网安全保障能力。

根据美国工业控制系统网络应急响应小组（ICS-CERT）发布的《ICS-CERT 年度回顾》，自 2010 年以来，工业互联网相关的安全事件数量逐年上升，如图 5-1 所示，这些安全事件涉及制造、通信、能源、供水、市政设施、交通、医疗、信息技术、核工业、化工业等各行业、各方面，对工业生产和国家安全造成了严重影响。

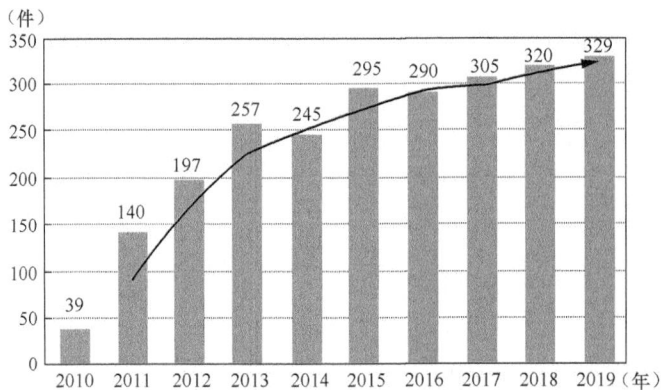

图 5-1　工业互联网安全事件统计

例如，2015 年 12 月，黑客入侵了乌克兰电力系统，植入可远程访问并控制工业控制系统的恶意软件 BlackEnergy，导致电网数据采集与监控系统崩溃，造成了该国超过一半地区断电数小时，影响极为严重。2017 年 5 月，勒索病毒 WannaCry 影响了许多国家，入侵了包括中国、美国、英国、俄罗斯在内的超过 150 个国家和地区的信息系统，使多个国家的能源、通信等重要行业损失惨重，给国家工业系统甚至是国家安全带来了严重威胁。2019 年 7 月，美国某变电站继电保护系统失灵造成纽约市曼哈顿大规模停电；委内瑞拉的供电系统遭受网络攻击，造成全国大规模停电。

此外，美国 KWC 公司系统遭黑客攻击，以色列电力供应系统遭网络攻击，波兰航空公司操作系统遭黑客攻击等工业安全事件频繁发生，此类事件波及范围之广、危害程度之高，已经引起了各国的高度重视。

2017 年 12 月，我国工业和信息化部印发了《工业控制系统信息安全行动计划（2018—2020 年）》，从国家层面对工业控制系统信息安全保障体系建设进行规划；2019 年 12 月，GB/T 22239—2019《信息安全技术　网络安全等级保护基本要求》（简称"等保 2.0"）正式实施，工业控制系统安全被正式纳入其评测范围；2021 年 7 月，国务院正式发布了《关键信息基础设施安全保护条例》。从这些政策法规可以看出，我国高度重视工业互联网的安全问题，并通过制定相关的法规、标准保障工业互联网安全。

工业互联网产业联盟发布了工业互联网安全框架，如图 5-2 所示，包括设备安全、控制安全、网络安全、应用安全、数据安全 5 部分，本章将主要从技术层面对工业互联网安全问题展开讨论。具体而言，本章从工业互联网的网络安全、工业互联网的控制安全、工业互联网的数据安全、工业互联网的设备安全和工业互联网的应用安全 5 方面介绍工业互联网安全，以期读者对工业互联网安全有更全面的了解。

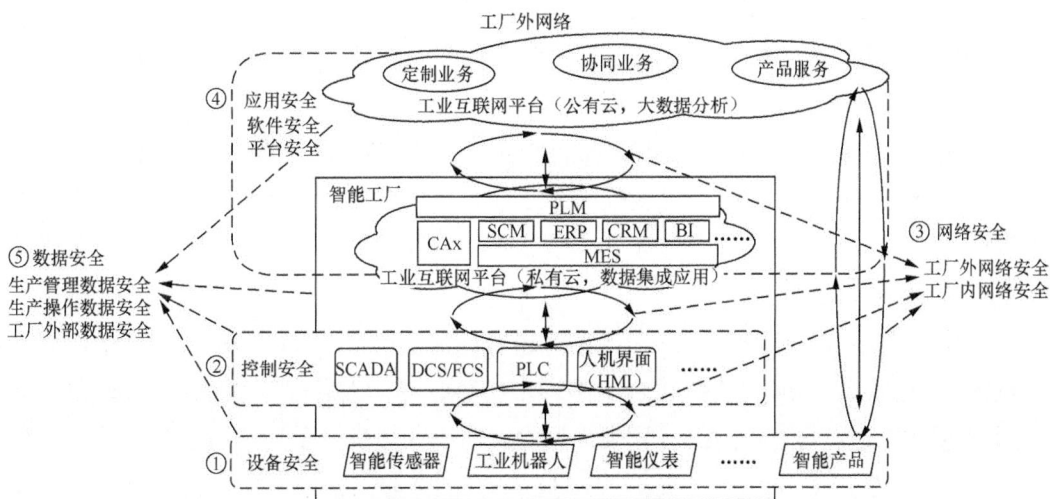

图 5-2　工业互联网安全框架

5.1　工业互联网的网络安全

工业互联网的网络安全是指工厂内网络及工厂与外部互联的公共网络之间的安全问题。

5.1.1 常见的网络安全威胁

早期的工业控制系统与 IT 系统没有太多的相似之处，因为工业控制系统是使用专用硬件和软件运行专有控制协议的隔离系统。随着工业控制系统采用 IT 解决方案来实现企业连接和远程访问等功能，并使用具有行业统一标准的计算机、操作系统和网络协议进行设计和实施，工业控制系统开始和 IT 系统有一定的相似性。目前针对工业互联网的网络攻击通常结合了多种技术，具体的网络攻击表现形式包括拒绝服务（DoS）攻击、去同步攻击、完整性攻击、数据注入攻击、中间人攻击、重放攻击、利用 PLC 程序病毒的攻击、利用勒索病毒的攻击、利用移动介质的攻击、账号口令破解攻击、漏洞攻击、利用无线网络入侵、逻辑炸弹攻击、高级可持续性威胁（APT）攻击等。

拒绝服务攻击：是指攻击者在网络中伪造大量数据包，导致工业控制设备及组件间流量拥塞，造成重要数据丢失，破坏系统的正常运行。

去同步攻击：工业控制系统中的控制或调度算法常基于时间驱动，攻击者通过破坏工业控制设备间的时钟同步，导致基于时间驱动的控制或调度算法失效，进一步导致系统无法持续、稳定地运行。例如，利用 IEEE 1588[又称精确网络时间协议（PTP）] 的脆弱性，通过破坏 IEEE 1588 的时钟同步过程达到攻击电力网络的目的。

完整性攻击：攻击者对工业控制数据进行篡改，破坏数据的完整性，从而影响系统的正常运行。

数据注入攻击：攻击者利用工业控制协议或工业控制设备固有的脆弱性，发送错误的控制信息，导致相关组件出现故障或工作人员误操作，从而影响工业控制系统的正常运行。例如，攻击者可通过操纵传感器采集的数据发起恶意攻击，基于相关优化函数取得最大化攻击收益。

中间人攻击：攻击者利用工业控制协议的固有缺陷，如 Modbus、DNP3 等协议缺乏认证、加密机制，通过伪装成合法的通信实体，与工业控制设备或用户进行通信，在通信过程中对数据进行拦截、篡改或删除，向工业控制设备下达恶意指令，破坏生产进程，造成生产事故。

重放攻击：攻击者通过拦截并记录工业控制设备或相关组件之间的通信数据，并在一段时间后重放数据包，影响系统的正常运行。

利用 PLC 程序病毒的攻击：攻击者通过控制 PLC，感染相关程序，使恶意程序随PLC 程序下发到 PLC 控制设备，篡改 PLC 控制流并将虚假数据发送给 PLC 的输出以防止出现告警。监测系统难以及时发现此类攻击，但此类攻击的影响力巨大，如造成工业控制现场设备的温度、压力失控，进而引起重大的安全事故。

利用勒索病毒的攻击：攻击者利用勒索病毒，对工业控制系统中的文件或数据进行加密而达到某些不可告人的目的。例如，2017 年 WannaCry 勒索病毒大爆发，该勒索病毒可对工业控制系统中的 IT 系统进行勒索攻击，波及上百个国家和地区，石油、电力、交通等领域受到严重影响。

利用移动介质的攻击：当带有病毒的移动介质被连接到工程师站或操作员站时，移动介质所带有的病毒利用移动介质的自运行功能，启动对相关设备的攻击、进行病毒的自动感染和传播，导致系统性能下降，甚至造成安全事故。

账号口令破解攻击：攻击者利用企业对外开放的应用系统，通过弱口令扫描、密码嗅探、暴力破解等手段获取应用系统的用户账号和口令，取得用户权限，以调阅相关数据文件，从而实现进一步的攻击。此外，工业控制设备数量多、分布位置分散，数量有限的技术人员可能需要维护大量的工业控制设备，而部分技术人员安全意识薄弱甚至缺乏基本的网络安全知识，多个设备长期使用相同的密码或者直接采用默认密码，让设备密码形同虚设，导致系统遭受攻击。

漏洞攻击：攻击者利用工业互联网开放服务的漏洞、工业控制网络协议的漏洞和工业控制设备的软硬件漏洞等，渗透工业控制网络，获取生产资料、篡改控制命令，影响生产流程。

利用无线网络入侵：工业控制设备分布于厂区各处甚至是野外，由于网络基础设施的局限性，通常采用无线网络进行控制信号及生产数据的传输。然而，无线网络一般缺乏足够的安全保障和加密手段，且无线通信信道本身存在噪声、干扰、衰减、时延等问题，很容易成为攻击者的攻击入口，攻击者利用无线网络入侵进而实现对整个工业控制网络的渗透和控制。例如，针对 DCS 中工业无线传感网络的攻击。

逻辑炸弹攻击：逻辑炸弹攻击是指攻击者在工业控制程序的开发过程中，预留在代码中的攻击程序，当满足某种特定逻辑条件时，将启动恶意攻击，导致系统运行失常。

高级可持续性威胁攻击：攻击者利用多种攻击手段，以破坏关键设施或阻碍某任务进行为目的，在长时间内潜伏并反复对目标进行攻击，最终达到攻击目的。例如，伊朗核电站工业控制系统遭遇的"震网"病毒袭击就是典型的此类攻击。

通过远程维护访问进行入侵：出于维护目的，从外部访问工业控制系统是目前一种较为普遍的做法。当维护人员访问一个系统以对系统进行维护时，缺乏身份验证和授权，以及扁平的网络层次结构使其可以轻松访问其他系统，从而引发安全事件。

技术故障和不可抗力：极端环境的影响或技术缺陷而导致的系统故障。

社会工程学：通过非技术操作获得对系统或信息的未授权访问，在这一过程中，人类特征（如帮助、信任、恐惧或对权威的尊重）被利用。在维护工业控制安全方面，工作人员（包括企业内部员工及所有参与施工或维护的外部人员）占据着特殊位置，安全永远不能仅靠技术措施来保证。

5.1.2 网络安全漏洞挖掘与利用技术

由于在信息系统设计和实施时未充分考虑各种临界因素，或者由于信息系统依赖的各种框架、库函数等存在不足，信息系统存在多种可能被攻击者利用的漏洞。工业控制系统中的漏洞分类如表 5-1 所示。

表 5-1　工业控制系统漏洞分类

按设备位置划分	上位机漏洞（操作系统漏洞、应用软件漏洞等）、下位机漏洞（协议漏洞、HMI 漏洞等）
按设备类型划分	远程终端单元（RTU）漏洞、PLC 漏洞、网络设备漏洞等
按漏洞产生原因划分	缓冲区溢出、数据链路层（DLL）劫持、固件后门、提权、暴力破解、安全绕过、重放攻击等
按漏洞攻击途径划分	远程服务器漏洞（主要为网络服务漏洞）、远程客户端漏洞（主要为 ActiveX 控件漏洞）、本地漏洞

针对工业控制系统的漏洞挖掘技术可分为动态测试技术和静态分析技术两大类。动态测试技术是工业控制系统处于正常运行状态下的漏洞挖掘技术，其主流技术为模糊测试技术，一般用于挖掘操作系统、工业控制协议、ActiveX 控件等的漏洞。静态分析技术是工业控制系统在非运行状态下的漏洞挖掘技术，具体包括静态代码审计技术、逆向分析技术、二进制补丁比对技术等，一般用于挖掘工业控制固件后门、工业控制移动应用等的漏洞。下面将详细介绍几种常用的漏洞挖掘技术，包括网络流量分析技术、模糊测试技术、静态代码审计技术、逆向分析技术、二进制补丁比对技术等。

1. 网络流量分析技术

网络流量分析技术属于漏洞挖掘基础技术。具体而言，对网络流量进行抓包，并将其交给分析软件进行分析，获取工业控制系统中各网络节点之间的通信信息，解析当前的网络协议、判断是否有明文传输的数据、提取账号口令等关键信息。

2. 模糊测试技术

模糊测试技术采用黑盒测试的思想，通过向目标输入大量非预期、异常的，甚至是随机的数据，监控目标的异常结果以发现系统安全漏洞。根据测试数据的不同生成方法，模糊测试可分为基于变异的模糊测试和基于生成的模糊测试。基于变异的模糊测试，其测试数据是将工业控制系统处于正常运行状态下采集到的数据作为基础样本进行变异获得的。基于生成的模糊测试，其测试数据是通过解析目标设备的数据规则来自动生成的。

在工业控制系统中，主要针对工业控制协议进行模糊测试，从而发现工业控制协议中的安全漏洞。首先，需要对工业控制协议的格式进行分析，在深入理解工业控制协议的规约特征后，在数据结构、内容、序列等各方面引入异常，构造出测试数据；其次，将异常数据发送给上位机服务器或下位机并监控其响应；最后，根据异常响应对测试用例进行回溯分析，定位安全漏洞。在实际测试过程中，建议对设备最容易发生故障的范围进行密集测试，监测异常响应，动态构造新的测试样本，实现更为高效的漏洞挖掘。

3. 静态代码审计技术

静态代码审计技术，指采用静态代码审计工具或人工审计的方式，对软件或系统源代码进行检查和分析，发现源代码缺陷或编码不规范而引发的安全漏洞。通过静态代码审计较容易发现非边界检查函数可能导致的缓冲区溢出漏洞、缺乏输入验证的 SQL 注入漏洞等高危安全漏洞。但静态代码审计只适用于有源代码的工业控制系统或软件。

4. 逆向分析技术

逆向分析技术主要针对无法获得源代码的应用程序。首先对应用程序的二进制代码进行反汇编，再进一步分析数据处理算法和流程等，挖掘安全漏洞。在实际操作过程中，受时间和精力所限，不需要对每个软件的每个细节都进行详细分析，而要有所侧重。例如，工业控制现场设备的监控和设置均通过工程师站的软件实现，那么只需对这部分软件进行逆向分析，挖掘安全漏洞，则可实现破坏工业控制现场设备运行的目的。

5. 二进制补丁比对技术

工业控制系统厂商在发现系统安全漏洞后，出于对安全性的考虑，可能只提供补丁而不公布安全漏洞。二进制补丁比对技术就是利用二进制程序比对工具，对比源程序和补丁程序的异同来发现源程序安全漏洞的技术。

5.1.3　网络安全防护技术

现有的安全解决方案旨在处理典型 IT 系统中的安全问题，在将这些解决方案引入工业控制环境时，必须对这些解决方案进行改进以适应特殊的生产环境。工业控制网络安全防护是一个系统工程，仅依靠单个安全产品或技术无法实现，因此需要通过一系列安全防护手段构建面向工业信息系统的纵深防御体系。一般而言，首先，使用网络分区隔离技术、工业控制防火墙等划分网络边界，防止外部入侵；其次，采用漏洞扫描技术、入侵检测技术等发现网络内部异常；再次，通过安全审计等手段进行事后检查修复；最后，使用工业控制蜜罐技术主动出击，为工业控制系统增加一道额外的防线。下面将介绍常用的多种网络安全防护技术，包括网络分区隔离技术、边界保护技术、身份认证和授权、访问控制技术、虚拟专用网络（VPN）技术、漏洞扫描技术、入侵检测技术、节点强化技术、安全审计技术、工业控制蜜罐技术等。

1. 网络分区隔离技术

在为工业控制系统部署设计网络体系架构时，通常建议将工控网络与公司网络分开，公司网络允许访问互联网，而工业控制网络则不应允许其访问外部的公共互联网，如此一来，公司网络的安全和性能问题将不会影响工业控制网络。但在实际情况下，工业控制网络和公司网络之间需要连接，此连接存在重大安全风险，必须采取网络分区隔离和边界保护等安全保护措施。

采用网络分区隔离措施的目的是尽量减少无关系统和人员对敏感信息的访问，同时确保组织能够继续有效运作。正确实施网络分区隔离，将很大程度地减少无关系统和人员对敏感信息的访问。可参考 NIST SP800-82、IEC 62443 等国际工业控制领域指导性文献中提及的深度防御架构，将工业控制网络划分为外部区域集合、控制网络区、企业网络区、远程访问区与生产现场，并在各网络间部署工业控制防火墙，保护网络免遭外部攻击。

网络隔离可以分为逻辑隔离和物理隔离两种。逻辑隔离即通过加密或网络设备强制实施的逻辑网络分离，如虚拟局域网（VLAN）。物理隔离则采用物理设备防止域之间流量的任何互联，如数据二极管，这些物理设备缺乏硬件来反向传输数据，从而形成物理分段网络。

2. 边界保护技术

边界保护设备可控制互相连通的安全域之间的信息流，以保护工业控制网络免受恶意网络攻击和非恶意错误、事故的侵害。不同的安全域可能有着不同的安全策略，在安全域之间传输信息可能违反一个或多个域的安全策略。边界保护设备是保证这些安全策略实施的关键组件之一。边界保护设备包括网关、路由器、防火墙、邮件网关等，边界保护设备通常通过检查数据或关联元数据来确定是否允许数据的传输。

3. 身份认证和授权

身份认证是用户或系统验证声明身份的过程，授权是授予通过身份认证的用户或系统访问权限的过程，授权应基于某些访问控制机制执行。身份认证和授权可用于控制对多个系统（如 HMI、现场设备、SCADA 服务器）和网络（如远程变电站 LAN）的访问。工业控制环境一般包含了大量系统，每个系统都有不同用户进行访问，如何有效执行这些用户的身份认证和授权是工业控制系统面临的一个挑战。随着系统和用户数量的增加，员工信息被添加、删除，以及角色发生变化，管理这些账户的过程会变得越来越复杂。

下面将对工业控制环境中可使用的典型身份认证形式及其特点进行详细阐释。

（1）密码身份认证

密码身份认证技术根据对请求访问的设备或人员应该知道的内容（即密码）进行测试来确定其身份的真实性。密码身份认证方案被认为是最简单、最常见的身份认证形式。

工业控制环境中的计算机系统通常依赖使用传统密码进行身份认证，但这种认证方式却有着许多安全问题，具体如下。①系统供应商通常会为系统提供默认密码，但这些密码通常很容易被猜到或系统用户不常更改密码，都会产生额外的安全风险。②密码易被第三方窃听。工业控制环境中的数据传输协议大多缺乏加密措施的保护，明文的密码传输导致任何网络抓包工具都可以获取密码。此外，在键盘上键入密码很容易被第三方观察或记录，尤其是在对手可能安装微型无线摄像头或击键记录器的区域。③用户输入密码的能力可能会受到当前压力的影响。在发生严重危机需要人工干预来控制流程时，操作员可能会惊慌失措，难以记住密码或输错密码，如果系统对密码输入错误次数有限制，操作员账户还可能被锁定，延迟对事件进行响应。

（2）令牌身份认证

令牌身份认证与密码身份认证类似，它是通过测试请求访问的人员拥有的设备所产生的密码来确定其身份的真实性。令牌产生的密码按照当前时间或者使用次数不断发生动态变化。某些令牌仅支持单因素身份认证，即只需要拥有令牌即可进行身份认证；还有些令牌支持多重身份认证，即除拥有令牌外，还需要知晓 PIN 码等。

令牌身份认证解决的主要问题是密码的窃听和共享，并且解决了类似于将密码写在操作台上的常见安全问题。此外，由于令牌身份认证依托于物理设备实现，一旦令牌丢失，合法用户也将失去系统访问权限，不会像传统密码一样，用户可能在毫不知情的状态下就已经丢失了密码。

（3）智能卡身份认证

智能卡身份认证类似于令牌身份认证，但还提供了一些额外的功能。可在智能卡上运行多个程序，以支持楼宇访问、计算机双因素身份认证及公司内部消费等。智能卡的大小一般与银行卡的大小相同，且用户可对智能卡进行个性化制作，如印上公司 Logo 或员工照片等。

智能卡本身功能较多、成本较低，但用户若要在工业控制环境中使用智能卡，则需完善相关的管理措施和技术手段，例如发卡及撤销流程、卡丢失 / 损坏的处理方式等。

（4）物理身份认证

物理身份认证通过确定请求访问的人员拥有的物理设备来确定其身份的真实性。例如，传统的物理锁和钥匙。

4. 访问控制技术

用于指定授权用户、程序、进程或其他系统可以访问的系统资源，访问形式包括查看、使用、更改特定数据或设备功能。在工业控制系统中，建议使用基于角色的访问控制（RBAC）机制。RBAC 技术可以在具有大量智能设备的网络中降低安全管理的复杂度和成本，通过使用角色、层次结构和约束来确定用户访问级别，可以接受员工频繁地更换角色和职责，简化了管理过程。RBAC 机制遵循最小权限原则，为每个角色配置权限，即仅配置每个人完成工作所需的权限。它可统一管理对工业控制设备的访问，减少维护单个设备的成本。需要特别指出的是，对于某些情况下因工作需要赋予用户的临时访问权限，在工作结束后需要及时取消，这一点至关重要。

5. VPN技术

VPN 技术即在公共网络的基础上叠加运行专用网络，实现基于公共网络的加密通信。智能手机、平板电脑、笔记本电脑等便携式移动设备在工业控制系统中的大量使用，在给工业控制系统的应用和管理带来开放性、便捷性的同时，也给工业控制系统的安全带来了新的挑战。在工业控制系统中，可利用 VPN 技术保障远程访问过程的安全性，正确的 VPN 配置可以极大程度地限制对工业控制系统主机和控制器的访问，美国国土安全部（DHS）还为此发布了工业控制系统远程访问指导文献。在工业控制环境中，用于保护工业控制系统的 VPN 设备应经过全面测试，以验证 VPN 技术是否与应用程序兼容，并且 VPN 的实现不会影响网络流量。目前常见的实现技术包括互联网络层安全协议（IPsec）、安全套接字层（SSL）、安全外壳（SSH）等，本书不再进行详细介绍。

6. 漏洞扫描技术

漏洞扫描技术是指基于漏洞数据库，利用扫描等手段对目标系统或网络进行检测，并发现安全漏洞的一种安全检测技术。目前，国内外均有比较成熟的针对工业控制系统的漏洞扫描工具，漏洞数据库则可参考中国国家信息安全漏洞库、中国国家信息安全漏洞共享平台（CNVD）、通用漏洞披露（CVE）、ICS-CERT 中的工业控制系统漏洞。

7. 入侵检测技术

入侵检测技术是通过对工业控制系统进行实时监测分析，以发现异常攻击行为的安全技术。传统的网络入侵检测技术已经比较成熟，但由于工业控制网络环境与传统网络系统之间的差异，使得传统技术不能直接应用于工业控制系统。

工业控制系统与传统网络系统之间的差异性主要表现在以下两方面。一方面，对于连续生产的工业控制系统，需要首先保障其可用性，一般不允许随意进行停机重启；另一方面，工业控制网络中的数据除了网络流量数据、主机状态数据等传统数据，还有工业控制系统模型参数、设备操作命令等工业控制环境下特有的数据。

目前，针对工业控制系统的入侵检测方法主要包括误用检测、异常检测和综合检测。其中，误用检测首先分析异常攻击行为，提取行为特征并建立知识库，然后将新的行为特征与知识库中已有的行为特征进行匹配，即可实现攻击行为检测。异常检测首先提取反应系统行为的数据特征，建立系统正常行为模式，并通过特定的检测算法识别出异常行为，实现攻击检测。综合检测则是对误用检测和异常检测进行结合。

8.　节点强化技术

节点强化技术旨在缩小节点系统的攻击面，减少节点的潜在威胁。系统的攻击面越小，攻击者发现的潜在安全漏洞就越少，可采取的具体措施包括但不限于禁用未使用和不需要的服务、卸载未使用的应用程序及删除已安装的示例脚本、程序、数据库和其他文件。以上操作应在节点部署之前执行，并在之后定期执行。此外，还可将安全基线配置纳入节点系统的生命周期管理来减少潜在威胁。首先，建立一组安全配置基线，任何计算机系统在进行其生命周期管理时都可使用这组经过认证的安全配置；然后，根据将要在此系统上运行的应用程序，有针对性地进行调整。

9.　安全审计技术

安全审计，即利用技术手段将系统事件记录下来，以供事后的检查、分析、追踪，定位事故责任，进行系统修复，保障系统安全。工业控制系统信息安全审计技术可作为防火墙、入侵检测技术等的补充，对潜在威胁者进行威慑。工业控制系统的行为审计可分为上位机安全审计、下位机安全审计和上下位机间通信安全审计。其中，上位机安全审计内容包括移动介质访问记录、设备安全配置记录、工业控制软件更新记录、账号访问和创建记录等，下位机安全审计内容包括安全区域划分、访问控制行为、在线状态、安全状态等，上下位机间通信安全审计内容包括区域间隔离状态、VPN 远程访问、OPC 客户端和服务器通信行为等。

10.　工业控制蜜罐技术

蜜罐技术指通过布置诱饵主机或服务，欺骗攻击者对其进行攻击，从而捕获并分析攻击行为，推测攻击意图和威胁源，了解攻击方法和工具，进而探索防御手段，增强安全防护能力。工业控制蜜罐技术通过对工业控制设备和工业控制系统进行模拟，诱导攻击者对其进行攻击。将工业控制蜜罐技术部署在真实系统外，并不影响实际工业控制系统的业务、功能，且能第一时间捕获攻击者的试探性扫描行为和攻击行为。工业控制蜜罐技术具有以下特点及优势。第一，让防御方提前获取攻击者的攻击方式，及时部署防御措施；第二，作为又一道安全防线，影响攻击者的判断，延缓攻击者对真实工业控制系统的发现及入侵；第三，收集相关攻击数据，用于反向研究攻击者，提供威胁情报，发现潜在威胁。

5.1.4 态势感知（SA）技术

态势感知技术在 20 世纪 80 年代由美国提出，包括感知、理解和预测 3 个层次。10 余年后，随着网络的兴起而发展出网络空间态势感知（CSA）。工业控制网络态势感知是基于传统网络空间态势感知技术与工业控制环境的结合，感知、理解工业控制系统的状态信息，识别并应对工业控制网络安全威胁。

工业控制网络态势感知包括态势感知、态势理解、态势预测 3 个阶段，如图 5-3 所示。其中态势感知包括多源信息采集、获取威胁数据等，态势理解包括多源数据分析、理解安全态势等，态势预测包括综合分析推理、预测安全威胁等。

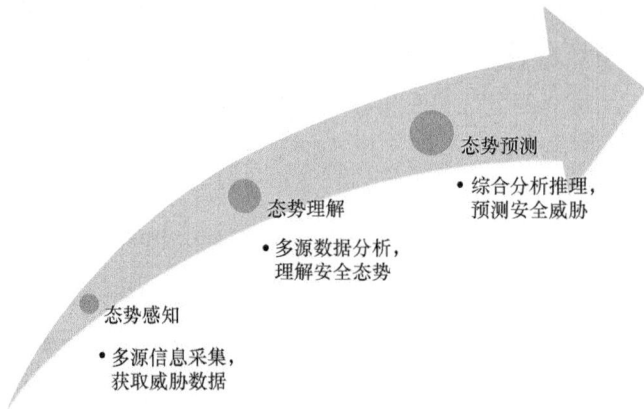

图 5-3　工业控制网络态势感知阶段

在信息采集阶段，即态势感知阶段，需要依靠信息采集引擎采集网络中的信息。可使用的引擎包括资产信息采集引擎、威胁监测引擎、主动探测引擎等，需要采集的信息包括设备资产信息（如 PLC、DCS、RTU 等）、工业控制协议信息（如 Modbus、DNP3、以太网 /IP 等）、非法外联信息等，采集方式使用主动采集和被动采集结合的方式，针对不同系统，进行有针对性的数据采集。例如，针对应用 SCADA 较多的电力行业，重点采集非法外联信息和外部威胁数据。

在数据分析阶段，即态势理解阶段，建立工业控制安全知识库，具体包括工业控制网络漏洞库、工业控制系统恶意行为知识库、工业控制恶意组织指纹库等，构建工业控制网络安全指标体系，并结合工业控制设备主动探测技术、威胁监测技术、工业控制旁路审计技术等形成的数据源，依托机器学习、关联分析等算法，对工业控制网络的整体安全状况进行综合评估。

在态势预测阶段，提取工业控制系统历史数据，结合当前状态，对工业控制系统的运行状态轨迹进行趋势预测，对工业控制系统的非正常状态进行分级预警，同时进行可视化展示，帮助相关人员理解网络态势并发现潜在问题，辅助决策，提高决策效率，助力完善工业控制网络的安全保障机制。

5.1.5　工业互联网标识解析安全

工业互联网标识解析是实现工业互联网资源互联互通的重要基础设施，可为工业设备、产品等提供注册解析服务，涉及关系国计民生的许多关键行业，工业互联网标识解析安全与国民经济、国家安全密切相关。2017 年，国务院发布《关于深化"互联网 + 先进制造业"发展工业互联网的指导意见》将"推进标识解析体系建设"列为主要任务之一，要求"重点突破标识解析系统安全"。

目前，工业互联网标识解析的相关研究刚刚起步，缺乏相关安全标准、安全保障技术尚不完善，工业互联网标识解析系统面临着标识劫持、重定向攻击、缓存污染、隧道攻击、隐私泄露等各类安全风险，面临的安全挑战不断加剧。工业互联网标识解析系统安全可从节点安全、协议安全、数据安全等几方面着手。在节点安全方面，需要做好节点可信认证、节点接入授权，同时加大对关键节点的安全防护力度；在协议安全方面，可采用国密算法实现协议架构加固；在数据安全方面，存在大量标识数据且携带敏感信息，因此需要对标识数据实施分级分类管理，加强标识数据隐私保护。

5.2　工业互联网的控制安全 ───────────────

工业互联网的控制安全指生产控制安全，包括工业控制协议安全、工业控制软件安全及工业控制功能安全等。

5.2.1　工业控制协议的安全威胁及防御

在工业控制系统中，不同的行业或领域都有特定的一种或几种工业控制协议，如电力领域常使用 Modbus、Profibus、NDP3、IEC 系列协议等，交通领域常使用 Moxa Nport 和 ilon Smartserver 等协议，如表 5-2 所示。

表 5-2 各行业或领域的专用工业控制协议

行业或领域	协议
电力	Modbus、Profibus、DNP3、FF、IEC 系列协议等
交通	Moxa Nport、iLon_Smartserver 等
油气	Modbus、Profibus、DNP3、Moxa Nport 等
供水	Modbus、Profibus、DNP3、GE-SRTP 等
楼宇控制	Profibus、Moxa Nport、Tridium Niagara Fox、BACnet 等
制造业	FF、Profibus、CC-link、DeviceNet 等
轧钢	GE-SRTP 等
重型电气设备	MELSEC-Q 系列等

工业控制协议在设计之初的定位是应用于与互联网隔离的环境中，因而缺乏必要的安全防护机制，导致协议本身存在一系列的安全隐患，如缺乏认证授权机制、数据明文传输等。随着技术的进步，越来越多的工业控制协议开始与以太网协议相结合，在提升可用性和易用性的同时，也引入了以太网协议的安全漏洞，而遭受如 Smurf 攻击、Idle Scan 攻击、ARP 攻击、网络窃听攻击、中间人攻击、重放攻击等。本节将介绍几种有代表性的工业控制协议，重点讨论协议自身的安全隐患。

（1）Modbus 协议

Modbus 协议的安全问题包括以下几点。

① 缺乏认证机制。Modbus 协议无法判断接收到的信息是否来自合法的用户，所有的控制命令均会被执行。在 Modbus 协议中，只要是拥有合法地址的攻击者，均可使用功能码建立一个 Modbus 会话，发送恶意控制命令，扰乱生产过程。

② 缺乏授权机制。Modbus 协议没有对用户进行分类和权限划分，即任意一个用户都可以执行全部操作，带来了极大的误操作风险和内部攻击隐患。

③ 缺乏加密机制。Modbus 协议采用明文方式传输地址和命令，通信数据极易被攻击者捕获和篡改，攻击者可由此识别通信设备、篡改操作命令等。

④ 功能码滥用。Modbus 功能码提供了数据访问、异常响应、设备标识读取等功能，是控制命令的核心。一旦被攻击者滥用，则可能被用于获取设备敏感信息、非法重启设备等。目前，功能码滥用是导致 Modbus 网络异常的一个重要因素。

⑤ 可编程性。利用 Modbus 协议的可编程性，可将恶意代码注入 PLC 或者RTU。

⑥ 缺乏广播抑制机制。串行 Modbus 协议缺乏广播抑制机制，若攻击者频繁发送无意义命令，则串接的设备都将接收到信息，从而可能引发拒绝服务攻击。

（2）DNP3 协议

传统的 DNP3 协议与上述两个协议类似，同样存在缺乏认证机制、授权机制、加密机制等安全问题。不过，DNP3 协议还有 DNP3-Sec 协议和 DNP3-SAv5 协议两个安全版本。两种安全协议均加入了认证机制、授权机制、加密机制、完整性校验等，其中，DNP3-Sec 协议侧重数据链路层安全加固，DNP3-SAv5 协议侧重应用层安全加固。尽管如此，它们仍然具有一些安全隐患，如存在数据篡改、重放、欺骗、缓冲区溢出等安全漏洞，难以抵抗中间人攻击。

（3）OPC 协议

OPC 协议与前述协议不同，它基于 Windows 操作系统，Windows 操作系统的漏洞、主机安全问题等均会影响到 OPC 协议的安全性，具体如下。

① 服务器安全问题。攻击者可伪造一个 OPC 服务器来进行消息监听、服务干扰、恶意代码注入等攻击行为。

② 授权机制隐患。由于在工业互联网环境下更新升级困难，许多系统仍在使用如 LM、NTLM 等不安全的授权机制。

③ 弱口令。OPC 依赖于 Windows 操作系统的授权机制，而大量 OPC 主机常使用弱口令，是目前较为严重的安全隐患之一。

④ 多余的端口与服务。许多系统默认启用与工业任务无关的 Windows 服务器，导致许多非必要的端口开放，给攻击者带来可乘之机。

基于工业控制协议的防御技术主要包括网络隔离和协议防火墙技术、工业控制协议入侵检测技术、工业控制协议漏洞管理、深度分组检测技术、工业控制协议安全评估等。

（1）网络隔离和协议防火墙技术

网络隔离需要取得协议相关的所有设备清单，对其进行安全域划分，具体可划分为外网区、内网区、生产区、非军事区等。在各安全域间部署协议防火墙，同时，针对各特定协议，结合网络隔离技术、端口过滤技术、白名单机制、数据二极管技术等，有效隔离外部攻击，保证协议数据安全。

（2）工业控制协议入侵检测技术

工业控制协议入侵检测技术包括基于行为的检测，基于机器学习的检测、基于模型的检测和其他检测方法。基于行为的检测通过解析工业控制协议、行为数据和工业控制系统状态等，建立白名单等检测规则。基于机器学习的检测通过解析工业控制协议、行为数据和工业控制系统状态等得到所需要的训练集，使用决策树、神经网络、贝叶斯分类器等，得出检测模型。基于模型的检测首先对工业控制协议进行建模，通过对比实际数据与模型预测数据间的差异来进行检测。此外，由于工业控制系统的结构复杂、参数众多，学者还提出了基于当前状态签名的工业控制协议入侵检测技术、自适应网络拓扑变化的工业控制协议入侵检测技术等。

（3）工业控制协议漏洞管理

基于漏洞数据库扫描并发现漏洞，及时更新补丁。漏洞数据库则可参考中国国家信息安全漏洞库、CNVD、CVE、ICS-CERT 中的工业控制协议漏洞。

（4）深度分组检测技术

深度分组检测技术被广泛应用于协议安全分析。深度分组检测技术以流为基本研究对象，从流数据中提取流大小、流速率等特征，从而判断一个流是否正常。该技术包括流特征选择、流特征提取和分类器 3 部分，相关算法有 BIF、MIFS、MIFS-U、FCBF 等。

（5）工业控制协议安全评估

协议安全评估是指通过收集和分析工业控制协议行为数据，判断是否存在针对工业控制协议的攻击。具体评估方法包括基于协议模型的安全评估、基于异常的安全评估、基于聚类分析的安全评估、基于中间件的安全评估等。

（6）工业控制协议安全改进

针对工业控制协议的安全改进主要通过加密技术实现，包括节点加密和端到端加密。节点加密是通过在节点处连接一个密码装置，数据在经过每个节点时都需要在密码装置内对数据进行解密和再加密，数据在链路和节点上均为密文。端到端加密只在源节点和目的节点处进行加密，在传输过程中，消息始终以密文形式存在，更易实现。

5.2.2　工业控制软件的安全威胁及防御

1. 工业控制软件的安全威胁分析

随着硬件可靠性的提高和冗余技术的应用，软件功能复杂度的提高及现代社会对软件依赖程度的增加，工业控制系统的安全问题更多地集中到了软件层面。然而，软件设计、开发、测试、安全验证等过程的不规范使得软件的安全性难以得到有效的保障。

工业互联网中的工业控制软件包括数据采集软件、组态软件、过程监督与控制软件、单元监控软件、过程仿真软件、过程优化软件、专家系统等。工业控制软件目前面临的安全风险如下。

（1）软件设计缺陷带来的安全隐患

一方面，早期的工业控制软件大多应用于封闭的内网环境中，在设计阶段并未考虑安全需求，也就没有设计相应的安全机制，以至于在工业控制系统进入互联网时代后，难以应对网络环境的变化带来的安全风险。另一方面，软件设计也是由人来完成的，设计阶段的不规范，设计人员缺乏相关安全知识，以及对安全风险因素考虑的不全面都可能引入安全隐患。

（2）软件实现过程带来的安全隐患

在程序员进行工业控制软件开发的过程中，一些不严谨的实现方式可能给系统引入高危安全漏洞。以工业控制软件中的组态软件为例。组态软件是指用户可按照功能需要，选择功能模块进行组合，实现对自动化设备的监控和管理、对传感器数据的采集和处理等，而不需要重新编写代码，如 PLC、DCS 等均可被称为工业控制组态软件。由于在组态软件中有大量的数据读写操作，若未在相关代码部分对数据长度格式等进行严格的校验，则攻击者可能通过发送精心构造的数据包引发程序异常甚至引起缓冲区溢出。

（3）高权限运行带来的高风险

仍以工业控制软件中的组态软件为例。由于在工业控制系统中，对数据采集的实时性要求高且多为长期采集，组态软件一般会以守护进程或系统服务等形式运行于上位机中，不论是守护进程还是系统服务，其运行权限都较高，若此时组态软件被攻击者攻破，攻击者则可以高权限执行操作，对部分系统或整个系统造成巨大的破坏。

（4）补丁更新不及时带来的安全隐患

由于工业控制系统大多对实时性有较高的要求，在工业控制系统的运行过程中，不允许随意进行更新、重启。即使相关厂商及时发现了系统安全漏洞并发布了补丁程序，但由于生产需要，可能补丁程序不能及时地进行部署，从而给攻击者带来了可乘之机。

2. 工业控制软件的安全防御

通过以上对工业控制软件的安全威胁分析可知，工业控制软件的安全防御需要多方着手，从全生命周期保障其安全。每当设计部署新的工业控制软件前，必须花时间解决安全问题。如果在部署之前没有足够的时间和资源来保护工业控制系统，以后则更不太可能有足够的时间和资源来解决安全问题。

在国际标准 IEC 61508 中，对相关安全系统进行了理论和技术的总结，我国相应的国家标准为《电子 / 电气 / 可编程电子安全相关系统的功能安全》（GB/T 20438）。参考《电子 / 电气 / 可编程电子安全相关系统的功能安全 第 3 部分：软件要求》（GB/T 20438.3—2017），结合工业互联网产业联盟提出的《工业互联网安全框架》，将工业控制软件的安全防御方法总结如下。

（1）规范软件设计开发过程

在进行软件设计之前，首先应参考相关标准形成功能安全要求文档，并进行明确的责任划分。在软件设计阶段，应依照相关要求选择适当的软件结构，也可称作功能描述或功能设计规范。在开发实现阶段，应选择合适的开发工具和计算机编程语言，可参考标准 GB/T 20438.3—2017 的附录部分，在编程过程中遵循既定的编程规范。在软件开发完成后，应依照功能安全要求对软件的安全性进行逐条验证。同时，以上每个过程均需要形成规范化的文档，如图 5-4 所示，将安全融入软件开发全生命周期。

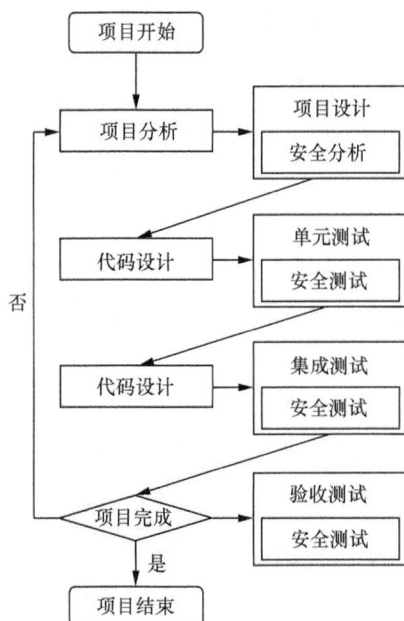

图 5-4　将安全融入软件开发全生命周期

（2）软件防篡改

采用完整性校验措施对工业控制软件进行校验，对部分代码进行加密，及时完成相关代码的备份工作。

（3）认证授权机制

工业控制软件应具备认证授权机制，如 RBAC。

（4）最小化权限原则

遵循最小化权限原则进行功能实现，如关闭可能被利用的非必须端口或服务等。

（5）恶意代码防护软件

安装恶意代码防护软件，如病毒防护软件、入侵检测软件、入侵防御软件等，并及时对其进行更新。还可采用白名单机制，构建可信环境，抵御恶意攻击。

（6）补丁更新

及时更新工业控制软件的补丁程序。但需要特别注意的是，在补丁更新前，需要进行严格的测试并制订详细的回退计划，以防在更新过程中引入新的、更严重的安全问题。补丁程序对系统或其他软件有不利影响的情况并不少见。例如，补丁程序在修补安全漏洞时可能更改操作系统或应用程序的某些设置，导致应用程序失去某些功能；工业控制软件供应商可能不再支持旧版本的操作系统，导致其提供的补丁程序并不适用于当前的操作系统。

（7）安全监测审计

安全监测审计平台可实现重要操作行为审计、告警日志审计、攻击检测、异常检测等功能。针对工业控制软件进行安全监测审计，可及时发现网络安全威胁，尽力避免造成重大安全事故，同时为事后调查取证提供翔实的数据，有利于日后建立更为完善的安全防御体系。

5.2.3　工业控制功能的安全威胁及防御

工业控制系统是一个庞大且复杂的系统，它除本身包括的硬件设备和软件系统外，还需要工作人员进行操作或维护，同时又受到物理环境（包括工厂内部环境及外界自然环境）的影响，任何一部分出现问题都可能给控制功能带来安全威胁。那么，为了更好地保障工业控制功能安全，现阶段可采取的措施包括但不限于以下几类。

1. 明确物理环境威胁源

明确可能面临的地震、雷电、磁场、风暴、爆炸、火灾、毒气等自然灾害及人为灾害，评估当前设备及系统对上述事件的检测、抵抗及应急处理能力。

2. 明确软硬件安全威胁

结合生产过程及生产工艺、硬件设备状态、生产质量管控等评估当前的软硬件问题，明确可能出现的事故（如元器件失效、程序故障等）、事故危险程度、安全影响，确定需要采取的预警机制、数据收集机制、诊断机制和恢复机制等。

3. 明确人员安全威胁

明确操作人员在操作过程中可能产生的可合理预见的误操作，以及恶意攻击人员可能进行的恶意操作，确定当前系统对上述两类操作的检测能力和处理能力。

5.3　工业互联网的数据安全

工业互联网的数据安全是指保护管理数据、操作数据、用户数据等各类数据的安全，包括数据机密性保护、数据完整性保护等。

5.3.1　数据安全的威胁与挑战

工业互联网数据包括在工业生产及管理过程中所产生、采集、传输、存储和使用的所有数据。工业数据一般具有较高的敏感性，可能涉及商业机密甚至国家机密，黑客对工业数据的破坏或窃取可能造成严重的经济损失甚至威胁国家安全。因此，工业数据的安全保护刻不容缓。然而，工业控制网络从传统封闭的工业内网发展到工业互联网，使工业数据的存在范围发生了根本性的改变，给数据安全保护带来了巨大的挑战，加之虚拟化等平台技术的应用，进一步加大了工业数据的保护难度。工业互联网中的数据安全面临以下威胁和挑战。

1. 数据隐私泄露

大多工业控制系统结构复杂，数据传输方式多样，各类信息系统深度融合，导致数据在传输、使用、存储、共享等各个阶段均可能发生数据隐私泄露。例如，无线智能传感器、智能仪表等智能终端的广泛应用，工业控制数据的明文传输，缺乏身份认证机制，数据访问没有严格的权限控制等，都可为攻击者提供可乘之机，引发数据隐私泄露问题。图 5-5 介绍了数据在使用状态、存储状态、传输状态下可能遇到的数据泄露风险。

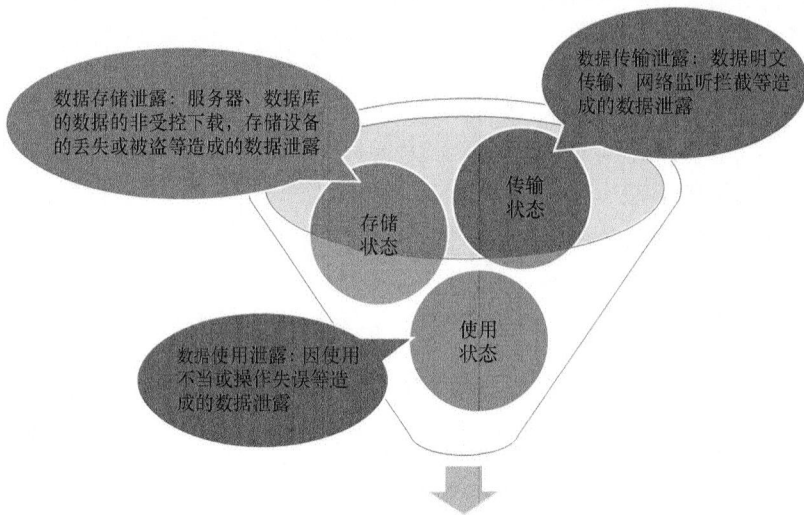

图 5-5　数据泄露的途径

2. 虚假数据注入攻击（FDIA）

在智能电网中，为保障电力系统能安全可靠地运行，需要在系统各处布置测量节点持续采集传输功率等数据，并通过状态估计模块分析获得电力系统的运行状态，以优化调度决策、进行安全校正等。2009 年，Liu 等学者首次提出了虚假数据注入攻击的概念，攻击对象就是智能电网的状态估计模块。研究表明，若攻击者掌握了系统拓扑信息矩阵并控制了所有测量单元，那么虚假数据注入攻击就可以绕过系统监测，任意改变状态估计结果，影响系统调度，危害系统安全。由于此类攻击的隐蔽性和危害严重性，使其得到了广泛关注和深入研究。

3. 针对工业云平台的攻击

工业云平台的应用可帮助企业提高生产效率、降低管理维护成本、优化服务等，但新技术的运用也会带来新的安全问题。例如，将工业数据迁移到云平台后，数据拥有者丧失了对数据的实际控制权，使得数据的完整性和隐私性难以得到保证；此外，在工业云平台中，计算资源共享，使其容易遭受跨虚拟机的非授权访问攻击。

5.3.2　数据安全存储与传输技术

在《工业控制系统信息安全防护指南》的"数据安全"一节中指出，应"对静态存储和动态传输过程中的重要工业数据进行保护，根据风险评估结果对数据信息进行分级分类管理"，即对重要的工业数据应进行加密存储、加密传输，使用 VPN 等方式进行隔离保护，实施访问控制，进行风险评估并建立和完善数据分级分类管理制度。应"定期备份关键业务数据"，即对关键的业务数据（如配置文件、生产数据、工艺参数等）应进行定期备份。

在传统的计算机网络中，数据安全主要考虑机密性、完整性和可用性，且三者的重要性依次降低，但在工业互联网中，工业控制系统的连续性和实时性才是第一要务，需要保证工业控制系统的正常运转。因此，数据安全属性的重要性排序也变为可用性、完整性和机密性。图 5-6 展示了在传统计算机网络和工业互联网中，数据安全属性重要性排序的变化情况。在工业控制系统中，设备类型多样、型号各异、数量巨大，由此会产生大量的不同类型、不同格式的实时数据，且大部分数据为一次存储、多次读取。因此，在保障工业控制数据存储安全和传输安全的同时也需要保证系统性能和数据查询效率。

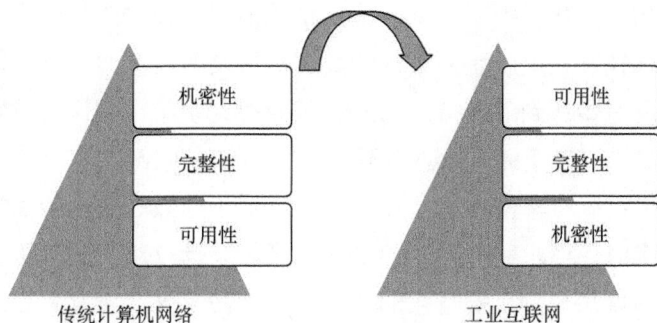

图 5-6　数据安全属性的重要性排序变化

1. 数据加密存储与检索技术

要实现数据安全存储，最常用的方法是进行数据加密，然而，由于工业控制数据特别是 SCADA 的数据，具有较高的采集和存储频率和较大的数据量，传统的集中式加密存储模式难以满足其存储需求，因此，采用分布式存储模式及相应的加密技术成为必然。

在部署加密之前，首先要确定加密算法是否适用于特定的工业控制应用程序，在工业控制环境中使用加密可能会引入通信时延，因为加密、解密和验证每条消息需要额外的时间和计算资源。对于工业控制系统而言，使用加密或任何其他安全技术引起的时延不得降低终端设备或系统的运行性能。加密技术还会引入密钥管理问题，随着工业控制系统大规模的增加，定期更改密钥的过程变得越来越困难。因此，应根据风险评估、所保护信息的价值及系统当前的约束条件来选择是否使用、如何使用加密方案。

数据加密存储技术的应用带来了密文检索的需求，密文检索技术的分类如表 5-3 所示。结合工业控制数据的检索需求，一般采用基于密文索引的模糊密文检索。

表 5-3　密文检索技术的分类

分类标准	类别	描述
按照密文生成者和检索者是否相同划分	对称可搜索加密（SSE）	密文生成者和检索者相同，仅适用于单用户检索场景
	非对称可搜索加密（ASE）	密文生成者和检索者不同，适用于多用户检索场景
按照检索方法划分	基于密文全文的检索	检索效率极低
	基于密文索引的检索	
按照检索匹配精度划分	精确密文检索	对输入内容和格式错误缺乏鲁棒性
	模糊密文检索	

2. 数据安全传输技术

工业控制系统的传输网络相较于传统网络系统有着许多限制条件。第一，工业控制现场设备大多基于嵌入式系统开发，内存资源和计算资源有限，处理速度较慢，难以支持复杂度较高的算法。第二，工业控制系统多用于监控生产过程，对组件间数据传输的实时性要求较高，也就是采集到的数据需要及时反馈给控制端，控制端下发的控制指令也需要及时传达到生产端。第三，工业控制系统中的设备位置分散，通信链路复杂，通信带宽一般较低，传输速率不高且有一定的网络时延。

结合工业控制系统传输网络的上述特点，针对工业数据安全传输技术的研究主要集中在满足工业实时性要求和针对资源受限的环境设计全新的轻量级密码算法这两个方面。轻量级密码算法与侧重安全性的传统密码算法不同，它需要更多地考虑算法执行占用的资源和执行性能，在计算资源、计算效率和安全性间进行权衡。简单来说，密钥长度越长，加密轮数越多，其算法的安全性便越强，破解难度越大，反之，安全性更低，但执行效率更高。因此，除针对资源受限的环境设计全新的轻量级密码算法外，还可以通过缩短密钥长度、减少加密轮数等方法对现有的密码算法进行轻量化，并将其应用于工业控制网络。

5.3.3　数据隐私保护技术

数据隐私，顾名思义，是指个人或团体等不愿意被外部知晓的信息，涉及数据的模糊性、隐私性和可用性。需要特别指出的是，即使对数据进行了访问控制、加密传输与加密存储，保证了通信和访问数据过程的安全，仍有可能面临数据隐私泄露的风险，如在数据的加工和使用过程中，攻击者利用数据融合技术获取用户隐私信息等。图 5-7 展示了协同数据中的隐私保护，数据在其产生及存储、加工及使用、传播及管理等过程中均面临隐私泄露的风险，因此需要对其进行有针对性的隐私保护。

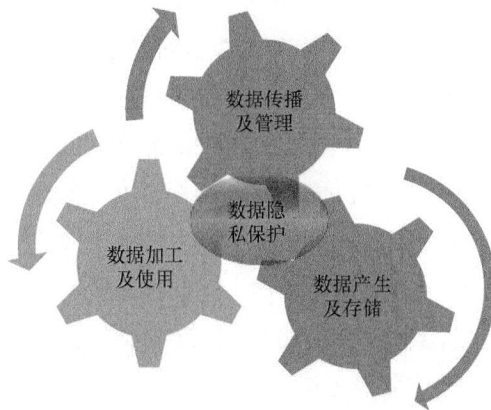

图 5-7　协同数据中的隐私保护

常用的数据隐私保护技术主要包括匿名化技术、差分隐私技术、数据聚合技术等。

1. 匿名化技术

匿名化是通过技术手段隐藏或模糊数据及数据源。也就是说，即使数据本身是公开的，但攻击者并不能将数据与某个特定的个体或组织相对应。在匿名化技术中，常用的操作手段包括抑制、泛化、剖析、切片、分离等。以早期具有代表性的 k- 匿名技术为例，泛化后的数据可实现由一条数据表示的信息至少不能和其他 $k-1$ 条数据区分开来。但 k- 匿名策略仅适用于静态数据，也就是说，当出现数据增加或删除的情况时，如果再次采用原来的 k- 匿名策略，攻击者基于对多个版本进行推理，可能会获取用户隐私信息。因此，学者们又针对该问题提出了支持更新的匿名策略。

2. 差分隐私技术

差分隐私技术是 Dwork 在 2006 年针对统计数据库隐私泄露问题而提出的一

种隐私保护技术。它通过向数据集中添加噪声来实现对敏感数据的保护，同时又不影响数据的统计特征。ε - 差分隐私的定义如下，给定数据集 D 和 D'，一个隐私算法 A，Range (A) 为 A 的取值范围。若算法 A 在数据集 D 和 D' 上任意输出结果 $Q(Q \in \mathrm{Range}(A))$ 满足不等式 $\mathrm{Pr}[A(D)=Q] \leqslant e^{\varepsilon} \times \mathrm{Pr}[A(D')= Q]$，则 A 满足 ε - 差分隐私。其中，概率 $\mathrm{Pr}[\cdot]$ 由算法 A 的随机性控制，隐私预算参数 ε 表示隐私保护程度，ε 越小则隐私保护程度越高。与其他的隐私保护技术相比，差分隐私技术的数学基础坚实、隐私保护水平可量化、可抵御最大程度的知识背景攻击，即使攻击者已掌握除某条记录外的所有信息，也不影响针对该条记录的隐私保护。差分隐私技术实现的核心是噪声机制，目前常用的噪声机制包括拉普拉斯噪声机制和指数噪声机制。

3. 数据聚合技术

数据聚合技术是指在一定的规则下利用计算机对采集到的信息进行分析整合，进而辅助决策或评估的一种信息处理技术。数据聚合技术在工业控制系统中的应用，可有效减少在工业控制网络中传输的数据量，减少冗余，提高网络性能。例如，在智能电网系统中，对智能电表中采集到的电力数据进行聚合后再传输，电力公司可快速获得多个用户的总用电量而不知道每个用户的用电量，既保护了用户的用电数据隐私，又实现了电力公司分析用电数据、优化资源调配的目的。根据不同的具体策略，数据聚合技术可分为基于同态加密的数据聚合技术、基于扰动的数据聚合技术及基于数据分片的数据聚合技术。

（1）基于同态加密的数据聚合技术。基于同态加密的数据聚合技术的特点是用户对密文进行某项操作得到的一个输出 O_E，再对 O_E 进行解密得到输出 O_P，O_P 与用户直接对明文进行该操作得到的输出相同。那么，利用该技术的这一特性，数据采集设备可使用根节点公钥进行数据加密，中间聚合者在不解密数据的情况下直接对密文进行聚合操作，最后根节点使用私钥对数据进行解密即可得到最终的聚合结果，从而达到保护隐私的目的。

（2）基于扰动的数据聚合技术。该技术通过向原始数据中添加随机干扰来达到隐藏数据的目的。具体来说，可直接使用随机噪声生成随机数添加到原始数据中，也可通过在传输信道中加入干扰信号形成扰动。但是，此类技术的计算开销和通信开销较大，对通信网络会产生较大的影响。

（3）基于数据分片的数据聚合技术。该技术利用数据切分，将原始数据切分为多个数据分片，而实现对真实数据的隐藏。但是，此类技术的应用，极大程度地增加了节点间的通信数据量，还可能出现节点数据丢失等问题，影响了聚合结果的准确性。

4. 其他隐私保护技术

数字签名（包括群签名、盲签名和环签名）、证书、零知识证明、承诺方案等技术，在工业控制系统中，可用于在实现用户身份认证的同时保护用户身份信息。例如，在智能电网中，基于零知识证明技术可实现智能电表向电力公司证明其用电量数据来自一个合法的用户，但电力公司无法得知该用户的具体身份。此外，针对某些特定行业，还有一些特殊的隐私保护方法。例如，在电力行业，可在用电设备和智能电表间安装蓄电池，在用户不用电时蓄电池充电，在用户用电时蓄电池放电，由此切断了用电情况和智能电表读数间的实时关系，从而保护了用户的隐私信息。

5.3.4　云数据安全防护

根据数据形态划分，可将工业云平台上的数据划分为结构化数据、非结构化数据和半结构化数据。结构化数据包括各企业的门户网站数据、ERP 平台和业务平台的关系型数据库中的数据，非结构化数据包括企业的办公文档、报表、图片及音视频资料等，半结构化数据包括 XML、JSON 文件等。不论是哪类数据，都面临着来自内部和外部的安全威胁，如内部人员进行数据外发、运维人员对数据库进行误操作或恶意操作、攻击者对云平台进行攻击而盗取或篡改数据等。针对工业云数据的安全防护，可采用以下措施。

1. 数据隔离与权限管理

工业云平台通常会涉及不同业务平台或不同网络间的数据交换，可采用数据交换平台实现异构数据间的安全交换。同时，采用严格的权限管理机制，实现对用户的操作行为管控，有效减少误操作和恶意操作引起的数据泄露问题。

2. 数据防泄露（DLP）

数据防泄露是指通过一定的技术手段防止数据违反安全策略地流出，具体的实现技术包括内容识别、端口管控和加密等。从目前的研究和应用来看，内容识别技术是数据防泄露的核心技术，具体的检测手段包括正则表达式检测（标识符）、关键字和关键字对检测、文档属性检测、向量分类比对等。针对工业云平台上的数据，尤其是非结构化数据，可使用 DLP 方案来应对数据泄露的问题。

3. 终端接入管控

工业云除与互联网进行连接实现对外业务外，还需要与生产网络中的各类终端设备进行数据交换，以获取生产状态、调配生产资源、优化生产过程。因此，需要对接入工业云的终端实施严格的接入管控，以防止敏感数据的非受控传输等。

4. 数据加密与备份

当数据从企业内部迁移到云平台上时，从本质上来说，企业就已丧失了对数据的最终控制权。因此，对云上数据的加密和备份便显得尤为重要。

5. 安全审计

在工业云平台上，各业务平台的非授权使用或越权使用，也可能导致数据泄露。可通过对网络日志、系统日志、业务日志等进行安全审计，以发现工业云平台上的违规操作行为、恶意操作行为，从业务审计自身的角度解决数据安全问题。

6. 安全评估

基于工业云上业务平台之间的关系，对数据的类别和安全分级进行安全评估，发现在数据传递过程中可能存在的安全威胁，评估当前的安全防护水平，以此制定或完善针对数据安全防护的策略。

5.4 工业互联网的设备安全

工业互联网的设备安全是指工业智能装备和智能产品的安全，包括操作系统与相关应用软件安全及硬件安全等。

5.4.1 设备安全的特点及安全挑战

工业互联网的发展促使现场设备由机械化向高度智能化转变，海量智能设备暴露在网络攻击之下。目前，在大量终端设备中存在命令注入、硬编码等安全漏洞，设备固件可能存在厂商植入的后门，加之大部分组件严重依赖国外厂商，还存在被境外机构操控的风险。此外，部分工业控制设备被部署在野外或某些特殊环境中，面临着高温、高压、腐蚀、强电等特殊环境威胁，以及盗窃、克隆等安全威胁。针对上述威胁，可采取的安全措施包括固件安全增强、漏洞修复加固、补丁升级管理、硬件安全增强、运维管控等。

许多 IT 人员直接用保护传统 IT 资源的方法来保护工业控制资源，这也许适用于某些网络基础设施和服务，但并不适用于大多数工业控制设备。这是由于大多数工业控制设备是外形小巧的嵌入式设备，只需要低配置的内存和 CPU 即可完成工作，有限的资源使得制造商难以在设备上实施耗电的和对计算资源要求高的安全控制手段，如身份认证或加密。除受资源所限外，工业控制设备通常持续运行数十年，不能随意对其进行更换，若在此期间设计的用于解决安全问题的方案与设备本身不兼容，将导致更新升级极其困难。同时，随着时间的流逝，设备本身的老化也进一步增加了安全隐患。因此，工业控制设备的全生命周期管理也是一个独特的挑战。

5.4.2　物理层安全威胁及防护技术

物理层安全是指利用物理信道的唯一性和互易性，来实现信息加密、用户鉴别等。物理层安全可作为上层安全的补充，以增强系统的安全性能。工业控制网络中的智能设备的部署位置分散，一般采用更为灵活的无线组网方式。但无线传输的广播性和开放性也使其面临着巨大的安全威胁。下面将重点讨论无线通信网络下物理层面临的安全威胁及防护技术。

物理层面临的安全威胁主要包括消息窃听、干扰辅助攻击、消息伪造及模仿攻击等，具体介绍如下。

（1）消息窃听

攻击者为了捕获网络中正在传输的数据以获取合法用户的信息，是物理层中一种十分常见的安全威胁，其实现方式包括主动窃听和被动窃听两种。窃听信道模型一般如图 5-8 所示，窃听信道模型包括一个发送者、一个接收者和一个窃听者，发送者使用编码模块对信息进行编码然后发送到主信道，接收者通过解码模块将接收到的信号可靠地恢复为正确信息，而窃听者无法通过其接收到的信号恢复出正确的信息。该模型的目标是在保证合法用户正常通信的同时，通过设定信息的传输速率等手段使窃听者无法获取信息，从而保障信息传输安全。

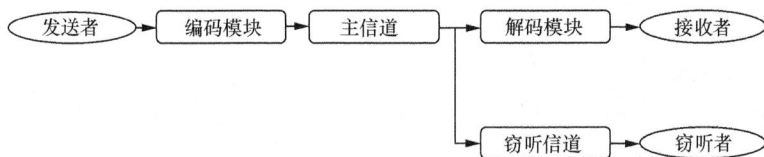

图 5-8　窃听信道模型

（2）干扰辅助攻击

干扰辅助攻击也是一种窃听攻击，与传统消息窃听不同的是，攻击者是采用干扰信号进行窃听，一般有两种具体的实现方式。一种是攻击者隐秘传输能量较小的干扰信号，降低信道的保密性能，实现窃听的目的。另一种是攻击者放大干扰信号的能量，使窃听端被误认为是合法监听者，实现窃听的目的。

（3）消息伪造

攻击者在信号的传输过程中，通过修改或伪造消息影响正常的信息传输。

（4）模仿攻击

攻击者伪装为合法用户或直接盗用其他用户身份，达到窃取信息的目的。

针对上述攻击，物理层安全防护技术主要包括物理层加密技术、物理层密钥管理技术、物理层认证技术、安全编码技术和物理层鉴权技术等，如图 5-9 所示。

（1）物理层加密技术

现有的物理层加密技术多是直接将上层的加密技术扩展至物理层进行应用，在物理层对数据进行加密操作和解密操作，而并没有充分利用物理层信道资源本身的特性。

（2）物理层密钥管理技术

无线信道具有唯一性和互易性，即源、目的双方在短时间内获取的信道状态信息是一样的，利用此特性，

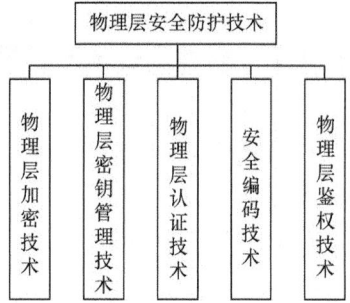

图5-9　物理层安全防护技术

通信双方可以将信道状态作为通信密钥，从而省去了密钥分发过程和密钥管理过程。例如，用于正交频分复用系统的基于叠加码的密钥产生方案、基于信道的连续时间相位的密钥生成方案。

（3）物理层认证技术

物理层认证的理论基础来自 Jakes 均匀散射模型。该技术利用无线信道的时空唯一性和在相干时间内的相关性，通过比较连续消息信道响应的相关程度来认证消息源，保证接收到消息都来自合法的发送者。与传统的加密技术相比，物理层认证技术的计算量小、时延小、通信开销小，十分适用于资源受限的工业控制系统无线网络环境。例如，将物理层认证技术与数字签名、消息认证码相结合，实现智能电网中的单向跨层认证；利用物理层信道响应反映节点位置的特性，将物理层认证技术用于检测智能电网中的恶意节点攻击。

（4）安全编码技术

编码的目的是在保证合法用户的可靠通信的前提下，使攻击者在信道状况比合法用户差的情况下，无法通过窃听的方式获得可用信息，可实现保密容量的信道编码被称为安全编码。研究表明，低密度奇偶校验（LDPC）码、格型编码等许多信道编码在经过适应性改变后均可达到保密容量，其中，应用最为广泛的是 LDPC 码。

（5）物理层鉴权技术

物理层鉴权技术，是指基于物理层信号的细微特性进行设备识别，完成设备鉴权。

5.4.3　节点的物理安全威胁及其防御技术

物理安全是指防止有形资产的破坏。工业控制系统节点主要面临风、雨、雷、电等自然灾害的威胁、设备本身的硬件老化等带来的安全隐患，以及攻击者对设备的非授权物理访问或破坏。对于自然灾害所带来安全风险的防护，可构造防风、防水、防火、避雷等相对良好的物理环境并部署自然灾害监测与报警系统。对于设备老化等问题，可采用故障预测与健康管理等技术来监控设备状态。对于攻击者的物理破坏行为，

可以通过将设备部署在一个受控环境中，还可以采用嵌入式安全技术来监控设备状态，以便及时采取应对措施，可采用的防御技术包括但不限于以下几类。

1. 物理环境安全技术

在建筑物、设备或其他信息资产周围设置物理屏障，如墙、门、柜子等，建立物理安全边界。服务器、控制器、交换机、路由器等应被放置在受控区域内，设备的放置方式应符合一定的安全要求，如设备全部被放置于机架上，接线应整洁且在机柜内完成。此外，还应考虑某些设备所处的特殊环境，如在处理煤或铁的场所内，扬尘可能具有导电性，则应该将设备置于一个可以隔离扬尘的位置。在工业控制系统中，某些设备的电源可靠性也至关重要，因此应提供不间断电源（UPS）。

设置出入控制系统与访问监控系统。出入控制系统应确保只有经过授权的人员才能进入受控区域，授权认证的方法包括但不限于钥匙、工作卡、识别码（PIN）等。出入控制应遵循最小权限原则，即对受控区域的访问仅限于有需要的人，但工业控制系统的应用不应影响日常工作或紧急事件的处理。访问监控系统包括摄像机、传感器等识别设备。这些设备并不阻止人员对特定位置的访问，但会对整个访问过程进行记录，以备可以追溯取证。

2. 故障预测与健康管理（PHM）技术

PHM 技术以传感器采集的系统数据为基础，依托人工智能等技术手段，监控、诊断、评估系统的健康状况，预测系统故障，并提供系统维护建议。与传统的定期检修或故障事后维修相比，PHM 技术的应用可提高系统维修的准确性和系统运行的可靠性，从而保障工业互联网中的设备节点安全。

3. 嵌入式安全技术

嵌入式安全技术是指将物理攻击检测机制、逻辑攻击检测机制集成到嵌入式系统中，用以检测系统安全隐患并采取相应措施。物理攻击检测可检测如器件外壳被打开、器件被移动或外界环境变化等，逻辑攻击检测可检测如系统存储器异常等，一旦检测到攻击发生，设备可根据预定方案执行主动联系管理中心、删除部分数据或密钥等操作。

5.5　工业互联网的应用安全

工业互联网的应用安全包括工业互联网平台安全及应用程序安全。

5.5.1　工业互联网的应用安全威胁分析

目前，工业互联网平台面临的安全风险包括账户劫持，数据丢失、泄露或被篡改，API 安全风险，非法设备接入，内部人员恶意威胁等。

账户劫持。攻击者利用软件安全漏洞或钓鱼式攻击的手段，劫持账户登录会话，仿冒合法用户获取工业互联网平台的访问权限，盗取平台资源。

数据丢失、泄露或被篡改。在工业互联网平台中存储着大量的企业敏感数据，企业敏感数据的丢失、泄露或被篡改可能造成重大的经济损失甚至危害国家安全。

API 安全风险。工业互联网平台一般会给 IT 人员提供一些 API，供其进行开发、配置、管理等，提供个性化服务。然而，API 很容易直接暴露在攻击者面前，成为攻击云平台的突破口。

非法设备接入。工业平台涉及大量智能设备的接入，若工业平台对接入设备缺乏严格的控制，则攻击者可以借助这些智能设备作为攻击跳板，通过攻击智能设备，进一步发起对工业互联网平台的攻击。

内部人员恶意威胁。组织内部的对组织不满且伺机报复的员工、前员工利用其已经掌握的资源，进行系统破解、数据盗取、病毒传播等。

操作系统曾经是网络攻击的头号目标，不过，随着操作系统安全性的逐步提高，攻击者开始越来越多地关注运行于操作系统之上的应用程序。据估计，现在 85% 的网络攻击是针对应用程序的安全漏洞。

在工业控制系统中，可将应用程序分为本地应用程序和远程应用程序。本地应用程序一般直接安装在操作人员的设备上，通过工厂内部的无线网络连接到 PLC、RTU 等工业设备上，其安全性相对较高。远程应用程序则允许相关人员通过互联网连接到工业设备，面临着更多的安全威胁。对工业控制应用程序而言，最大的安全风险来自其自身的漏洞，应用程序的开发和管理不规范、开发人员利用第三方库或开放源代码组合构建应用程序和服务，都会给应用程序引入安全漏洞。

2015 年，研究人员 Alexander Bolshev 和 Ivan Yushkevich 分析了 20 个设计用于工业控制系统的移动应用程序，当时发现了约 50 个安全问题。两年后，他们又随机选择了 34 家供应商在 Google Play 商店中提供的 SCADA 应用程序，共发现了 147 个安全漏洞，攻击者可利用这些安全漏洞发动攻击，影响工业流程。

工业应用程序主要存在以下安全的问题。

缺乏代码防篡改机制。若应用程序缺乏代码混淆机制，攻击者可通过逆向工程发现程序代码中的漏洞，进而实施攻击。或者应用程序缺乏代码防篡改机制，被攻击者修改并植入恶意代码的应用程序仍可能直接执行。

输入验证漏洞。该漏洞是应用程序未能在使用之前验证来自用户或应用程序运行环境的输入，攻击者可通过该漏洞强制运行脚本语言的代码段或转发敏感的系统命令，从而触发应用程序的意外行为。这个漏洞在工业控制应用程序中非常常见。

缺乏安全的授权机制。较为常见的问题是不设置密码或者设置"记住密码"功能。

缺乏安全的数据传输和存储机制。明文传输数据、将数据存储于虚拟分区而缺乏访问控制机制或其他机制的保护。

其他程序漏洞。与传统 IT 系统中的应用程序类似，工业控制应用程序也存在如 SQL 注入、缓存区溢出、暴力破解等漏洞。

5.5.2　工业互联网的应用安全威胁防护

对工业互联网平台可采取的安全防护措施包括安全隔离、认证授权、安全监测与审计等。

安全隔离：安全隔离包括应用程序间的隔离和用户间的隔离。在平台上的不同应用程序间采取安全隔离措施可防止单个应用程序的漏洞扩散影响其他应用程序甚至平台的安全。在平台上的不同用户间采取安全隔离措施，可防止蠕虫病毒等通过平台在不同用户间传播。

认证授权：工业互联网平台上有着不止一个企业的应用程序和数据，只有采取认证授权机制才能保证用户对应用程序和数据的合法访问。

安全监测与审计：实时监测工业互联网平台上应用程序的运行情况、资源使用情况，记录运行参数和日志，自动对其进行分析，实现性能监控、故障检修等，保障工业互联网平台安全平稳地运行。

工业应用程序的安全防护核心是漏洞的检测与预防，而漏洞的预防则可以从系统开发生命周期（SDLC）的安全软件开发的角度展开，在系统开发生命周期的早期集成安全性。由于工业控制设备对探测和测试的敏感性、具有严格的停机时间要求等，在系统开发生命周期的早期有着更好地发现漏洞的条件，从而可以相对轻松地解决这些问题。

图 5-10 展示了应用程序安全防护的系列措施，不同阶段中的安全防护技术分别如下。

在应用程序开发前，对开发人员进行培训，进行安全架构设计，规范开发工具及编程语言等，要求所有开发人员熟悉安全开发标准，知晓源代码漏洞的产生机制和预防措施，从根本上提高应用程序的安全水平。

在应用程序开发测试阶段，采用代码防篡改机制，具体实施手段有两类，一类实施手段是采用代码混淆等方法增加攻击者篡改应用程序的难度，提高篡改攻击成本；另一类实施手段是通过检测篡改事件并采取相应的措施（如禁止应用程序运行）。执行代码审计，发现应用程序中的功能问题、逻辑问题等安全缺陷，提出相应的修补措施或建议，减少应用程序漏洞的引入。规范开发测试流程，实施过程监控（如里程碑式监控、全程监控），保障项目的有序推进。进行集成测试，保证各个通过单元测试的模块可按照预先设计进行交互，避免在高质量模块间发生非预期交互而导致系统失效等问题。

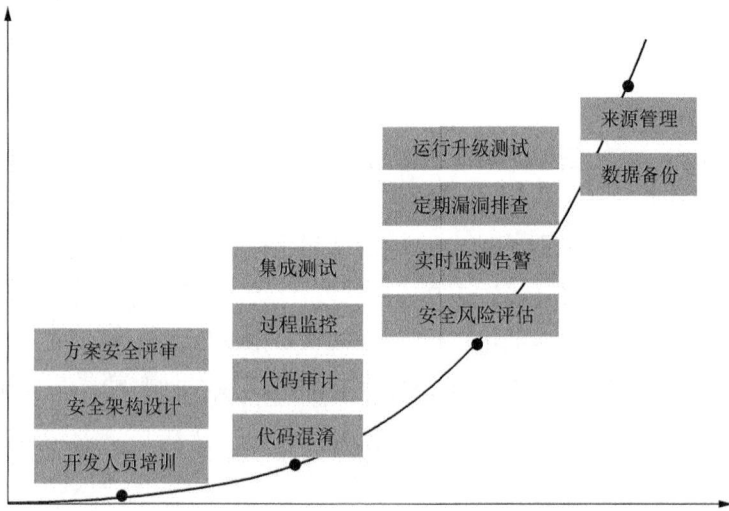

图 5-10　应用程序安全防护

在应用程序启动控制阶段，采用白名单机制，禁止在工业环境中启用未经授权的应用软件。

在应用程序运行阶段阶段，明确当前在工业控制系统中安装并使用的所有应用程序，对其进行安全风险评估并实时监测其运行状况，一旦发现可疑行为立即发出告警或进行阻止。借助专业漏洞扫描工具定期进行漏洞排查，及时进行应用程序修补。如果无法进行应用程序修补，则应采取其他防护措施，如添加防火墙规则以阻止对应用程序易受攻击的服务的访问。定期运行升级测试，测试系统能否被正确升级。

此外，还应加强应用程序来源的管理，保证应用程序及修补应用程序均来自可靠的供应商，同时应采取数据备份等措施，防止应用程序配置文件、控制指令等重要文件丢失。

5.5.3　区块链与工业互联网应用安全

区块链技术是密码学、分布式数据存储、共识机制、点对点传输等多种计算机技术的集成创新，提供了一种在不可信的网络中进行可信信息传输的方式。运用区块链技术可保障工业互联网数据安全、实现可信共享协作、支撑安全监测与审计、促进安全事件联动响应、提升网络攻击恢复能力。区块链可在多方面与工业互联网应用结合。例如，在工业物流领域，可以打破上下游企业间数据不互信的壁垒，实现整个产业链上企业的互联互通；在智能制造等领域，可以解决设备注册管理、状态监控、生产质量追溯等问题，保障工业互联网的安全和效率；此外，可以运用区块链等关键技术加快推进国家工业互联网大数据中心的建设，构建完善的工业互联网数据资源管理和服务体系。

　　技术的发展和进步必然伴随着新安全风险的出现，工业互联网作为工业信息系统和互联网技术融合集成的一种新的产业和应用生态，其控制环境更加开放、组网方式更为灵活、工业设备更加智能化，也使其面临着新的安全挑战。鉴于篇幅有限，本章仅从网络、控制、数据、设备和应用等方面对其面临的安全风险及防御技术进行了简要介绍。安全技术在工业互联网中的广泛应用，必将促进工业互联网安全领域的发展，进而催生新一代安全技术。

　　然而，要做好工业互联网安全保障工作，除了安全核心技术的积累，还需要从制度建设、产业支持、人才培养等全局角度出发，建立完善的工业信息安全产业生态，切实保障工业信息安全。

▌讨论与思考

① 工业互联网安全框架包括哪些方面？

② 工业互联网安全和传统网络安全有什么异同？

③ 针对工业互联网的网络攻击有什么特点，有哪些攻击形式？

④ 工业控制系统的漏洞成因及分类是什么？简述不同类型的工业控制系统的漏洞。

⑤ 工业控制网络的态势感知包括哪几个阶段？

⑥ 简述工业控制网络常用的控制协议及其面临的安全威胁。

⑦ 什么是虚拟专用网络技术，在工业互联网中的作用是什么？

⑧ 工业互联网面临哪些数据安全威胁，并简述其影响。

⑨ 工业控制设备在物理层面临的安全威胁分别有哪些？

⑩ 请为一个工业企业设计其网络安全防护体系。

· · · · · · · · · ·　**参考文献**　· · · · · · · · · ·

[1] 国家工业信息安全产业发展联盟. 工业信息安全态势白皮书[R]. 2017.

[2] 工业互联网产业联盟. 工业互联网安全框架[R]. 2018.

[3] 张尼，刘廉如，田志宏，等. 工业互联网安全进展与趋势[J]. 广州大学学报（自然科学版），2019（3）.

[4] YANG Q，DOU A，WEI Y. On Time Desynchronization Attack Against IEEE 1588 Protocol in Power Grid Systems[J]. IEEE Energytech，2013.

[5] SUN L，REN P，DU Q，et al. Fountain-Coding Aided Strategy for Secure Cooperative Transmission in Industrial Wireless Sensor Networks[J]. IEEE TRANSACTIONS ON INDUSTRIAL INFORMATICS，2017，12（1）：291-300.

[6] LIU Y，NING P，REITER M K. False data injection attacks against state estimation in electric power grids[C]//Proceedings of the 16th ACM Conference on Computer and Communications Security. Chicago，Illinois，USA:ACM，2009: 21-32.

[7] DWORK C. Differential Privacy[J]. 2006. ICALP'06 Proceedings of the 33rd International Conference on Automata，Languages and Programming，2006.

[8] 陈雍珏. 基于复合窃听信道的物理层安全问题的研究[D]. 哈尔滨：哈尔滨工业大学，2015.

[9] WEN H，HO P H. Physical Layer Technique to Assist Authentication Based on PKI for Vehicular Communication Networks[J]. KSII Transactions on Internet & Information Systems，2011，5（2）.

[10] WEN H，ZHANG X，CAI L，et al. A Novel Detection Scheme for Malicious Nodes in Smart Meter System[C]//2013 IEEE Conference on Communications and Network Security （CNS）. IEEE，2013: 379-380.

[11] PAPPU R，RECHT B，TAYLOR J，et al. Physical One-Way Functions[J]. Science，2002，297（5589）: 2026-2030.

[12] GASSEND B，CLARKE D，VAN DIJK M，et al. Silicon Physical Random Functions[C]// Proceedings of the 9th ACM Conference on Computer and Communications Security. ACM，2002: 148-160.

[13] PASCAL Ackerman. Industrial Cybersecurity: Efficiently Secure Critical Infrastructure Systems[M]. Birmingham: UK: Packt Publishing，2017.

[14] 国家工业信息安全发展研究中心. 工业互联网安全技术与应用白皮书[R]. 2020.

[15] "工业互联网+区块链"有望在多个领域实现融合发展[N/OL]. 人民周刊网，2019.

第 6 章
工业互联网数据与应用

06

学习目标

（1）了解工业大数据的基本概念；

（2）了解工业大数据的主要特征；

（3）了解工业大数据系统的参考架构；

（4）了解工业大数据系统的基本功能模块；

（5）了解工业大数据分析框架；

（6）了解主流的工业大数据分析算法；

（7）了解常见的工业大数据可视化工具；

（8）了解工业大数据应用的典型案例。

数据是工业互联网的核心要素。随着工业互联网的发展，传统生产要素的数字化变革进程不断加快，工业互联网中产生了海量的工业大数据。工业大数据具有传统大数据的共性特征及反映工业逻辑的领域特征。融合应用大数据和人工智能等技术，构建"采集、建模、分析、决策"的数据优化闭环，已成为赋予工业系统泛在感知、智能决策、敏捷响应、全局协同、动态优化等核心能力的关键路径，其本质上是数据驱动的工业系统和数字空间的全面互联与深度协同。可以说，工业大数据已经成为推动新一轮工业革命的重要力量。

6.1 工业大数据概述

6.1.1 工业大数据的概念

数据是信息的载体，是指信息的可再解释的形式化表示，以适用于通信、解释或处理。工业互联网中产生了海量的数据，包括企业信息化数据、设备物联数据及外部跨界数据等。这些数据具有体量巨大、来源多样、生成速度极快、多变等特征，并且人们难以用传统数据体系结构对这些数据进行有效处理，因此这些数据被称为工业大数据。

工业大数据是工业领域产品和服务全生命周期数据的总称，包括工业企业在研发设计、生产制造、经营管理、运维服务等环节中生成和使用的数据，以及工业互联网平台中的数据等。可见，工业大数据以产品数据为核心，延展了传统工业数据的范围，具备价值和产权双重属性。一方面，价值属性体现在工业大数据具有明显的应用需求和业务价值。企业通过运用新技术和新方法，可以实现贯穿于产品设计、生产、管理、仓储、物流、服务等各环节的全流程大数据采集、存储、管理和分析，从中挖掘隐含价值，达到提升生产效率、提高产品质量、增强管理能力、降低生产成本等目的，提升企业的生产力、竞争力和创新力。另一方面，产权属性体现在工业大数据具有明确的权属关系和资产价值。数据是一种新型生产要素，企业需要制定合适的管理机制和治理方法，明晰数据资产目录与数据资源分布，确定使用方式和所有权边界，将工业大数据转换为能够带来新价值的战略资源。

可以从数据来源、系统层级和生命周期等不同角度对工业大数据进行分类。从数据来源的角度看，工业大数据主要包括三大类。第一类是企业信息化数据，即企业生产经营相关的业务数据，涵盖各类信息化系统，如企业资源计划（ERP）、产品生命周期管理（PLM）、供应链管理（SCM）、客户关系管理（CRM）和能量管理系统（EMS）等。此类数据是工业企业传统意义上的数据资产。第二类是设备物联数据，即制造过程数据，主要包括工业生产过程中，装备、物料及产品加工过程的工况状态参数、环境参数等生产情况数据，通过制造执行系统（MES）实时传递。第三类是外部跨界数据，包括企业产品售出之后的使用、运营情况的数据，同时还包括大量客户名单、供应商名单、外部的互联网等数据。

系统层级是指与工业企业生产活动相关的组织结构的层级划分，包括设备层、单元层、车间层、企业层和协同层。基于系统层级的工业大数据分类如表 6-1 所示。

表 6-1　基于系统层级的工业大数据分类

系统层级	数据源	数据类型
设备层	传感器、仪器仪表、条码标签、数控装备、智能机床、射频识别设备、工业机器人、自动化分拣和仓储设备等	设备数据、工装数据、状态数据
单元层	PLC、DCS、SCADA、RTU 等	经过处理的设备层数据、控制系统数据、网络参数
车间层	计算机辅助制造（CAM）系统，计算机辅助设计（CAD）系统，计算机辅助工程系统，MES，设备管理系统，数据质量管理系统，仓库管理系统，实验室管理系统，计量系统，健康、安全和环境（HSE）管理系统等	经过处理的单元层数据、管理数据、工艺数据、质量数据、作业过程数据、物料数据、计划数据、安全环保数据、计量数据
企业层	PLM 系统、CAD 系统、计算机辅助工艺设计（CAPP）系统、企业资产管理（EAM）系统、ERP 系统、SCM 系统、物流信息系统、财务系统、人力资源系统、CRM、网络安全系统、实验室管理系统等企业信息管理系统	经过处理的车间层数据、技术数据、成本数据、财务数据、人力资源数据、采购销售数据、供应链数据、生产计划数据、调度数据、质量数据、售后服务数据、网络安全数据
协同层	远程运维系统、协同设计研发系统、协同采购系统、协同生产系统等互联网平台系统	协同策略数据、协同管理数据

生命周期是指从产品原型研发开始到产品回收再制造的各个阶段，包括设计、生产、物流、销售、服务等一系列相互联系的价值创造活动。以流程工业大数据为例，基于生命周期的流程工业大数据分类如表 6-2 所示。

表 6-2 基于生命周期的流程工业大数据分类

生命周期	数据源	数据类型
设计阶段	ERP 系统、MES 等	产品物料清单（BOM）数据、产品配方数据、工艺产能数据、工艺设计数据
生产阶段	厂级监控信息系统（SIS）、ERP 系统、人力资源系统、财务系统、MES、过程控制系统（PCS）	原料配比数据、计划调度数据、工艺运行数据、设备状态数据、设备故障数据、设备维修数据、产品质量数据、生产成本数据、生产能耗数据、生产安全数据、环保排放数据、运行人员数据
物流阶段	ERP 系统、MES、SCM 系统等	采购计划数据、采购方案数据、采购订单数据、采购合同数据、采购执行过程数据、发票管理数据、应付款管理数据、退换货管理数据、供方管理数据、产品仓储数据、物流运输数据
销售阶段	CRM 系统、ERP 系统、财务系统、人力资源系统等	市场预测数据、资金管理数据、风险管理数据、客户管理数据、销售计划数据、销售报价数据、销售订单数据、销售合同数据、发票管理数据、应收款管理数据
服务阶段	CRM 系统、ERP 系统等	客户满意度数据、产品使用反馈数据

6.1.2 工业大数据的特征

工业大数据是大数据的子集，具有一般大数据具有的共性特征——4V 特征，即 Volume（体量大）、Variety（种类多）、Velocity（速度快）和 Value（价值高）。同时，工业大数据是大数据在工业领域中的应用与延伸，反映工业要素的本质属性和工业系统的运行规律，具有蕴含工业逻辑的领域特征，如时序性、强关联、闭环性、多模态等。

1. 大数据共性特征

体量大。大数据的首要特征是超大规模，处理的数据量级从传统的 GB 级或 TB 级，发展到 PB 级甚至更高的数据量级。一方面，数据大小决定数据的价值和潜在的信息量；另一方面，超大规模的数据量对存储架构、计算模型和应用系统都提出了极大的挑战。工业数据包含大量物联设备产生的高频数据，以及从企业生产系统和外部互联网持续涌入的海量数据。目前，大型工业企业的数据集的数据量级已达到 PB 级甚至 EB 级，并且在不断增长。

种类多。与传统数据相比，大数据的来源广、维度多、类型杂。工业数据的来源广泛，包括机器设备、工业系统、工业产品、信息系统、人员行为、互联网等，并且涵盖研发、设计、采购、生产制造、交付、运维等全生命周期的各个环节。因此，工业数据类型多样，结构复杂，既有数字、符号等结构化数据，也有日志、模型、图纸、音频、视频、图片、地理位置信息等非结构化数据或半结构化数据。

速度快。大数据产生的速度极快，对数据采集、存储、分析、处理的速度要求极高，这是大数据区别于传统数据或小数据的显著特征。工业数据处理速度需求多样，如一些管理与决策应用需要支持分钟级的交互式分析或小时级的批处理，而一些生产现场应用需要实时采集、分析数据，为运行控制提供支持，要求响应时限达到毫秒级甚至更高。具有时间敏感性的工业应用数据产生速度极快，如一台波音喷气式发动机每半小时会产生大小为 10TB 的运行数据。

价值高。大数据的价值具有两面性，一方面是潜在价值高，另一方面是价值密度低。因此，需要对大数据整体进行分析利用，才能体现大数据的真正价值，这也是大数据计算区别于传统统计学方法的关键之处。工业大数据分析的根本目标是创造价值，即通过工业大数据分析实现设计、工艺、生产、管理、服务等各个环节智能化水平的提升，满足用户的定制化需求，提高生产效率并降低生产成本，为企业创造可量化的价值。

2. 工业逻辑特征

时序性。工业大数据具有较强的时序性。一方面，生产系统数据和外部跨界数据往往是按照时间顺序生成和记录的，包括时间戳信息，反映了产品设计、生产过程、外部事件等随时间的演变过程。另一方面，物联设备产生的数据大多是时间序列数据，反映了生产过程中设备状态的实时变化。

强关联。工业大数据中的各种数据元素在语义层面有复杂的显性或隐性强关联，其本质是工业物理对象之间和过程的语义关联。例如，工业现场数据的不同物理变量之间的关系，既有工业机理方面，也有统计分析方面，反映了工业的系统性及内部复杂的动态关系。通过挖掘数据间的关联，可以为生产过程的优化提供有价值的信息。

闭环性。工业大数据强调闭环性，通过自下而上的数据流和自上而下的决策流实现工业大数据应用的优化闭环。例如，围绕智能制造中的工艺优化问题，可以通过对生产工艺过程参数、设备运行状态参数与产品质量性能、生产线排产负荷、耗能等数据进行深度挖掘，形成工艺参数优化的"数据 – 决策"闭环，提升产品制造品质。

多模态。工业大数据包含大量多模态数据，需要进行自动融合分析。例如，一个工业产品的多模态数据可能包含设计模型和图纸数据、零件和材料数据、工程分析和验证数据、制造计划及规范数据、生产过程数据、销售数据、用户数据、服务数据等。在应用中需要设计多模态数据的集成与融合技术，对同一工业对象的多模态数据进行汇总分析，形成综合认知。其主要挑战在于多模态数据的语义关联与融合，以及一体化查询优化。

综上所述，工业大数据与一般大数据的范式和形态相比，具有鲜明的工业特点。当前的工业大数据概念，是相对于传统工业数据的内涵而延伸出来的，对传统工业数据的管理和处理提出了新的挑战。随着各种技术手段和工具的全面发展，工业大数据将在工业互联网的语境中发挥对现实生产的直接价值和作用。

6.1.3　工业大数据的战略

随着第四次工业革命的深入展开，工业大数据日渐成为工业发展最宝贵的战略资源。当今世界各国的工业发展战略都离不开工业大数据。德国工业 4.0 战略的核心就是利用物联信息系统将生产中的供应、制造、销售信息数据化、智慧化，工业大数据的采集、传输、交互和共享是实现智慧工厂的基础。美国先进制造业战略围绕"智能数字制造"提出了下一步计划："要通过将大数据分析和先进的传感和控制技术应用于大量制造业活动，促进制造业的数字化转型。"法国未来工业计划明确提出以数字技术推进工业转型升级，而工业大数据则是推动工业生产向数字化和智能化转型的关键因素。

我国作为全球第一制造大国，近年来一直致力于推动信息化和工业化的深度融合，对工业大数据的发展高度重视。2020 年 4 月，工业和信息化部发布的《工业和信息化部关于工业大数据发展的指导意见》，明确提出了加快数据汇聚、推动数据共享、深化数据应用、完善数据治理、强化数据安全、促进产业发展 6 个方面的重点任务，以及建设国家工业互联网大数据中心、建立多级联动的国家工业基础大数据库等具体举措。工业互联网"网络是基础，平台是核心，安全是保障，数据是关键"。发展工业大数据，包括工业大数据的理论、技术、产品和保障条件，对于工业互联网的深化运用、实质落地和价值体现，有着决定性作用。

6.2　工业大数据的架构

6.2.1　工业大数据参考架构

工业大数据作为一种新兴技术与应用，仍处在快速演进的过程中。相关技术标准体系也在社会各界的广泛关注和参与中不断完善。中国电子技术标准化研究院等单位联合制定并发布了《信息技术 大数据 工业应用参考架构》（GB/T 38666—2020）国家标准，给出了工业大数据参考架构，具体如图 6-1 所示。这是一个通用的工业大数据系统概念模型，它展示了通用的、与技术无关的工业大数据系统的逻辑功能构件及构件之间的互操作接口，可以作为开发各种具体类型的工业大数据应用系统架构的通用技术参考框架。

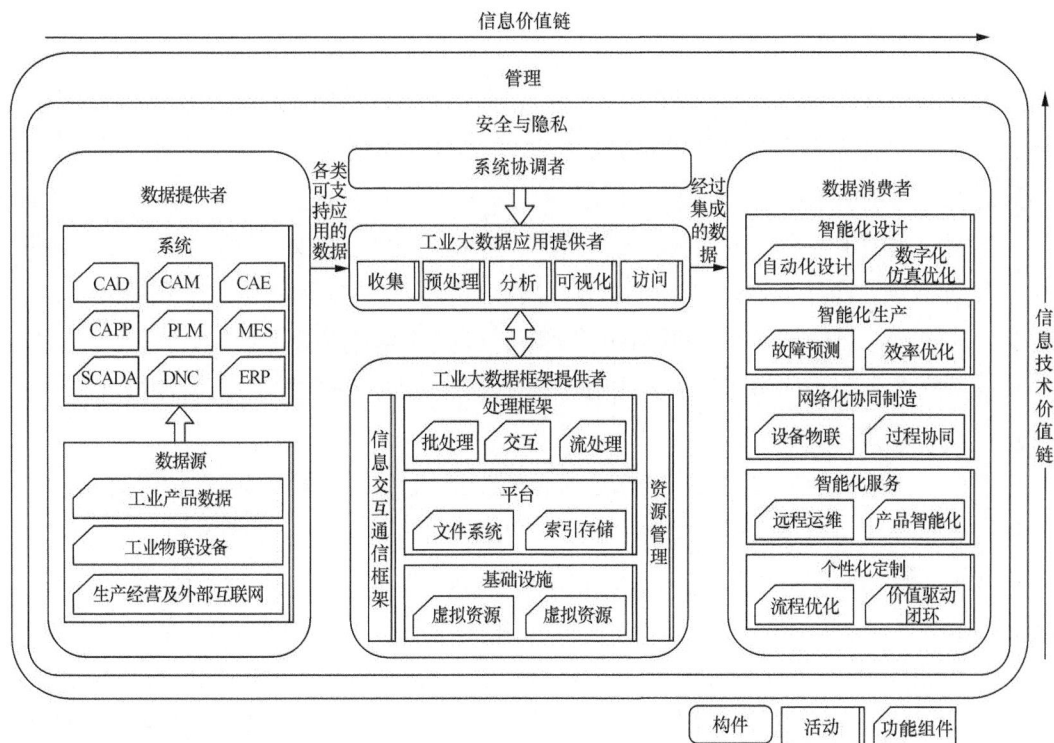

信息价值链示意图

图 6-1　工业大数据参考架构

　　工业大数据参考架构采用构件层级结构来表达工业大数据系统的高层概念和通用的构件分类。从构成上看，工业大数据参考架构是由一系列在不同概念层级上的逻辑构件组成的。这些逻辑构件被划分为"构件 - 活动 - 功能组件"3 个层级，最顶层级是模型构件，第 2 层级是每个模型构件执行的活动，第 3 层级是执行每个活动需要的功能组件。工业大数据参考架构的整体布局按照工业大数据的信息价值链（水平轴）和信息技术价值链（垂直轴）两个维度来组织。5 个主要的模型构件代表在每个工业大数据系统中存在的不同技术角色，分别为系统协调者、数据提供者、工业大数据应用提供者、工业大数据框架提供者和数据消费者。此外，还有两个重要的模型构件，分别为安全与隐私、管理，共同为工业大数据系统其他 5 个主要模型构件提供基础服务和功能。

1. 系统协调者

　　系统协调者构件负责对各类所需要的数据应用活动进行规范和集成。此构件的功能可以由管理员、软件或二者的组合以集中式或分布式的形式实现，具体包括以下 4 个方面，配置和管理工业大数据参考架构中其他构件执行一个或多个工作负载，以确保各项工作能够正常进行；为其他组件分配对应的物理或虚拟节点；对各组件的运行情况进行监控；通过动态资源调配等方式来确保各组件的服务质量达到要求。

2. 数据提供者

数据提供者构件负责收集原始数据，经过预处理提供给工业大数据应用提供者。此构件主要包括数据源和系统两部分，即数据源产生原始数据，由系统进行收集、分析和分类后，提供给工业大数据应用提供者。

数据源包括工业生产过程中的相关实体及实体的活动。例如，各类人员、工业软件、生产设备装备、产品、物联网、互联网、其他软件等各类实体，以及企业活动、人员行为、设备运行、环境检测、物联网和互联网运行等各类实体的活动，都可能产生数据。工业大数据参考架构列举了三大类数据源，分别为工业产品数据、工业物联设备数据、生产经营及外部互联网数据。

工业产品数据是工业大数据的核心数据源。工业产品数据以产品生命周期为主线，从时间上覆盖产品市场调研、概念设计、详细设计、工艺设计、生产准备、产品试制、产品定型、产品销售、运行维护、产品报废和回收利用等过程，从空间上覆盖企业内部、供应链上企业和最终用户。工业产品数据的表现形式多样。例如，产品结构和配置、零件定义和设计、CAD 三维模型和二维图纸、工程分析和验证数据、制造计划及规范、CAD/CAM 编程文件、图像文件、产品说明书、软件产品等结构化数据和非结构数据。

工业物联设备数据是工业大数据增长最快的数据源。工业设备在物联网运行模式下感知、收集涵盖生产操作、运行情况、工况状态、环境参数等方面的海量数据，具体表现形式主要是各类工业物联设备、智能传感器提供的接口数据。

生产经营及外部互联网数据是保障工业应用的支撑数据源。此类数据源主要来自传统企业信息化范围，被收集存储在企业信息系统内部，具体表现形式包括企业信息系统累计的产品生产研发数据、试验数据、生产数据、客户信息数据、物流供应数据、环境数据；用户通过互联网发表的与企业产品相关的评论数据、第三方机构提供的用户调查数据、评价企业环境绩效的环境法规、预测产品市场前景的宏观社会经济数据等。

系统的主要功能是对数据源产生的数据进行收集、分析与分类，支撑后续的工业大数据应用。此类系统有很多，工业企业中常见的主要系统如下所示。

CAD 系统：生成产品的图形化数据，包括文件等非结构化数据和从文件中提取出的产品属性、BOM 数据等结构化数据。

CAM 系统：在 CAD 模型的基础上生成和仿真优化数控加工用的指令、代码数据，进行生产设备管理、控制和操作。

计算机辅助工程（CAE）系统：在 CAD 模型的基础上建立几何模型和物理模型，

完成分析数据的输入，处理、分析和优化复杂工程和产品的结构力学性能等。

CAPP 系统：输入被加工零件的形状、尺寸等几何信息，以及材料、热处理、批量等工艺信息，生成产品和零件的工艺路线、工序内容等加工工艺过程数据。

PLM 系统：收集和分类管理与产品相关的结构化和非结构化文件数据，并记录相关角色、环节间的协同过程数据。

MES：在产品生产周期内，采集来自产品、工业物联设备及生产经营相关的各种数据和状态信息，与上层的业务计划层和底层的过程控制层进行信息交互。

SCADA：收集和管理自动化工业设备的运行参数、设备控制数据、测量数据及各类报警信号等，并向现场连接的设备发送控制命令。

分布式数字控制（DNC）系统：收集、管理和控制数控机床设备的输入数据、输出数据，包含与制造设备硬件相关的数据、与人机通信相关的数据、数控数据、输入操作指令或派工单数据等。

ERP系统：围绕企业的业务流程，收集和管理企业的物质资源、人力资源、财务资源等数据。

SCM系统：围绕企业业务协作过程，收集和管理企业与上下游合作伙伴间的协作数据。

CRM系统：收集和管理企业与客户间的交易和服务数据。

3. 工业大数据应用提供者

工业大数据应用提供者构件负责围绕数据消费者需求，对来自数据提供者的数据进行处理和提取，提供给数据消费者。此构件主要执行收集、预处理、分析、可视化和访问 5 个活动。①收集。处理与数据提供者间的数据交互接口，完成数据引入。由于工业数据的种类、格式有很多且缺少统一标准，需要根据具体的数据格式、数据类型，引用对应的工业应用或构件，完成各类数据的识别和导入。②预处理。进行数据清洗、数据归约、数据标准化、数据格式化和数据存储等操作。数据清洗与归约操作是针对多维异构数据的同构化预处理，目标是去除噪声与干扰项。数据标准化与格式化操作主要包括元数据处理和标识管理。数据存储主要采用分布式文件系统、分布式数据库等大数据存储技术，对预处理后的数据进行保存。③分析。利用数据建模、数据挖掘等算法，以及工业领域专用算法，围绕数据科学家或垂直应用的需求从数据中提取相关知识。例如，基于订单、机器、工艺、计划等生产历史数据、实时数据及仿真数据，采用聚类、分类、规则挖掘等数据挖掘方法及预测机制，建立数据驱动的生产优化模型。④可视化。利用大数据可视化、工业二维或三维场景可视化等技术，将经过预处理和分析的数据呈现给数据消费者。⑤访问。主要实现与可视化活动和分析活动之间的交互，响应数据消费者和应用程序的请求。

4. 工业大数据框架提供者

工业大数据框架提供者构件负责为工业大数据应用提供者提供创建具体应用所需的资源和服务。此构件包括基础设施、平台、处理框架、信息交互通信框架和资源管理5个部分。①基础设施。为工业大数据系统中的其他要素提供必要资源，具体包括网络资源、计算资源、存储资源、环境资源等。这些资源由一些物理资源的组合构成，还包含由这些物理资源控制或支持的虚拟资源。②平台。提供逻辑数据的组织和分布，包括支持POSIX标准的文件系统，以及支持迅速定位数据具体要素的索引存储。③处理框架。提供必要的基础设施软件以支持大数据处理，包括批处理和流处理，以及数据的交换与调度。④信息交互通信框架。支撑大数据计算框架内部的信息交互与通信需求，支持点对点传输、多播、存储转发等多种通信模型。⑤资源管理。包括计算资源和存储资源的管理，以及实现两者互联互通的网络资源管理，主要目标是实现分布式的、弹性的动态资源调配。

5. 数据消费者

数据消费者构件通过调用工业大数据应用提供者开放的接口访问数据，并根据具体应用需求对数据进行加工处理，以实现特定的应用目标。如图6-2所示，典型的工业大数据消费场景包括智能化设计、智能化生产、网络化协同制造、智能化服务和个性化定制等。

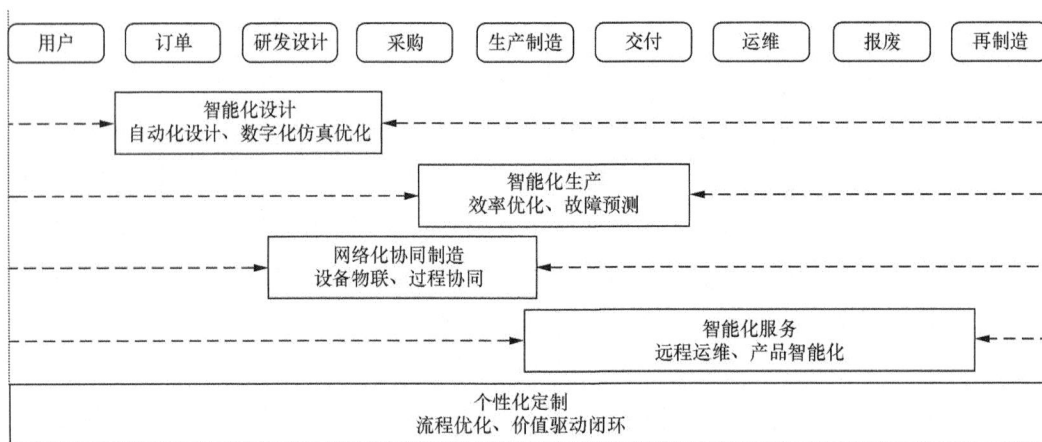

图6-2 典型的工业大数据消费场景

在智能化设计场景中，工业大数据消费者将产品生命周期数据应用于设计环节，提高研发人员的创新能力、研发效率和产品质量。智能化设计以产品数据为核心，对产品模型、设计图纸、产品结构、工艺路线、客户交互、交易行为、个性化数据及相关资料等数据进行集成关联和分析，支撑产品的优化设计、创新设计、精准设计。典型的方式包括自动化设计和数字化仿真优化。自动化设计通过集成工程设计、仿真、试制、试验过程中的多元化的计算机辅助技术（CAX），实现 CAX 平台数据互通，并结合智能语义分析实现设计过程的自动化执行与综合优化。数字化仿真优化侧重于挖掘设计数据的关联性，从而在设计阶段对产品进行有效的综合评估和改进。

在智能化生产场景中，工业大数据消费者对生产全流程数据进行分析，并将得到的信息与知识用于反馈，以指导生产，完成数据由信息到价值的转变。智能化生产以生产数据为核心，通过采集和汇聚设备运行数据、生产工艺过程参数、能耗数据、质量检测数据、物料配送数据和进度管理数据等生产现场数据，然后对数据进行清洗、筛选、关联、融合、索引、挖掘，并针对具体场景构建相应的应用分析模式，实现生产过程的优化。例如，针对制造工艺，围绕生产工艺过程参数进行关联性的深度挖掘，可以得出生产工艺过程参数的最优区间及生产质量控制的最优调控手段；针对生产流程管理，通过将各生产制造环节中的数据集成贯通，对工业产品的生产过程数据进行关联，可以建立虚拟数字模型，以进行仿真并优化生产流程；针对设备健康管理，通过利用传感技术对设备进行感知，获取设备振动、温度、压力、流量等数据，可以应用人工智能算法对设备健康进行评估，以实现设备故障预测和健康度监测，降低设备故障对生产造成的影响。

在网络化协同制造场景中，工业大数据消费者将产业链各环节数据融会贯通，推动多元化制造资源的智能协同，优化生产要素的配置和资源利用。网络化协同制造以全产业链数据为核心，将制造环节与设计、经销、运行、维护乃至回收处理环节相关联，对产业链各个环节的数据进行采集并集成至全生命周期数据库，形成总知识库，构建面向企业的网络化协同制造系统。网络化协同制造的主要应用包括协同研发与制造、制造资源优化等方面。在协同研发与制造应用中，构建统一的设计平台与制造资源信息服务平台，集成设计工具库、模型库、知识库及制造企业闲置生产能力信息，产业链上下游企业可以实现多站点协同、多任务并行，加速新产品的协同研发过程。在制造资源优化应用中，通过实现制造资源、制造能力、制造过程的数据透明化，打通信息壁垒，根据订单需求优化制造资源的配置，实现高效、高质的零部件协同制造、统一组装与交付，同时可以依托平台对外开放空闲制造能力，实现制造能力的在线租用，并实现制造即服务（MaaS）的新服务模型。

在智能化服务场景中，工业大数据消费者对生产管理服务和产品售后服务环节的数据进行收集与分析，并利用所得信息与知识辅助产品的设计优化、产品的智能诊断、运维和远程控制等。例如，在市场营销环节中，基于对工业大数据的分析，挖掘用户的深层次需求、市场规律与发展趋势，用于生产指导和市场营销分析；在产品售后服务环节，通过整合产品运行数据，结合设备状态监测与故障诊断技术，开展故障预警、远程监控、远程运维、质量诊断等智能化主动服务，提升用户满意度。

在个性化定制场景中，工业大数据消费者通过全流程建模和数据集成贯通，精准匹配用户的个性化定制需求和企业产品设计、生产计划。大规模个性化定制生产需要采集用户个性化需求数据、企业生产数据、外部环境数据等信息，从而建立个性化产品模型，利用模块化产线、新型制造工艺、数据闭环优化方法，将产品方案、BOM、工艺方案通过 MES 快速传递给生产现场，进行生产线调整和物料准备，快速高效地生产出符合用户个性化需求的定制产品，形成价值创造的新动能。

6. 安全与隐私

安全与隐私构件负责通过不同的技术手段和安全措施，构建工业大数据系统安全防护体系，实现覆盖硬件、软件和上层应用的安全保护。此构件必须从网络安全、设备安全、应用安全、数据安全 4 个方面来保证工业大数据系统的安全性。同时，应当提供一个合理的灾备框架，支持数据异地容灾、跨数据中心的数据备份等关键功能。此外，隐私保护要求在不暴露用户敏感信息的前提下进行有效的数据挖掘，包括用户位置隐私保护、标识符匿名保护和连接关系匿名保护等。

7. 管理

管理构件负责工业大数据系统集群的自动化运维管理。此构件应当至少包括以下 3 项功能。①提供大规模工业大数据系统集群的统一运维管理系统，支持对数据中心、基础硬件、平台软件和应用软件等进行集中运维、统一管理，实现安装部署、参数配置、监控告警、用户管理、权限管理、审计、服务管理、健康检查、问题定位、升级和修复等功能。②提供自动化运维能力，支持对多个数据中心进行集中运维、统一管理，实现业务资源的自动化按需分配和合理调度，以及数据中心内各种信息技术设备的事件、告警、性能的自动化监控。③提供具有高可靠性的双机机制，系统管理节点及所有业务组件中心管理节点均支持主备或负载均衡配置，避免单点故障影响系统的可靠性。

6.2.2 工业大数据系统功能架构

《智能制造 工业大数据系统功能要求》（GB/T 42130—2022）国家标准提出了工业大数据系统功能架构，对系统的功能要求进行了规范，可以作为工业大数据系统设计与实现的依据。从功能要求的角度出发，工业大数据系统可划分为 11 个模块，分别为数据收集模块、实时计算模块、数据存储模块、数据处理模块、数据分析建模模块、数据显示模块、模型管理模块、知识管理模块、数据服务模块、数据治理模块和运维管理模块，整体架构如图 6-3 所示。

1. 数据收集模块

数据收集模块具有对不同来源的工业数据进行收集的功能。具体的功能要求如下。
①各类型数据的收集，包括 BOM 数据、计划数据和生产数据等结构化数据，以及工业 App 数据、接入终端数据、安全防护设备数据和工业应用系统数据等高频时序数据。
②多种数据的导入和收集方式，包括本地和远程实时数据的自动导入、批量和增量数据的收集、工业数据库实时和准实时数据的收集。③通过多种协议进行数据收集，如 Syslog、SNMP、Java 数据库互联（JDBC）、Netflow、SSH、FTP 和 SCP 等协议。
④数据收集和获取过程的跟踪、监控和记录，包括对数据收集任务的执行状态、执行结果和异常信息的日志记录、数据收集任务的监控。此外，数据收集模块还具有一些增强的功能，如对不同应用程序和设备所产生的不同格式的日志数据进行格式统一的处理、支持远程自动收集数据模式等。

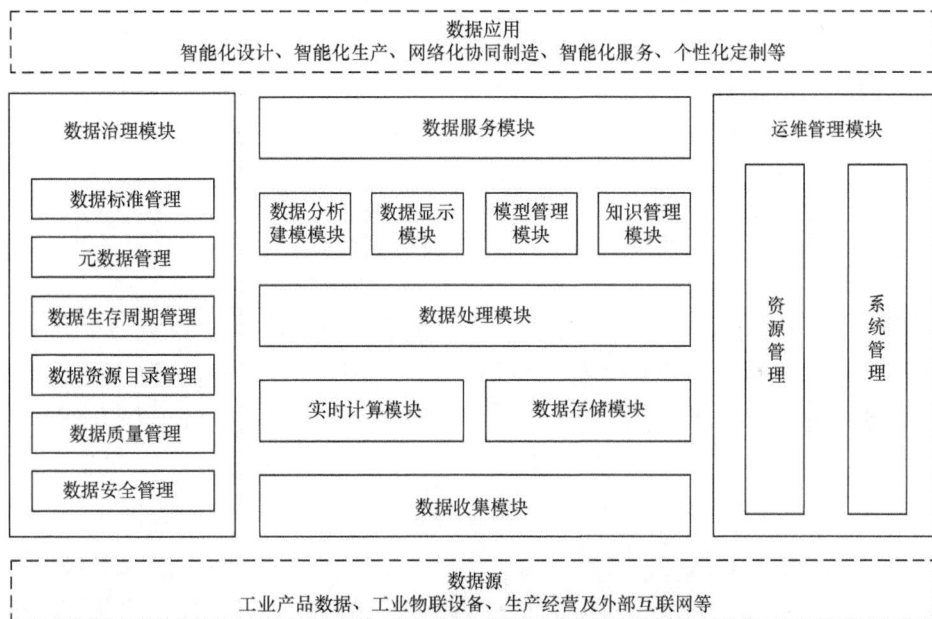

图 6-3　工业大数据系统功能架构

2. 实时计算模块

实时计算模块具有对来自工业产品、工业物联设备、生产经营及外部互联网等数据源的实时数据的格式转换、时频变换和聚合计算等处理的功能。具体功能要求如下。
①实时数据接入，包括工业设备和传感器的实时数据的接入，以及时序数据库、日志、MES、PLM 系统和 ERP 系统等系统数据的接入。②数据计算弹性扩展，包括使用一种或多种分布式流数据计算框架。③用于数据实时计算的工业增强算法，包括幅度滤波、数值变化订阅、开关量取反、进制转换、线性滤波和一阶滞后滤波等算法。④计

算频率控制，包括对异常设备数据报点进行过滤、对数据计算进行流量控制等。⑤设备日志及其他文本型文件收集，包括处理 GB/T 1988、GB/T 13000、GB 18030—2022 等编码字符集。此外，实时计算模块还具有一些增强的功能，如支持将计算数据转发至私有云、公有云和常见工业软件系统、实时计算所得的本地数据缓存设置和管理、多路实时数据和乱序数据的时间戳对准、实时数据处理任务编排和并行任务执行调度、实时数据计算引擎的在线升级和算法的调优与编排、支持多种计算机编程语言插件开发和调用机制等。

3. 数据存储模块

数据存储模块具有对各类型工业数据以不同方式进行存储的功能。具体功能要求如下。①各类型工业数据的存储，包括针对时序数据库等工业实时数据的存储、针对关系数据库等结构化数据的存储等。②工业数据分区存储，包括对涉密数据和非涉密数据进行分区存储、对不同类型数据进行分区存储等。③工业数据存储扩容，以及支持检索与查询功能。此外，数据存储模块还具有一些增强的功能，如同时支持数据的本地存储与云存储、数据的压缩与解压缩、数据的多副本存储、基于数据活跃度和应用价值的自适应数据存储方式选择等。

4. 数据处理模块

数据处理模块具有对来自工业设备、供应链上下游厂商和企业内部数据系统等数据源的数据进行抽取、批量格式转换和整合分类等处理的功能。具体功能要求如下。①与常见工业数据库和业务系统进行连接，包括使用 ODBC、JDBC 和 JSON 等方式访问系统数据，以及提取 ERP 系统、CRM 系统、MES、PIM 系统和 SCM 系统等系统数据。②批处理计算。③数据清洗，包括对工业数据中的不一致数据、脏数据和冗余数据的清洗、去噪和过滤。④数据表二次加工，包括数据聚合、多表关联和建表操作等。⑤数据同步，包括定期同步、批量同步和增量同步等。此外，数据处理模块还具有一些增强的功能，如数据处理任务编排和并行任务执行调度、支持对多种计算机编程语言和脚本语言进行数据处理、支持数据图形化的数据流程编排等。

5. 数据分析建模模块

数据分析建模模块是工业大数据系统的核心模块，具有数据分析和流数据分析等不同模式的工业数据分析功能。具体功能要求如下。①基于多源异构数据的跨域关联分析。②数据统计分析，包括基本数值统计、数据集中趋势统计、数据离散程度统计、随机变量关系统计等，以及支持可扩展的统计分析算法库。③缓存数据分析，包括分布式计算或并行计算等框架、支持 SQL、海量工作任务切分和分布式调度等。④流数据分析，包括支持按时间切片进行批量处理、基于事件触发或者采样的流式处理、实时流数据统计、流数据排序、多数据流关联处理等。⑤联机分析，包括通过 SQL 对数据进行分布式联机分析和即席查询、利用显示中间件对数据分析结果进行显示、支持在联机分析过程中定义计算公式和参数配置、自动保存和回退，以及对分析结果进行保存和发布。⑥机器学习和深度学习框架与算法实现，包括数据集管理功能、模型导入和导出功能、可扩展数据挖掘算法库、支持专用业务模型开发等。⑦自然语言处理，包括文本数据标注功能、语法分析和语义分析算法实现、模型导入和导出功能及支持集成第三方算法。⑧模型评估及相关管理，包括回归评估、回归交叉验证及模型输出、模型读取和模型导入等。⑨流程参数和环境参数配置，支持流程执行的动态控制、子流程节点和流程多分支节点等流程控制节点、流程运行管控等。此外，数据分析建模模块还具有一些增强的功能，如支持针对专业业务模型的扩展与算法开发功能、数据标签和画像分析功能、支持针对节点的断点缓存功能等。

6. 数据显示模块

数据显示模块具有分析结果的显示功能和工业模型的三维显示功能。具体功能要求如下。①集成多种显示模板，支持会议展览、业务监控、风险预警、设备状态分析等业务场景的显示需求。②常规图表绘制，包括表格类图表、趋势类图表、分布类图表、占比类图表、流程类图表、指标类图表和地图类图表等，并支持图表控件扩展。③常规组件扩展，包括折叠面板组件、标签组件、图片组件和文本组件等。④多种类型数据显示，包括常见工业设备数据、设施数据、产品数据的建模显示、特定数据格式文件或特定数据集的数据显示。⑤丰富的数据显示效果，包括三维显示、数据图形化缩放、适配多种设备终端和不同屏幕尺寸的自适应显示、数据源维度和指标筛选功能等。此外，数据显示模块还具有一些增强的功能，如报告制作功能及显示应用分享功能等。

7. 模型管理模块

模型管理模块具有对数据分析模型、物理设备 / 生产线 / 生产车间 / 生产厂整体及产品运维模型等进行管理的功能。具体功能要求如下。①基于数据的快速建模。②工业模型与数据的关联配置。③物理设备模型的开发，包括设备加工的数字孪生和设备运行状态的模型化显示等。④生产厂整体、生产车间、生产线级的模型开发。⑤研发过程的模型开发，包括研发优化和研发知识资产化等。⑥产品远程运维模型开发，包括产品问题追溯和故障预测分析等。

8. 知识管理模块

知识管理模块具有对故障树、故障模式影响与危害度分析（FMECA）、规则集和知识图谱等工业知识数据进行管理的功能。具体功能要求如下。①基于知识条目的分类整理、录入和索引建模。②自动提取企业内部的管理规章制度、行业规范和工艺流程等文档数据的关键词。③对数据进行分类标识和知识建模。④设备故障分析，包括模式分析、影响分析和危害分析等。⑤基于知识标识的图形化分类检索，以及基于知识规则的检索和模式判决。⑥对知识进行分类检索和标识更新。⑦图形化的推理过程参数的调节和优化。此外，知识管理模块还具有一些增强的功能，如支持对企业关键工业设备的工作机制进行自动化知识提取和建模。

9. 数据服务模块

数据服务模块具有对原始数据和数据分析结果访问的功能。具体功能要求如下。①数据查询，包括原始数据及数据分析结果的导出、单一数据源的简单查询和组合查询、分布式数据查询与输出，以及支持通过标准的数据库连接接口进行查询和建立数据索引实现加速查询。②面向工业业务对象的查询，例如对设备传感器进行基于时间序列的实时查询与检索。③数据查询的管理与监控，包括各类查询服务的操作记录日志管理、接口调用日志管理及对各类查询操作的监控。此外，数据服务模块还具有一些增强的功能，如具有基于统一逻辑数据模型的跨数据源异构工业大数据关联查询服务、跨多种数据类型的统一数据访问接口、业务规则触发的数据推送服务。

10. 数据治理模块

数据治理模块具有数据标准管理、元数据管理、数据生存周期管理、数据资源目录管理、数据质量管理和数据安全管理等数据治理功能。数据标准管理的功能要求包括元数据标准管理、枚举项标准管理、标准文件管理、标准版本管理、标准统一查询及检索、元数据标准在元数据使用中的贯标评估、数据标准监控与统计等。元数据管理的功能要求包括元数据收集、元数据分类管理、指标元数据管理、元数据查询、元数据权限控制、元数据血缘关系解析、元数据关系图形化显示、元数据操作记录日志管理、元数据创建与定义、元数据维护、元数据版本管理、元数据变更审核、元数据血缘关系维护等。数据生存周期管理的功能要求包括业务数据生存周期管理，主数据生存周期管理，数据维护，数据查看，数据的上传、下载和预览，数据权限管理，数据的密级管理，数据存储位置管理等。数据资源目录管理的功能要求包括对各类数据进行统一编目、自定义编目，分析编目与元数据的关联，进行基于统一目录的数据查询，进行基于资源目录的数据的公开与非公开设置，进行基于资源目录的数据权限申请，具有基于资源目录的数据订阅服务等。数据质量管理的功能要求包括对单数据集的数据完整性、数据一致性、数据准确性、数据唯一性和数据及时性等规则的自定义及质量评估，以及数据质量权责管理，质量监控与预警，针对数据库和消息通道中的数据集的数据质量校验，针对跨系统、跨存储的数据核对和校验，数据集更新后的增量数据质量校验，数据质量整改，并对收集、存储、处理和服务等数据全生命周期进行质量监控。数据安全管理的功能要求包括数据加密、数据传输加密、数据的密级管理、面向工业数据的敏感数据自动发掘与脱敏、数据权限的申请和审批、数据日志记录和审查、敏感数据监控及预警、数据访问控制授权和鉴别，同时对内部网络数据的交换进行请求与审批、进行行为监控与内容审计，并对数据服务进行授权与控制。

11. 运维管理模块

运维管理模块具有对工业大数据系统进行资源管理和系统管理的功能。资源管理的具体功能要求包括计算资源的调度和配置、全局资源的集中管理、静态和动态资源的分配策略、任务优先级设置、多层次队列资源管理等。系统管理的具体功能要求包括配置管理、租户管理、监控告警管理、服务管理及健康检查管理等。

6.3　工业大数据分析

6.3.1　工业大数据分析框架

跨行业数据挖掘标准流程（CRISP-DM）是一个应用广泛的数据挖掘分析框架，可以作为工业大数据分析过程的指导方法论。如图 6-4 所示，CRISP-DM 框架以数据为中心，将数据挖掘定义为业务理解、数据理解、数据准备、数据建模、模型评估和模型部署 6 个阶段的迭代过程，且其中存在多处子循环与子迭代过程。CRISP-DM框架的本质是在分析应用中提出问题、分析问题和解决问题的过程。

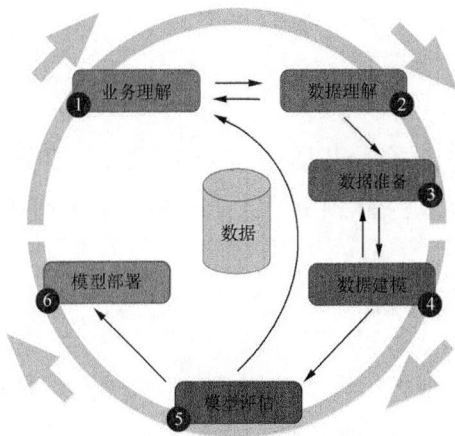

图 6-4　CRISP-DM 框架

1. 业务理解

业务理解的任务是明确业务需求和定义业务目标,通过将模糊的业务需求转换为具体的数据分析问题,再进一步将其细化为明确的数学问题,确保项目与实际业务需求相符,最后制定初步的分析方案。

2. 数据理解

数据理解的任务是收集和评估可用的数据,了解数据的特征,对数据进行具有探索性的分析,发现数据中的模式、关联和异常。通过对数据的理解,为后序的数据准备和数据建模打下基础。

3. 数据准备

数据准备的任务是对数据进行清洗、集成、转换和格式化,以便于进行数据建模和分析;还涉及处理缺失值、异常值和重复值,选择合适的特征子集,并进行数据转换和标准化,以提高建模的准确性和可靠性。

4. 数据建模

数据建模的任务是在业务理解和数据理解的基础上应用合适的算法和建模工具,构建数据分析模型,其中涉及基于经验的算法、模型选择,以及参数调优等。此外,数据建模和数据准备之间通常涉及多轮迭代。

5. 模型评估

模型评估的任务是评估模型的性能,验证其是否完全满足业务目标,并且具有落地应用条件。此外,考察模型的假设条件和应用范围,分析将模型部署到实际业务场景中的可行性。

6. 模型部署

模型部署的任务是将最终模型以应用发布的形式,部署到实际的业务环境中。此外,持续跟踪模型在实际应用过程中的表现与问题,并根据结果制定模型的优化方案。

6.3.2 工业大数据分析算法

工业大数据分析算法分为知识驱动的算法、数据驱动的算法和可视化分析技术,如图 6-5 所示。知识驱动的算法基于理论模型、工业机理及大量先验知识,依赖工业领域的专家知识库,通过关联规则、主成分分析和因果故障图等算法进行建模分析。

数据驱动的算法则是通过在数据空间中寻找规律和知识，使用机器学习和统计方法进行建模分析。此外，知识图谱可以对知识和数据进行融合建模，从海量数据中自动抽取领域相关知识，生成结构化的知识数据。

1. 知识驱动的算法

（1）关联规则

关联规则旨在发现数据集中不同数据项之间的联系。关联规则分析通过搜索业务系统中的细节或事物，找出能够将一组事件或数据项与另一组事件或数据项联系起来的规则，以揭示数据中未知或不确定的信息。在关联规则分析中，最终目标是发现具有较高支持度和置信度的强关联规则，支持度表示规则在数据集中的出现频率，而置信度表示规则的可靠程度。常见的关联规则算法包括 Apriori 算法和 FP-Growth 算法等。

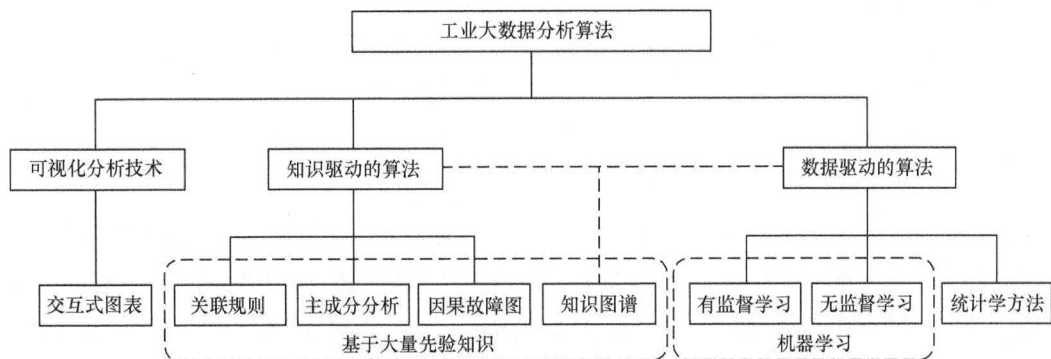

图 6-5　工业大数据分析算法体系

Apriori 算法是最经典的关联规则挖掘算法。该算法基于 Apriori 原理，即频繁项集的子集一定也是频繁的，而非频繁项集的超集一定也是非频繁的。项集即为项的集合，包含 K 个项的集合为 K 项集。如果某项集满足最小支持度，则称它为频繁项集。算法利用逐层搜索的迭代方法找出数据集中项集的关系，最后筛选出频繁项集，并从频繁项集中生成满足最小置信度阈值的关联规则，该过程由连接（类矩阵运算）与剪枝（删除没用的中间结果）组成。Apriori 算法的优点在于它简单易用且适用于大规模数据集，其本质是按照层次自上而下搜索所有可能的项集，可以看成一种广度优先搜索策略。因此，随着项集大小的增加，Apriori 算法的计算复杂度也会增加。

FP-Growth 算法是一种高效的频繁项集挖掘算法，用于发现数据集中频繁出现的项集及关联规则。相对于 Apriori 算法，FP-Growth 算法采用了更高效的数据结构和算法来加速频繁项集的挖掘过程。该算法的核心是构建 FP 树和利用条件模式进行递归挖掘。首先，通过扫描数据集设定的最小支持度阈值，对项集进行过滤和排序，再构建频繁项头表和 FP 树。其次，从频繁项头表的底部开始，逐个选择频繁项，并以对应的条件模式构建条件 FP 树。最后，递归地应用 FP-Growth 算法，挖掘出频繁项集。该算法的优势在于它避免了生成候选项集的过程，从而大大减少了计算时间和内存开销，因此特别适用于处理大规模数据集。

（2）主成分分析（PCA）

PCA 是一种常用的统计分析算法，用于降低数据的维度并揭示数据中的主要模式和结构。其主要思想是将原来数量众多的、具有一定相关性的维度，重新组合为一组数量较少的、相互不相关的综合维度（主成分）。作为一种降维方法，PCA 可以对原数据进行线性变换，并找出数据中信息含量最大的主要成分，去除信息含量最低的成分，从而减少冗余，降低噪声。

在工业大数据分析中，基于 PCA 的异常检测算法能够帮助企业及时发现和识别生产过程中的异常行为和故障。具体思路是将数据映射到低维特征空间，然后观察每个数据在不同维度上与其他数据之间的偏差。通过计算数据在主成分上的投影值，可以评估数据点在整体数据集中的位置。如果某个数据点在特定维度上的投影值明显偏离其他数据点的分布，那么可以将其识别为异常点。这种方法主要是利用 PCA 的降维能力和数据点在低维特征空间中的分布情况来判断异常情况。

（3）因果故障图

因果故障是指在系统或设备的运行过程中，某个因素或多个因素引起的故障或异常现象。与其他类型的故障不同，因果故障是特定原因或特定因素导致的，可以通过因果关系进行解释。因果故障图分析法是一种分析事后故障原因的有效方法，它将产品或系统的故障作为"结果"，以导致系统故障的诸多因素为"原因"，画出相关的因果故障图，进而在错综复杂的故障原因中找出导致故障的主要因素，从而采取有效的措施进行故障修复。

因果故障图分析法解决问题的具体步骤如下。首先，明确定义故障现象，包括具体的问题和不良影响，聚焦分析的范围。其次，收集与故障相关的数据和信息，绘制因果故障图，将故障现象放在图的右侧，并将可能导致故障的因素连接到故障现象。随后，逐一考虑每个因素并识别潜在原因，深入分析因果关系，寻找根本原因。在识别潜在因果后，对其进行验证和优先排序，确定重要性和可行性，基于确定的故障根本原因，提出相应的故障解决方案和改进措施。最后，选择合适的解决方案实施，并对解决过程进行跟踪和监测，确保故障得到根本解决并进行解决效果评估。通过这一系统化的方法，可以理清故障原因之间的因果关系，找出根本原因，并提出故障解决方案，以提高系统的可靠性和工作效率，降低重复发生故障的概率。

在工业领域，因果故障是一个重要的问题，因为它对生产效率、设备的可靠性和产品质量产生直接影响。通过识别和解决因果故障，工业企业可以缩短停机时间、提高生产效率，降低成本和避免资源浪费。通过对因果故障的分析和对故障的解决，工业企业可以实现故障的早期预警和快速响应，提高设备的可靠性和稳定性，缩短停机时间和降低维修成本。

2. 数据驱动的算法

（1）统计方法

统计方法在工业大数据分析中涵盖了数据收集、数据处理、数据分析、数据解释和结论推断全过程，主要可以划分为两个类别，即描述性统计和推断统计。

描述性统计通过使用表格、图形和数值方法，对工业数据进行汇总和描述。通过描述性统计，可以获得数据的概括性度量，包括用以描述分布集中趋势的平均数、中位数、众数、分位数，用以描述分布离散程度的方差、变异系数、平均绝对误差、均方根误差，用以描述分布形态的偏度和峰度，以及用以描述变量线性相关的协方差、相关系数等。利用数据的概括性度量，能够简洁、清晰地总结数据的特征，从而为更好地理解和解释数据提供支撑。描述性统计在数据探索、数据概括和初步数据分析阶段发挥着重要的作用，并为后序的推断统计模型的建立提供参考依据。

推断统计则是通过样本数据来推断总体特征的统计方法。具体来说，它是在对样本数据进行描述的基础上，对统计总体的未知数量特征进行以概率形式表述的推断。推断统计首先需要选择适当的抽样方法，从总体中选取具有代表性的样本数据，然后进行总体参数估计和假设检验。总体参数估计包括点估计和区间估计两类。点估计是直接用样本统计量的某个取值作为总体参数的估计值。由于这种估计采用单个数值，难以计算误差，同时也无法得出对总体参数给予正确估计的概率有多大。区间估计是根据样本统计量，利用抽样分布的原理，用概率表示总体参数可能落在某数值区间之内的推算方法。区间估计的种类有很多，主要有总体平均值的区间估计、总体百分数的区间估计、标准差和方差的区间估计、相关系数的区间估计。假设检验用于验证关于总体参数的假设，并对其进行统计显著性检验，通过设定显著性水平和计算检验统计量，可以判断样本数据是否支持或反对某个假设。假设检验分为参数检验和非参数检验。若在进行假设检验时总体的分布形式已知，则称其为参数假设检验。若对总体的分布形式所知甚少，则称其为非参数假设检验。

（2）有监督学习

有监督学习是最常见的机器学习任务，它使用已知标签或已知类别的训练数据来建立一个模型，从而对新的未知数据进行预测或分类。回归和分类是有监督学习的两个主要问题。在回归问题中，算法尝试预测一个连续变量的值，而在分类问题中，算法试图将数据分为不同的离散数据类别。有监督学习在工业大数据分析中有很多应用场景，如利用监督学习方法可以对工业大数据进行分类、分割或检测，从而识别出存在缺陷的数据位置和数据类型，提高工业生产的效率和准确性，降低人工成本和减少误差；还可以用于优化工业生产中的参数设置、资源分配、调度安排等，工业生产优化可以降低生产成本和避免资源浪费，以提高工业生产的效益和竞争力。

① 回归分析

回归分析是一种预测性的建模技术，研究的是因变量（目标）和自变量（预测器）之间的关系，通过建立一个数学模型来描述自变量和因变量之间的关系，并利用已知数据对模型进行参数估计和推断。回归分析可以根据输入变量的数量进行分类，包括一元回归（只有一个输入变量）和多元回归（有多个输入变量）。此外，根据输入变量和输出变量之间的关系，回归分析可以分为线性回归和非线性回归。

回归建模包括训练过程和预测过程。在训练过程中，通过拟合已知的输入变量数据和相应的输出变量数据，建立回归模型。在预测过程中，利用已建立的回归模型对新的输入变量进行预测，得到相应的输出变量。常用的评价指标用于评估回归模型的性能，包括均方误差和决定系数等，这些指标可以衡量回归模型对数据的拟合程度和预测的准确性，为了评估回归模型的效果，常用的回归效果评价图包括拟合散点图、残差分布图和 Q-Q 图等。

普通最小二乘法（OLS）是一种常用的参数估计方法，用于拟合线性回归模型。OLS 的目标是通过最小化观测值与预测值之间的残差平方和，来估计线性回归模型的参数。此外，算法还假设自变量之间不存在非线性相关性。在实际应用中，高度相关的自变量可能会引起多重共线性问题，导致建模结果难以解释且回归系数不稳定。为了解决高度相关性的问题，常用的方法包括计算相关系数并设定阈值进行过滤、使用方差膨胀因子、岭回归和 Lasso 回归等。

非线性回归可以通过对模型进行线性基展开的方式，将线性回归模型应用于非线性回归问题。其中，基函数可以采用多项式（泰勒展开）、分段样条平滑、三角多项式（傅里叶展开）、小波展开等形式。这种非线性回归模型属于参数模型，通过将基函数的组合与线性回归相结合，可以更好地拟合非线性关系。核平滑模型是一种非线性回归模型，它属于非参数模型。核平滑模型使用基函数对输入样本点附近的样本子集进行拟合。K 近邻（KNN）算法是最简单的核平滑算法，它基于与输入样本点距离最近的 K 个样本点的加权均值来进行近似。K 近邻算法利用邻近样本点的信息来推断未知样本点的输出值。通过选择不同的 K 值和权重函数，可以调整核平滑模型的灵活性和拟合程度。

② 支持向量机（SVM）

SVM 是最有影响力的有监督学习算法之一。如图 6-6 所示，SVM 模型基于线性函数 $w^T x + b$ 区分不同样本，SVM 的输出是预测的类别。当线性函数为正时，SVM 预测属于正类。类似地，当线性函数为负时，SVM 预测属于负类。SVM 算法的基本思想是通过在特征空间中找到一个最优超平面，分隔不同类别的样本。这个最优超平面被定义为能够最大化样本间隔的超平面。样本间隔是指最靠近超平面的样本点与超平面之间的距离，SVM 通过最大化样本间隔来提高模型的鲁棒性和泛化能力。在 SVM 中，支持向量是指与最优超平面最靠近的样本点。这些样本点对于确定最优超平面的位置至关重要，因为它们决定了超平面的位置和形状。SVM 通过支持向量来进行分类，将新的样本点映射到超平面的一侧。

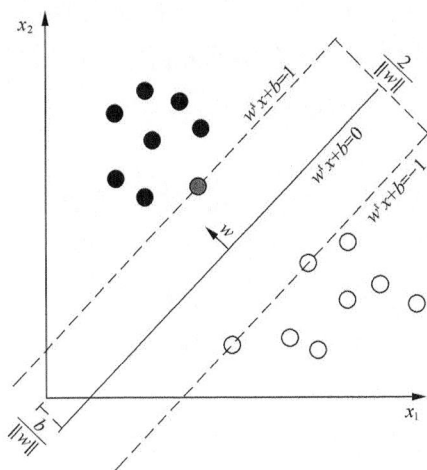

图 6-6　SVM 模型示意

　　SVM 在工业上有广泛的应用，它在解决各种分类问题中表现出色。SVM 可以应用于工业生产中的质量控制和缺陷检测。通过收集产品的各项特征数据，训练一个 SVM 分类器，可以对产品进行分类，识别出有缺陷的产品，以便及时采取措施进行处理和修正。

　　③朴素贝叶斯分类

　　朴素贝叶斯分类算法是一种基于贝叶斯定理和特征条件独立性假设的分类方法，其基本思想是通过已知的特征条件，利用贝叶斯定理计算样本属于各个类别的概率，选择概率最大的类别作为分类结果。它假设样本的各个特征之间相互独立，即每个特征对于分类的贡献是相互独立的，这就是"朴素"的含义。贝叶斯公式如下。

$$P(H \mid X) = \frac{P(X \mid H)P(H)}{P(X)}$$

　　其中，$P(H \mid X)$ 是根据实体参数 X 的值判断该实体样本属于类别 H 的概率。$P(H)$ 是直接判断某个实体样本属于类别 H 的概率，称为先验概率。$P(X \mid H)$ 是在类别 H 中观测到实体参数 X 的概率，而 $P(X)$ 是实体参数 X 的某一个值出现的概率。

　　朴素贝叶斯方法通过假设所有的属性都是相互独立的，这样就可以避免计算所有属性上的联合概率，从而计算样本属于各个类别的概率，如下式所示。

$$P(c \mid x) = \frac{P(c)P(x \mid c)}{P(x)} = \frac{P(c)}{P(x)} \prod_{i=1}^{d} P(x_i \mid c)$$

其中，d 表示属性数目，x_i 为 x 在第 i 个属性上的取值。当一个新样本出现时，可以利用上述简化之后的贝叶斯公式计算出 $P(c|x)$，并选择此概率值最大对应的 c 作为分类结果。

朴素贝叶斯算法的优点包括算法简单、计算速度快。此外，朴素贝叶斯算法对于小样本数据也能有比较好的分类效果，并且对于复杂数据也具有较好的适应性，特别适用于文本分类等应用场景。朴素贝叶斯算法的假设过于简化，忽略了特征之间的相关性，可能导致分类结果不够理想，在实际应用中可以通过合理的特征选择和数据预处理，进一步提升朴素贝叶斯算法的分类性能。

④ 决策树

决策树算法是一种基于树状结构的有监督学习算法，通过构建一个树形模型来进行决策和推断。决策树由根节点、内部节点和叶节点组成。其中叶节点表示决策结果，而其他节点对应于属性测试。决策树的学习目标是生成具有强泛化能力的树，即能够对未见示例进行准确分类或预测。在构建决策树的过程中，通过选择合适的属性测试来最大限度地提高决策树的判定能力和泛化能力。

决策树的构建过程是一个自上向下的递归过程。从根节点开始，根据属性测试将样本集划分到相应的叶节点中，然后在每个叶节点上递归地进行相同的过程，直到达到终止条件，例如样本集的纯度达到一定阈值或决策树的深度达到预定值。决策树算法具有直观易懂、解释性强的特点，可以处理离散型和连续型属性，并适用于各种领域的数据分析和预测任务。通过构建决策树，可以理解数据的特征和属性之间的关系，并根据树的结构进行决策和推断。决策树学习的关键是如何进行划分属性的选择，即如何选择最优划分属性。一般而言，随着划分过程的不断进行，决策树的分支节点的"纯度"越来越高，即其包含的样本属于同一类别的概率越来越高。决策树划分属性的选择过程通常依赖于信息增益、信息增益比、基尼指数这 3 种指标来度量节点的"纯度"。

在构建决策树的过程中有可能会产生过拟合现象，导致决策树的泛化能力变弱。剪枝是决策树算法应对过拟合现象的主要手段，决策树剪枝的基本方法包括"预剪枝""后剪枝"。"预剪枝"是在决策树的构建过程中，在划分每个节点时进行剪枝决策，判断是否继续划分该节点。"后剪枝"则是先构建完整的决策树，然后再对决策树进行剪枝操作。

⑤ 随机森林

随机森林算法是一种集成学习方法，通过构建多棵决策树并综合它们的结果来进行分类和回归。随机森林由多棵决策树组成，每棵决策树都独立地对数据进行采样和构建。在预测阶段，随机森林通过投票或取平均值等方式综合多棵决策树的结果，得出最终的预测结果。这种集成方式可减少单棵决策树的局限性，提高整体模型的准确性和稳定性。

随机森林在集成多棵决策树的预测结果的基础上，进一步在决策树的训练过程中引入了随机属性选择机制。具体来说，传统决策树在选择划分属性时是在当前节点的属性集合（假定有 D 个属性）中选择一个最优属性，而在随机森林中，对基决策树的每个节点，先从该节点的属性集合中随机选择一个包含 K 个属性的子集，然后再从这个子集中选择一个最优属性用于划分，这里的参数 K 控制了随机性的引入程度，若 $K=D$，则基决策树的构建与传统决策树的构建相同。通过引入上述随机属性选择机制，可以有效地降低过拟合风险。

随机森林简单、容易实现、计算开销小，并且在很多现实任务中展现出强大的性能，被誉为"代表集成学习技术水平的方法"。随机森林中基分类器的多样性极大程度地提升了最终集成结果的泛化性能。由于随机森林具有优秀的鲁棒性和强大的泛化性能，使得它特别适合用于处理高维度和大规模的数据。

⑥ 人工神经网络

人工神经网络（ANN）是一种由多个人工神经元组成的计算模型，它的设计受到了生物神经系统的启发。神经网络通过模拟人脑的信息处理方式，能够进行学习并解决各种复杂的问题。神经网络中最基本的成分是神经元模型（简单神经元），在生物神经网络中，每个神经元均与其他神经元相连接，当神经元"兴奋"时，就会向与它相连接的神经元发送化学物质，生物神经网络通过这种方式建立神经元之间的通信，使人脑能够识别出各种复杂的模式和关系。

人工神经网络将这种过程抽象为一种被称为 M-P 神经元模型的计算模型。在 M-P 神经元模型的计算过程中，每个神经元均会接收来自其他神经元的输入信号，并通过加权和非线性变换将其转化为输出信号。神经元之间通过带权重的连接进行传递，每个神经元通过"激活函数"处理以产生输出信号。人工神经网络正是利用这种信号传递模式模拟生物神经网络中化学物质的传递过程，使得模型能够学习到大量数据中的隐含关系。其中，多层感知机算法是最经典的人工神经网络算法之一。

多层感知机拥有多层神经元，分别为输入层、隐藏层和输出层，在每个层次中都存在若干神经元，每层神经元与下一层神经元全互联，神经元之间不存在同层连接，也不存在跨层连接。多层感知机通过输入层神经元接收来自外界的输入信号，隐藏层与输出层神经元对信号进行加工，最终结果由输出层神经元输出。多层感知机的学习规则较为复杂，通常使用误差逆传播算法（BP）来训练模型。

神经网络在计算机视觉、自然语言处理、模式识别、预测分析等领域中得到了广泛应用。尤其是深度学习技术的发展，使得神经网络在处理大规模数据和解决复杂问题方面取得了显著的突破。深度神经网络具有多个隐藏层，所以被称为"深度"，使得网络可以学习到更复杂、更抽象的特征表示。与传统的浅层神经网络相比，深度神经网络能够通过逐层进行特征提取和转换，从原始输入数据中学习到更高级别的特征表示。由于深度神经网络相关技术的快速发展，神经网络已成为人工智能领域中最为关键的技术之一。

（3）无监督学习

在无监督学习任务中，训练样本的标记信息是未知的。无监督学习的目标是通过对无标记训练样本进行学习来揭示数据的内在性质和规律，为进一步的数据分析提供基础。在无监督学习任务中，聚类问题的研究最多、应用最广，它可以作为探索数据内部分布结构的过程，也可以作为其他机器学习任务的前序步骤。聚类问题的基本思想是根据物以类聚的原理和聚类的性能度量将数据集中的对象根据相似性进行分组，将相似度高的样本划分到同一个簇中，从而揭示数据中的模式和关联。聚类的性能度量是评价聚类结果好坏的指标，可以分为外部指标和内部指标。外部指标是将聚类结果与某个参考模型（如真实的类别标签）进行比较，衡量聚类结果与参考模型的一致性，常用的外部指标有 Jaccard 系数、FM 指数、Rand 指数等。内部指标是对聚类结果的紧密度和分离度进行直接衡量，不依赖于任何参考模型。常用的内部指标有 DB 指数、Dunn 指数、轮廓系数等。聚类算法按照其工作原理与特性可以被划分为原型聚类、密度聚类与层次聚类。

① 原型聚类

原型聚类通过定义聚类中心或原型来划分数据点。在原型聚类中，每个聚类都由一个或多个原型所代表，原型聚类的目标是将数据点分配到与其最接近的原型所代表的聚类簇中。常用的原型聚类算法有 K 均值聚类法和高斯混合聚类法。

K 均值聚类法的目标是最小化每个样本点与所属聚类中心（簇心）之间的距离之和，也就是最小化簇内方差。K 均值聚类法的工作原理如下，首先随机选择 K 个样本点作为初始簇心，然后计算每个样本点到所有簇心的距离，并将样本划分到与簇心距离最近的聚类簇中。接下来，将簇心位置更新为聚类簇所有样本点的均值，并迭代执行这个过程，直到达到收敛条件，即簇心的位置不再发生变化或发生的变化很小。K 均值聚类法实现简单、计算效率高，在大规模数据集上具有良好的可扩展性。然而它也有一些缺陷，如对离群点比较敏感，对初始簇心的选择较为敏感，以及需要预先指定类别数量 K 值。

高斯混合聚类法是一种基于概率模型的原型聚类算法，它将数据集表示为若干个高斯分布的线性加权组合，通过最大期望算法迭代估计高斯分布的参数（均值和协方差矩阵），从而可以得到每个样本点属于各个类别的概率。与 K 均值聚类法不同，高斯混合聚类法允许一个样本点同时属于多个类别，而不是严格地将其分配到某一个类别中。因此，高斯混合聚类法具有更强的灵活性，可以适应更复杂的数据分布。然而，高斯混合聚类法的计算复杂度较高，并且由于概率模型的复杂性，高斯混合聚类法的结果解释和评估相对更复杂。

② 密度聚类

密度聚类是一种基于数据点密度的聚类方法，通过识别数据空间中具有高密度的区域来划分聚类。密度聚类算法假设聚类簇在数据空间中呈现出密度较高的局部区域，而在不同的簇之间则存在密度较低的区域。

DBSCAN 算法是有代表性的密度聚类算法，用于识别具有相似密度的数据点，并将它们组织成聚类簇。与传统的基于距离的聚类算法不同，DBSCAN 基于数据点的密度来划分聚类簇，不需要事先知道要形成的簇类的数量，而且能够发现任意形状的聚类。DBSCAN 算法的关键思想是通过定义数据点的邻域密度来划分聚类簇，将具有足够高密度的数据点归为同一簇，而低密度区域被视为聚类的边界或噪声点。

③ 层次聚类

层次聚类将数据点组织成一个层次化结构，与其他聚类算法不同，层次聚类不需要预先制定聚类数量，而是根据数据点之间的相似度或距离逐步合并或划分聚类簇，从而形成一个层次化的聚类结果。

AGNES 是一种典型的层次聚类算法，它将每个数据点当作初始聚类簇，并通过逐步合并最相似的聚类簇来构建聚类树。在 AGNES 算法中，簇间相似度的计算可以使用不同的距离度量方法，如最小距离、最大距离或平均距离。使用这 3 种距离度量方法的 AGNES 算法分别被称为单连接、完全连接、平均连接算法。AGNES 算法的输出结果是聚类树或树状图，它显示了不同聚类簇之间的合并顺序和层次关系，可以通过截取聚类树的不同层次来得到不同粒度的聚类结果。

3. 知识图谱

知识图谱既属于知识驱动的算法，也属于数据驱动的方法。随着工业大数据规模的不断增加，在大量的工业逻辑数据中蕴含着丰富的专家经验，可以通过知识的提取形成专家知识库。利用知识图谱可以帮助整合和分析类似的大规模数据，提取数据中隐含的语义知识信息。知识图谱可以作为一个统一的数据集成和连接平台，对来自不同数据源的大量数据进行整合和连接。通过将不同数据源中的实体和关系映射到知识图谱中的节点和边，可以实现数据的一体化管理和查询。

构建知识图谱首先要考虑知识图谱的本体设计，指定知识图谱中实体、关系和属性的概念和语义，以及它们之间的层次结构、约束条件和语义规则。本体设计的目标是为了确保知识图谱的一致性、准确性和可扩展性，使得知识可以被机器理解和推理。完成知识图谱的本体设计后，要利用不同的知识提取方法从结构化和非结构化数据源中提取有关实体、关系和属性的信息，并将其转化为知识图谱的表示形式。知识提取的目标是将散乱的数据转化为结构化的知识，然后利用知识表示方法将这些知识元素以结构化的方式表示在知识图谱中。三元组表示法是知识图谱中最基本的表示方法。

其次是对知识元素进行知识融合。知识融合是对来自不同数据源或不同知识图谱的知识进行整合，以建立更全面和一致的知识图谱，其中的常用方法有实体连接、关系对齐、知识推理等。最后，还要考虑知识图谱的存储问题，在知识图谱的知识存储过程中，要考虑数据的结构化存储、高效查询和推理支持等方面。常见的知识图谱存储方法包括图数据库、分布式存储系统、三元组存储等。

在完成知识图谱的构建后，可以利用基于图论与图谱的相关算法进行逻辑推理，从而利用已有的知识去推断新的关系，解决实际问题。图遍历算法与知识图嵌入算法是两种用于图谱逻辑推理的算法。图遍历算法用于探索知识图谱中的关系和路径，例如深度优先搜索和广度优先搜索这两个经典算法可以用于查找两个实体之间的最短路径或查找特定类型的关系。知识图嵌入算法将知识图谱中的实体和关系映射到低维向量空间，以捕捉实体和关系之间的语义关联，这种表示学习方法可以支持基于向量的推理和相似度计算。除利用知识图谱信息进行逻辑推理外，还需要根据用户的使用反馈信息、不断出现的同类知识及新的知识来源进行知识图谱的演化和完善，以确保知识图谱能够更好地支持使用者的决策。

工业应用场景对知识图谱还存在着一些额外的要求。一些工业应用场景对知识图谱的实时性要求较高，即能够及时地响应和更新。例如，智能控制系统需要根据设备的实时行为和实时状态更新知识图谱，以实现智能化的动态控制。在工业应用中，知识图谱可能包含敏感的商业或个人信息。因此，知识图谱的构建和使用需要考虑数据的安全性和隐私保护，采取合适的安全措施和权限管理机制。

4. 可视化分析技术

数据可视化是进行数据加工和处理的基本方法之一，通过计算机图形图像处理技术等来更为直观地呈现数据，以及通过人机交互技术实现友好的数据交互功能，从而为发现数据的隐含规律提供技术手段。数据可视化的作用主要包括以下3个方面。①数据表达，即通过计算机图形图像处理技术来更加友好地展示数据信息，方便人们阅读、理解和运用数据。常见的形式如文本、图表、图像（二维图像）视频、三维模型、网络图、树结构、符号和电子地图等。②数据操作，即以计算机提供的界面、接口、协议等条件为基础完成人与数据的交互，这个过程需要友好的人机交互技术、标准化的接口和协议支持来完成对多数据的集合或者分布式操作。③数据分析，即通过人机交互和观察数据获得多维、多源、异构和海量数据所隐含的信息，友好、易懂的可视化技术可以帮助人们进行信息推理和分析，方便人们对相关数据进行协同分析，也有助于信息和知识的传播。

（1）数据可视化工具

Tableau数据可视化软件是一款功能强大、灵活易用的商务智能和数据分析工具。它可以连接到 Hadoop 和 Spark 等大数据平台，并支持云存储、NoSQL 数据库和关系型数据库等多种数据源。Tableau 提供了多种数据可视化工具，例如仪表板、图表、地图和交互式可视化工具，使用户可以以各种方式呈现和探索数据。此外，它还提供了自动化报告生成、数据挖掘和预测分析等高级功能，让用户能够深入了解数据背后的模式和趋势。

Power BI 是微软推出的商务智能工具，为用户提供数据管理和数据可视化体验。它可以连接多种数据源和文件格式，支持实时数据更新和自动化报告生成等功能。Power BI 提供了丰富的数据可视化和分析功能，包括散点图、柱状图、折线图、地图等，用户可以将数据转换为易于理解和探索的图表，并快速生成仪表板和报告，如图 6-7 所示。此外，Power BI 还支持自然语言查询和智能推荐等功能。

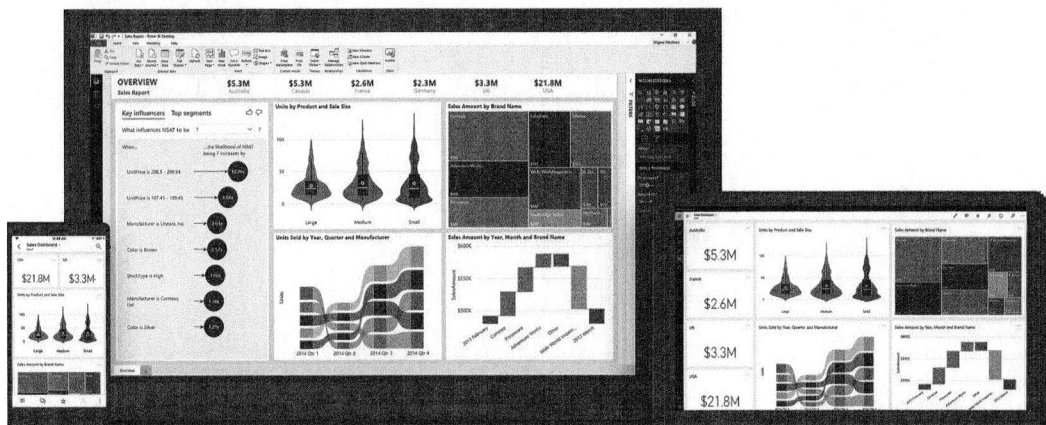

图 6-7　Power BI 可视化示例

此外，ECharts 和 D3.js 是两个非常流行的基于 JavaScript 的数据可视化图表库。ECharts 最初由百度团队开发，并于 2018 年初捐赠给 Apache 基金会，成为 ASF 孵化级项目，主要提供直观、生动、可交互、可个性化定制的数据可视化图表。D3 同样基于 Web 实现数据可视化，将数据可视化和交互技术与数据驱动的 DOM 操作方法相结合，支持使用 SVG、Canvas 和 HTML 等元素将数据可视化。

（2）数据可视化模式

数据可视化模式是数据的特殊展示形式，数据可视化模式的选取决定了数据可视化的雏形。图 6-8 展示了 ECharts 支持的部分二维可视化模式图例，包括折线图、柱状图、饼图、散点图、地图 / 路径图、K 线图、雷达图、盒须图、热力图、关系图、树图、矩形树图、旭日图、桑基图、漏斗图、仪表盘等。图 6-9 展示了 ECharts 支持的部分三维可视化模式，包括三维柱状图、三维散点图、三维曲面、三维建筑图、GL 关系图、三维折线图、GL 矢量场图等。图 6-10 展示了 D3 可视化模式支持的网络图（节表达点与边的连接关系）。这些可视化模式可以用于展示和呈现各类型工业数据，如物联网时序数据、三维产品模型等，从而实现工业大数据的交互操作。

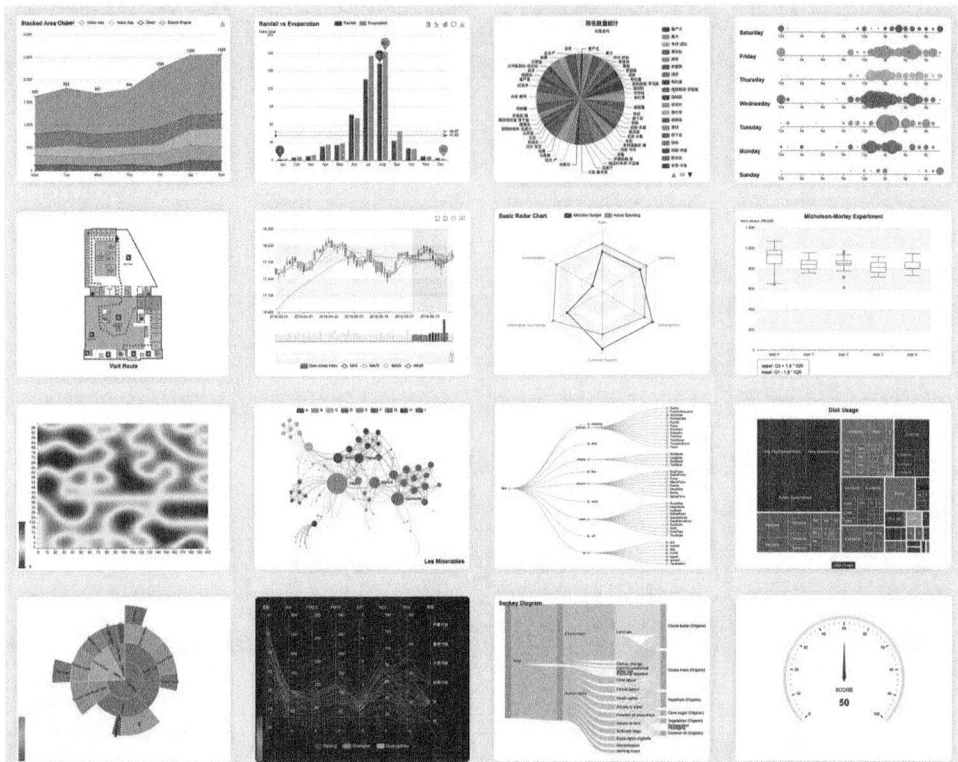

图 6-8　Echarts 可视化图例（二维）

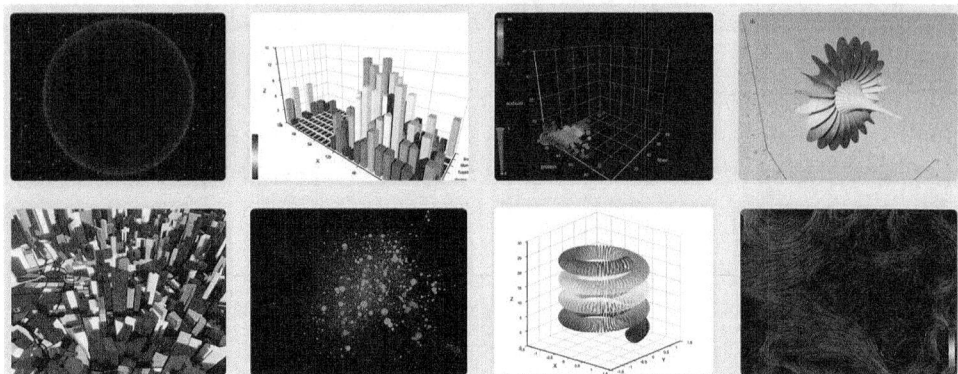

图 6-9　Echarts 可视化图例（三维）

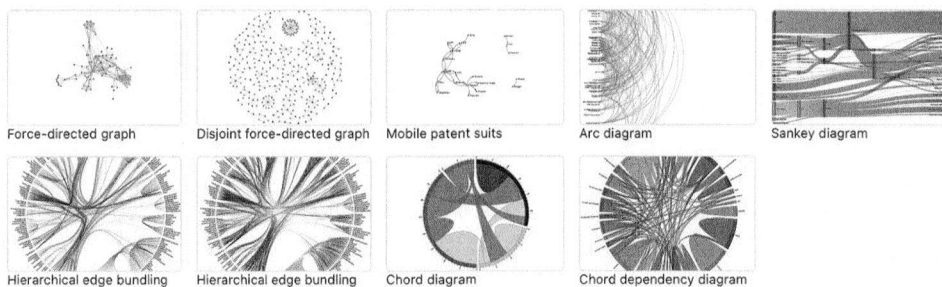

Force-directed graph　Disjoint force-directed graph　Mobile patent suits　Arc diagram　Sankey diagram

Hierarchical edge bundling　Hierarchical edge bundling　Chord diagram　Chord dependency diagram

图 6-10　D3 可视化模式：网络图

6.4　工业大数据应用

1. 智能制造工业大数据应用案例解析

（1）项目背景

烟台开发区博森科技发展有限公司（以下简称"博森科技"）是国内数控加工排屑过滤领域领军企业，为全球机床行业提供最优化的机床排屑过滤解决方案，具有国际先进水平。在排屑过滤装备的制造过程中，博森科技遇到了制造业企业常见的 5 个痛点。①订单多样化，批量小，项目制。②技术工艺复杂，设计数据信息量大。③生产制造过程高度离散，管理难度高，工序集群呈孤岛式分布。④以加工设备为主体。⑤产品生命周期长，运维滞后。

此外，博森科技还面临三大制造业集成需求与碎片化数据供给之间的矛盾，如图 6-11 所示。①基于订单协同的业务集成。围绕订单，销售、技术、采购、生产等各业务部门进度不透明，而 PDM/ERP/OA 等信息化工具彼此孤立，形成数据孤岛。②基于产品结构的制造集成。产品结构复杂，最多有 9000 多个零部件，生产制造过程高度离散。③基于智能决策的数据集成。装备的制造周期长、涉及大量的数据，市场战略、财务运营、采购等部门都需要大量的综合数据，亟须一个进行数据汇聚和分析的数据集成应用平台。

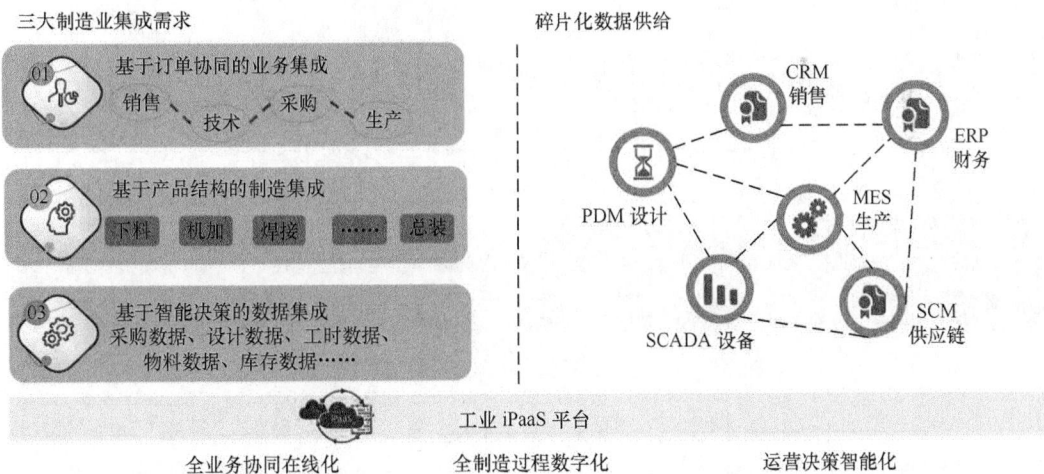

图 6-11　制造业集成需求与碎片化数据供给之间的矛盾

（2）数字化工厂平台系统

针对以上痛点和矛盾，博森科技构建了一个以客户为源点、覆盖全业务流程、全生产要素、全价值链的数字化工厂平台系统，实现了数据在工厂内的自由流动。平台的具体实现过程如图 6-12 所示。

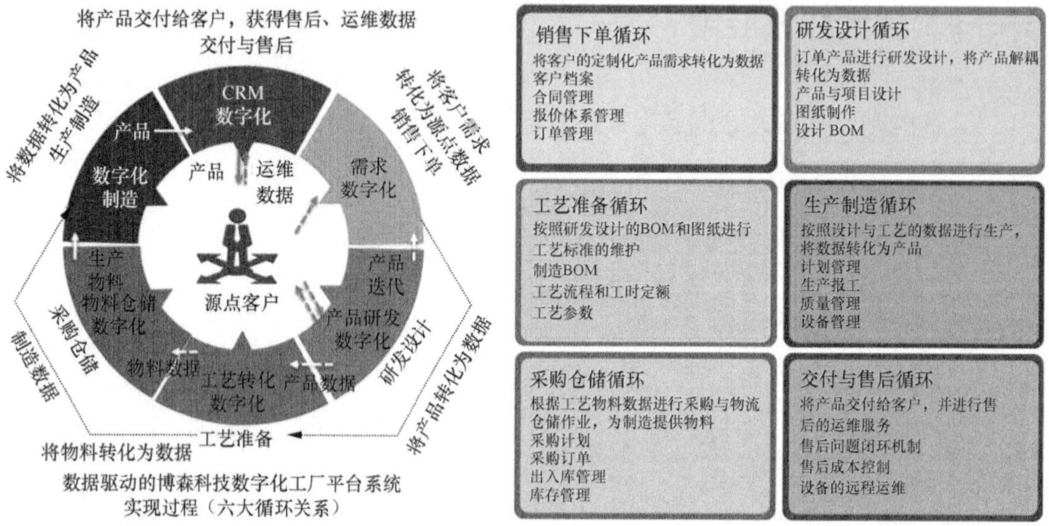

图 6-12　数据驱动的数字化工厂平台系统实现过程

博森科技数字化工厂平台系统分为设备层、车间层、业务层和平台层，整体架构如图 6-13 所示。该平台系统以数据为核心，从以下 5 个方面实现数据的互联互通。

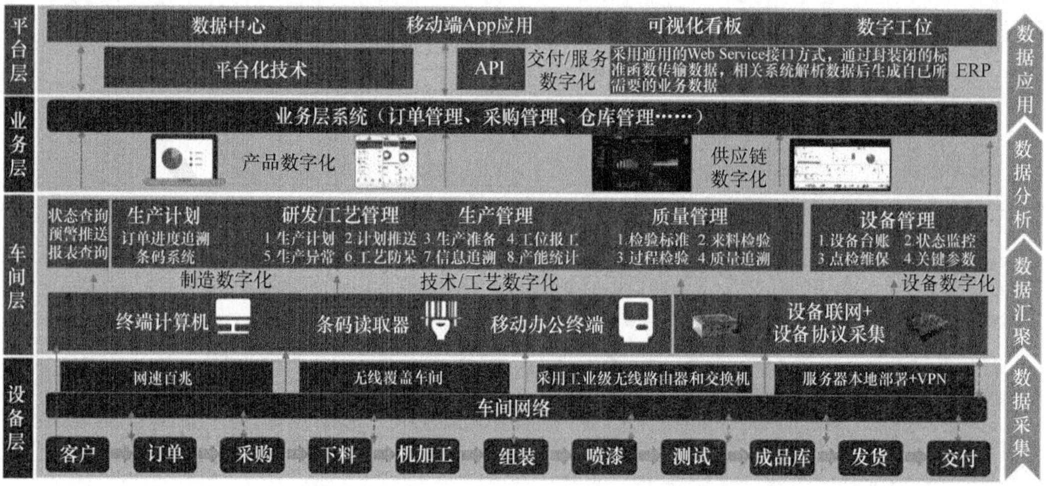

图 6-13　博森科技数字化工厂平台系统架构

① 数据实现：包括基于数据采集的设备数据连接、可快速与现有 ERP 系统的集成数据连接、通过条码/射频识别/移动终端等手工操作的其他数据采集方式的数据连接。

② 数据汇聚：数据的存储，应用数据湖技术建立数据中台，打破不同系统间的数据壁垒，实现数据的共享。

③ 数据分析：基于企业的技术、经验、知识和最佳实践形成数据算法，让数据进行自由流动，实现企业知识的创造、传播和复用体系。

④ 数据应用：基于数据的微服务，面向应用场景、角色、特定问题构建一个微服

务池，形成平台的解决方案。

⑤ 数据赋能：数据的深度挖掘和应用，基于大数据构建智能化服务和应用，实现客户价值的最大化。

如图 6-14 所示，博森科技数字化工厂平台系统包括客户管理、技术工艺、生产制造、设备智能化、供应链协同等 100 多个子功能应用和服务，满足不同业务场景的需求，实现横向与纵向的全方位数据集成。纵向集成以工业数据采集技术为主，实现边缘端到云端数据的集成，从设备层的数据采集到平台层的数据汇聚、从数据分析到应用层的数据赋能。横向集成以工业模型和工业算法为主，实现全业务流程的数据集成，实现从工位级应用到行业级应用的集成（集成过程包括对车间级应用和工厂级应用的集成）。

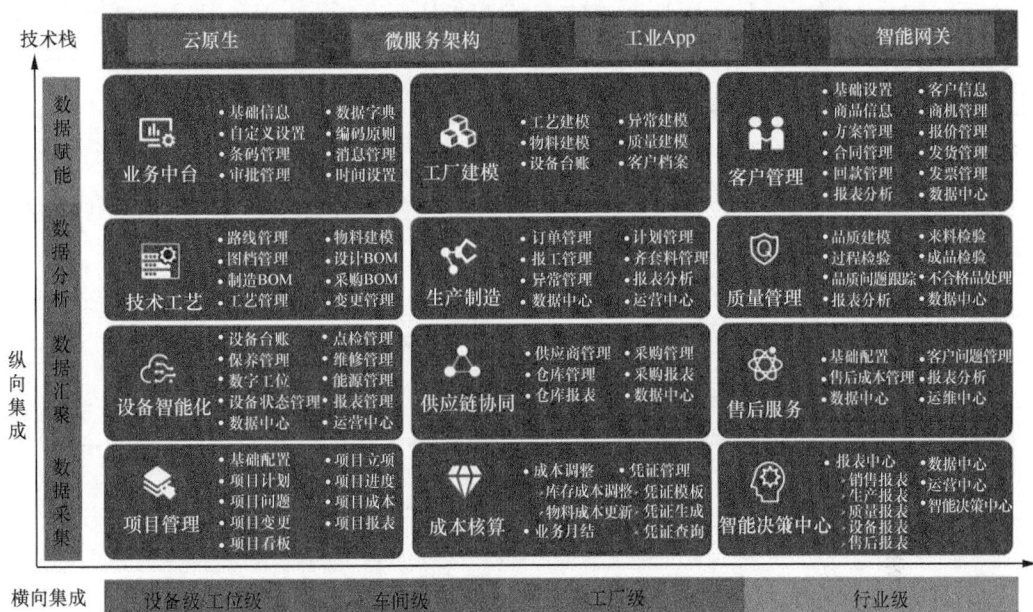

图 6-14　博森科技数字化工厂平台系统功能模块

（3）应用价值

博森科技数字化工厂平台系统的应用，打通了装备制造的全业务、全流程，在项目交付、成本控制和质量管理等方面实现了很大的提升。

① 项目交付周期缩短 42%

平台上线后，各业务部门协同效率和物料齐套率大幅提升，交付周期从平均 200 天缩短至 120 天左右。

② 成本控制精细化提升

根据装备定制化的订单特点，数字化平台可以实时统计每一台装备、每一个零部件的制造工时和成本，同时统计平台的实时制造工时和成本可以有效地为预报价管理提供数据支撑。

③ 质量损失低于 7.1%

通过对原材料理化试验建模、焊接工艺参数建模，实时分析材料质量和焊接质量等装备制造的核心质量控制点数据，从而大幅降低了材料缺陷、焊接缺陷造成的重复加工、报废的成本。

2. 流程制造工业大数据应用案例解析

（1）项目背景

恒力石化股份有限公司（以下简称"恒力石化"）是世界 500 强企业恒力集团的核心上市子公司，于 2016 年在上海证券交易所主板上市。恒力石化具备国家高新技术企业资质，牵头工业和信息化部智能制造新模式应用项目，在工业互联网基础设施建设方面已初见成效。恒力石化围绕流程行业的转型升级与高质量发展需求，以及石化企业提质增效与可持续发展需求，面向石化等流程行业产品与生产线的感知、分析、决策和执行等过程建立数字孪生对象模型，构建了流程行业生产线数字孪生系统，实现了工艺参数的设计与仿真、生产过程的建模与控制等关键应用场景的数字孪生解决方案。

（2）工艺参数的设计与仿真应用

恒力石化针对 PTA 生产线全流程优化控制问题，构建 PTA 生产线数字孪生系统，实现了 PTA 装置数字孪生建模、模型自动校正与实时仿真、工艺参数操作优化等关键技术。恒力石化 PTA 生产线数字孪生系统示意如图 6-15 所示。

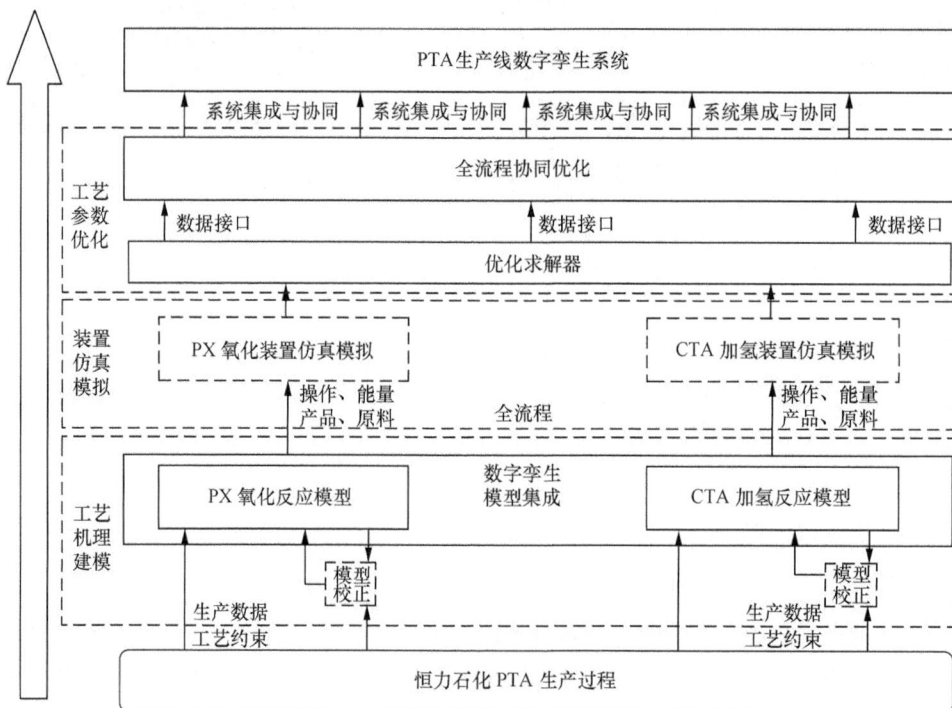

图 6-15　恒力石化 PTA 生产线数字孪生系统示意

① 工艺机理建模层

机理模型构建：基于氧化反应过程和加氢精制反应过程的基本原理和装置特性，建立反映原料性质、工艺参数与产品性质关系的全流程机理模型。

机理模型自动校正：结合机理模型与装置的实时运行数据，根据模拟计算预测结果与实际运行数据之间的偏差，采用智能优化算法，以偏差最小化为优化目标，获得模型最佳参数。

② 装置仿真模拟层

装置实时仿真：通过机理模型自动校正，实现模型的实时仿真，并与实际运行结果进行实时对比展示。

全流程关键影响因素辨识与效益模型：基于过程模型和实际运行数据，采用主元分析方法、灵敏度分析方法，结合专家经验知识，从大规模数据中辨识影响过程关键指标的变量并确定其变化范围。在此基础上，综合装置的实际运行信息，建立工艺指标最优化模型。

③ 工艺参数优化层

优化求解器：开发适应海量工业数据的高效优化器，可根据目标函数指定操作变量、约束条件，调用机理模型进行求解，并输出优化后的操作条件。

装置操作优化：从经济效益的角度出发，根据装置实际运行情况和当前 PTA 产品价格，在不同的进料及工艺参数条件下，通过模型和优化算法进行优化，得到价值最大化的装置相应操作条件。

（3）应用价值

开展流程工业的生产过程建模与优化技术是企业进一步深化认识流程工业生产过程的规律、提高装置运行效率、实现节能降耗的根本需求。针对现有装置、现有生产过程，在运行过程中对装置进行优化和调整，提高资源利用效率，减少运行中的物耗能耗，对加工量大、流程复杂的炼化行业实现资源与效益的最大化具有重要作用。

3. 钢铁工业大数据应用案例解析

（1）项目背景

攀钢集团有限公司于 2018 年 5 月在攀钢集团西昌钢钒有限公司启动实施钢铁大脑项目，将工业大数据和人工智能等新技术和传统钢铁行业深度结合，深挖工艺数据价值和优化业务流程，取得了显著成效。

钢铁大脑项目关注的一个应用场景是减少炼钢的钢铁料消耗。钢铁生产过程中的脱硫环节旨在降低铁水中的硫含量，而该过程由于扒渣带铁会带走大量金属料。经测算，每炉次（以 220t 计）的脱硫渣量均值为 5t，脱硫渣中的铁损失占比为 40% ~ 55%，假设经过参数推荐优化后能将脱硫剂的加入量降低 10%，经理论上的测算，可降低钢铁料消耗每吨钢 0.8 ～ 1kg。

（2）项目实施方案

攀钢集团钢铁大脑项目技术架构如图 6-16 所示。项目的实施思路是通过分析建模，优化脱硫环节工艺，推荐最优的脱硫剂加入量，提高脱硫剂利用率，减少脱硫环节的铁损失。

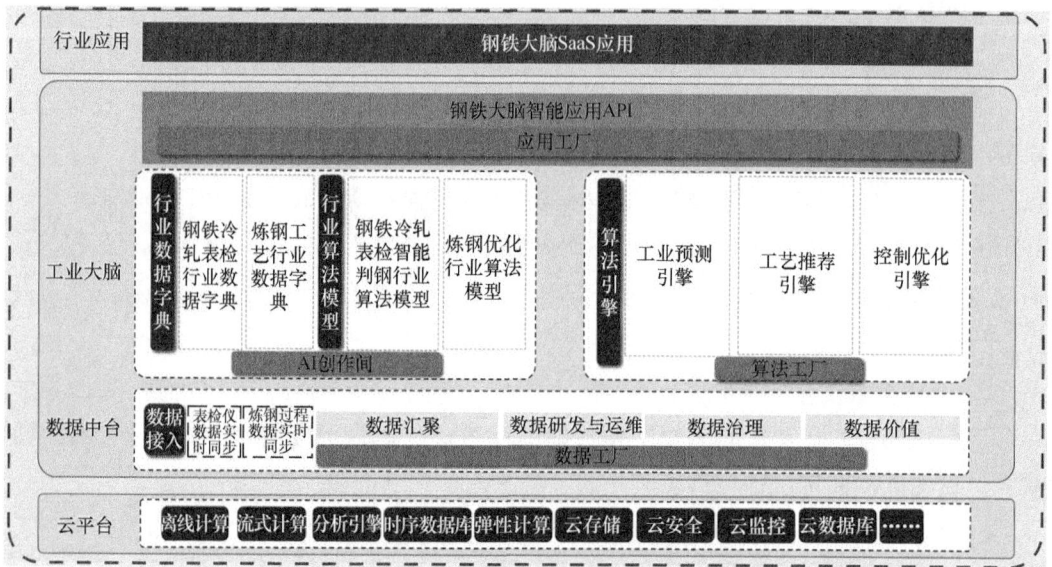

图 6-16　攀钢集团钢铁大脑项目技术架构

项目采集脱硫工艺流程数据，通过建模分析获得脱硫工艺优化的关键因子，结合专家知识，依靠脱硫仿真模型与参数寻优模型寻找最优参数。

仿真模型：基于历史数据与实时数据，构建脱硫后预测模型。通过结合脱硫剂加入量、喷吹速率等 10 多个关键参数，模拟脱硫全过程，预测出脱硫后的硫含量，并配合参数优化模型，检验不同组参数的合理性及有效性。

参数优化模型：结合机器学习与专家的工业控制经验，识别脱硫过程中的关键因子（对脱硫结果影响最大的参数），包括钝化镁加入量、钝化石灰加入配比、平均流量、喷吹时长等，通过参数优化模型识别参数间的最优关系。再将参数优化模型提供的多组优化参数回归到仿真模型中进行反复验证与优化，最终得到最优参数，即在达到预期脱硫效果的前提下，实现最小脱硫剂加入量的一组"配方"。

（3）应用价值

除脱硫工艺优化场景外，攀钢集团钢铁大脑项目还完成了提矾、转炉、配合金、精炼、连铸（连续铸钢）等多个炼钢工艺相关模型的建立，实现了每吨钢生产节约 1.28kg 的钢铁原料消耗，合金成本每吨降低 1.2 元。根据实际测算，对年产值 440 万吨钢的攀钢集团西昌钢钒有限公司基地来说，每年可节约成本约 1700 万元。

4．化工工业大数据应用案例解析

（1）项目背景

安徽六国化工股份有限公司（以下简称"六国化工"）是国家重点发展的大型磷复肥生产骨干企业，成立于 2000 年，现总资产为 58 亿元，年销售收入为 60 亿元，产品总产能为 350 万吨。作为传统化工企业，六国化工在核心工艺磷酸萃取环节的磷酸萃取率提升上遭遇瓶颈，主要有以下痛点。一是工艺突破难。磷酸萃取流程涉及众多环节，从矿石品位到磷酸的萃取过滤等各种因素都会影响最终磷酸萃取的效果，单凭人工经验，磷酸萃取率难以得到提升。二是稳定控制难。在生产过程中，控制不稳定将带来生产波动，造成经济损失。三是环境保护难。磷矿石资源是不可再生资源，所以要最大化地利用它，减少浪费，同时减少辐射性磷石膏废渣的产生量。

（2）项目实施方案

针对上述问题，六国化工与阿里云合作开展磷化工行业"工业 – 环境大脑"项目，技术架构如图 6-17 所示。项目通过对磷酸萃取工艺生产数据的采集、分析、计算和筛选，工业控制数据的实时上云、建模，数据在经过分析、计算和筛选后，反馈到生产流程进行验证，对磷矿石的矿粉细度等指标进行深度分析，改变、优化生产工艺流程。

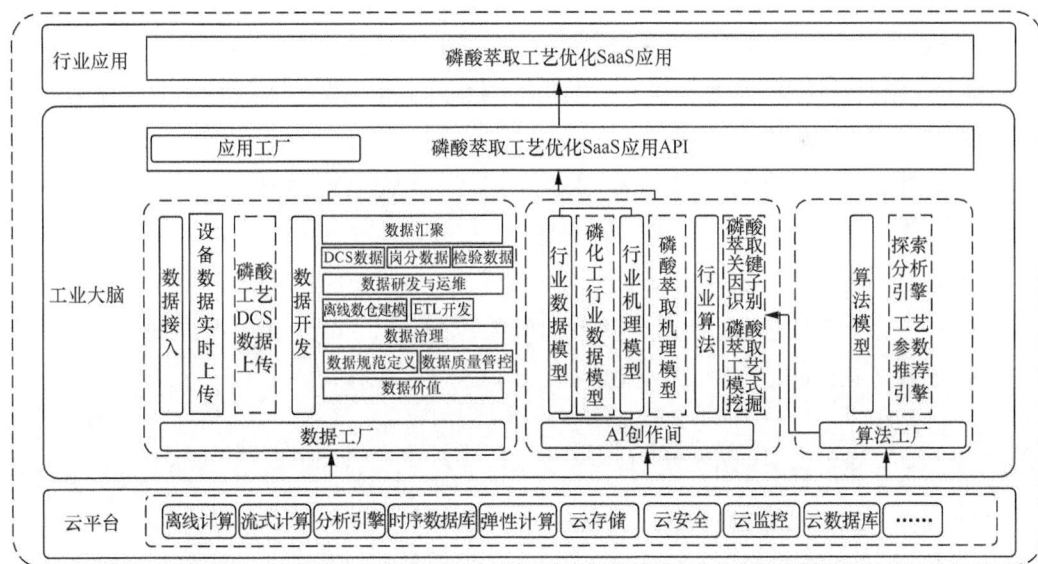

图 6-17　六国化工磷化工行业"工业 – 环境大脑"项目技术架构

（3）应用价值

项目实施后，磷酸萃取率稳定提升 0.5%，每年为企业增效 500 万元。此外，该项目将工业生产和环保能耗相结合，把生产工艺数据和环保排放数据相融合，每年将降低粉尘排放量 3.12 亿吨，降低氨气排放量 28.43 吨。

讨论与思考

1. 简述工业大数据的概念。
2. 简述工业大数据的分类。
3. 工业大数据有什么特征？
4. 工业大数据参考架构有哪些主要构件？
5. 工业大数据系统有哪些功能要求？
6. 简述CRISP-DM框架内容。
7. 有哪几类工业大数据分析方法？
8. 什么是有监督学习，常用的有监督学习算法有哪些？
9. 简述聚类的基本工作原理。
10. 简述工业互联网与工业大数据之间的关系。

参考文献

[1] 郑树泉，宗宇伟，董文佳，等. 工业大数据架构与应用[M]. 上海：上海科学技术出版社，2017.

[2] 田春华，李闯，刘家扬，等. 工业大数据分析实践[M]. 北京：电子工业出版社，2021.

[3] 工业互联网产业联盟，大数据系统软件国家实验室. 工业大数据分析指南[M]. 北京：电子工业出版社，2019.

[4] 中国电子技术标准化研究院. 工业大数据白皮书（2019版）[R] . 2019.

[5] 刘海平. 工业大数据技术[M]. 北京：人民邮电出版社，2021.

[6] 中国电子技术标准化研究院. 大数据标准化白皮书（2018版）[R] . 2018.

[7] 罗立辉. 工业大数据的应用和实践研究[J] . 信息记录材料，2022，2（8）：62-65，71.

[8] 刘鹏. 大数据[M]. 北京：电子工业出版社，2017.

[9] 工业互联网产业联盟. 工业大数据技术架构白皮书[R] . 2018.

[10] 任磊，贾子翟，赖李媛君，等. 数据驱动的工业智能:现状与展望[J] . 计算机集成制造系统，2022，28（7）：1913-1939

[11] 工业和信息化部. 关于工业大数据发展的指导意见[N/OL]. 2020.

[12] 工业互联网产业联盟. 中国工业大数据技术与应用白皮书[R]. 2017.

[13] 工业互联网产业联盟. 工业互联网体系架构（版本2.0）[R]. 2020.

[14] 于晟健. 无监督和半监督学习的工业时序数据异常检测研究[D]. 哈尔滨：哈尔滨工业大学. 2021.

[15] 全国信息技术标准化技术委员会. 信息技术 大数据 工业应用参考架构（GB/T 38666—

2020).[S]. 北京：中国标准出版社，2020.

[16] 全国工业过程测量过程和自动化标准化技术委员会. 智能制造 工业数据 分类原则
（GB/T 42128—2022）.[S]. 北京：中国标准出版社，2022.

[17] 工业和信息化部（电子）. 智能制造 工业大数据系统功能要求（GB/T 42130—2022）.
[S]. 北京：中国标准出版社，2022.

[18] 山东恒远智能科技有限公司，烟台博森科技发展有限公司. 面向装备制造企业的工业
iPaaS平台建设项目装备——制造行业数字化工厂集成解决方案[N/OL]. 2021.

[19] 基于工业互联网平台的流程行业生产线——数字孪生应用案例[N/OL]. 2021.

[20] 攀钢钢铁大脑[N/OL]. 2020.

[21] 六国化工磷化工行业"工业-环境大脑"项目[N/OL]. 2020.